VIVIR
INTENCIONALMENTE

Los libros del Dr. John C. Maxwell pueden enseñarle a ser una persona VERDADERAMENTE exitosa

Relaciones

25 Maneras de ganarse a la gente
Seamos personas de influencia
Ética
El poder de las relaciones
El poder de una alianza en la Iglesia
Relaciones 101
Cómo ganarse a la gente

Capacitación

Las 15 leyes indispensables del crecimiento
Las 17 cualidades esenciales de un jugador de equipo
Las 17 leyes incuestionables del trabajo en equipo
Desarrolle los líderes que están alrededor de usted
Cómo las personas exitosas crecen
Capacitación 101
Impulse su crecimiento
Aprendamos de los gigantes
Haga que su día cuente
Mentor 101
El mapa de mi sueño
Compañeros de oración
Corramos con los gigantes
El talento nunca es suficiente
Hoy es importante
Sabiduría de mujeres en la Biblia
El mapa para alcanzar el éxito

Actitud

Actitud 101
Lo que marca la diferencia
El lado positivo del fracaso
Cómo las personas exitosas piensan
A veces se gana | A veces se aprende
Éxito 101
Piense para obtener un cambio
Actitud de vencedor

Liderazgo

Las 21 leyes irrefutables del liderazgo
Las 21 cualidades indispensables de un líder
Los 21 minutos más poderosos en el día de un líder
Líder de 360°
Desarrolle el líder que está en usted
Impulse su liderazgo
Los buenos líderes hacen grandes preguntas
Los 5 niveles de liderazgo
Solo oro
Cómo las personas exitosas dirigen
Liderazgo 101
Liderazgo, principios de oro
Liderazgo, promesas para cada día

VIVIR INTENCIONALMENTE

JOHN C. MAXWELL

CASA CREACIÓN

La mayoría de los productos de Casa Creación están disponibles a un precio con descuento en cantidades de mayoreo para promociones de ventas, ofertas especiales, levantar fondos y atender necesidades educativas. Para más información, escriba a Casa Creación, 600 Rinehart Road, Lake Mary, Florida, 32746; o llame al teléfono (407) 333-7117 en Estados Unidos.

Vivir intencionalmente por John C. Maxwell
Publicado por Casa Creación
Charisma Media/Charisma House Book Group
600 Rinehart Road, Lake Mary, Florida 32746
www.casacreacion.com

Traducido por: www.pica6.com (con la colaboración de Salvador Eguiarte)

Director de diseño: Justin Evans
A este autor lo representa Yates & Yates, www.yates2.com

Nota de la editorial: Aunque el autor hizo todo lo posible por proveer teléfonos y páginas de internet correctas al momento de la publicación de este libro, ni la editorial ni el autor se responsabilizan por errores o cambios que puedan surgir luego de haberse publicado.

Visite la página web del autor: www.johnmaxwell.com

Library of Congress Control Number: 2015949866
ISBN: 978-1-62998-852-8

Impreso en los Estados Unidos de América
16 17 18 19 20 * 10 9 8 7 6 5

Este libro está dedicado a Chris Hodges. Gracias, Chris, por las muchas conversaciones que tuvimos acerca de cómo vivir intencionalmente.

Tus palabras me han dado perspectiva.

Tu vida ha respaldado esas palabras.

Tu amistad ha sido un pozo de agua del que he bebido a menudo.

Nadie vive intencionalmente mejor que tú.

Contenido

Agradecimientos

Gracias a:

Laura Morton quien se sentó durante horas conmigo haciéndome preguntas y ayudándome a recordar mi historia.

Stephanie Wetzel, mi gerente de redes sociales quien me ayudó con la estructura del libro y la investigación.

Charlie Wetzel, mi escritor de hace mucho tiempo quien elaboró y pulió el manuscrito.

Linda Eggers, mi asistente ejecutiva quien me ayuda a mantenerme siendo intencional todos los días.

1

Su vida puede ser una gran historia

¿Cuál es la historia de su vida?

Cuando conozco personas por primera vez, tan pronto como dejamos de lado las presentaciones, les pido que me compartan su historia: que me digan quiénes son y de dónde provienen, dónde han estado y hacia dónde van. Quiero comprender lo que les importa. Probablemente usted haga lo mismo. Contar nuestra historia se convierte en un punto de conexión emocional para nosotros y cierra la brecha entre nosotros.

¿Por qué es eso?

A todos les encanta una buena historia; siempre ha sido así. Las historias nos dicen quiénes somos. Ellas...

- Nos inspiran.
- Se conectan con nosotros.
- Estimulan nuestro proceso de razonamiento.
- Nos dan permiso de actuar.
- Encienden nuestras emociones.
- Nos dan imágenes de quiénes aspiramos ser.

Las historias *somos* nosotros.

Todos los días millones de personas ven películas, leen novelas y buscan en la *internet* historias que los inspiren o los hagan reír.

Todos los días escuchamos a nuestros amigos decirnos acerca de las cosas dramáticas o graciosas que les suceden. Todos los días las personas sacan sus teléfonos inteligentes para mostrar imágenes y compartir historias. Las historias son la manera en la que nos relacionamos con los demás, aprendemos y recordamos.

Como comunicador paso una buena porción de mis días compartiendo historias. A la gente no le interesan mucho los datos duros. No quieren ver diagramas circulares. Quieren emoción. Quieren drama. Les importan las imágenes. Quieren reírse. Quieren ver y sentir lo que sucedió. Las estadísticas no inspiran a las personas a hacer cosas grandes. ¡Las historias sí!

¿Cuál es su historia?

Así que se lo preguntaré de nuevo: ¿Cuál es su historia?

Me encantaría sentarme con usted en este momento y escucharla de sus labios. Cuando llegue al final de este libro, le voy a presentar una manera en que usted *puede* compartir su historia conmigo y con otros. Pero antes de llegar a eso, quiero que piense acerca de su historia hasta la fecha. ¿Qué tipo de historia es?

Todos tenemos un poco de humor en nuestras historias, así como un poco de drama. Todos tenemos nuestras altas y bajas, victorias y derrotas. Hay un poco de comedia, tragedia y sucesos históricos en todos nosotros. Pero en general, cada una de nuestras vidas cuenta una historia mayor. ¿Qué quiere que su historia diga?

Creo que no importa el "argumento" que cada una de nuestras historias pueda seguir, en lo profundo todos queremos una cosa. **Queremos que nuestra vida sea relevante. Queremos que nuestra historia sea trascendente.** Nadie quiere sentirse como si el mundo no lo extrañaría si nunca hubiera vivido. ¿Está conmigo?

¿Alguna vez ha visto la película clásica *¡Qué bello es vivir!*? Es la historia de George Bailey, un hombre que sueña con viajar por el mundo y construir cosas, pero que en lugar de ello se queda en casa, en Bedford Falls, porque repetidamente escoge lo que él cree que es correcto para otras personas. En la película sucede un momento en el que George experimenta una crisis y llega a creer que todos a su alrededor podrían estar mejor si él no hubiera nacido. Lo que realmente está diciendo es que su vida no es relevante.

El gran giro en la historia ocurre cuando, con la ayuda de un ángel, George obtiene la oportunidad de ver cómo sería su ciudad y la vida de los demás si él nunca hubiera existido. Sin él, es un lugar oscuro y negativo. George llega a reconocer el impacto positivo que ha producido porque, vez tras vez, actuó para hacer lo que sabía que era lo correcto y ayudó a otras personas. Como le dice Clarence, el ángel: "La vida de cada hombre toca muchas otras vidas". George había tocado muchas vidas en maneras pequeñas y había marcado una diferencia.

¿Ha visto su vida desde ese ángulo? ¿Ha pensado en cómo quiere que sea la historia de su vida? ¿Cree que pueda vivir una vida de trascendencia, que pueda hacer cosas que realmente importen? ¿Puede hacer que su historia sea grande?

Con todo mi corazón creo que la respuesta a esas preguntas es: "Sí". Usted tiene en sus manos hacer de su vida una gran historia: una historia trascendente. Toda persona puede hacerlo. Sin importar su nacionalidad, oportunidades, etnicidad o capacidad, cada uno de nosotros puede vivir una vida trascendente. Podemos hacer cosas importantes y podemos hacer del mundo un mejor lugar. Espero que usted crea eso. Si no lo sabe ahora, espero que para el momento en que termine de leer este libro lo sepa.

No permita que la palabra *trascendente* lo intimide. No permita que lo detenga de procurar una vida relevante. Cuando hablo acerca de trascender, no estoy hablando de ser famoso. No estoy hablando de hacerse rico. No estoy hablando acerca de ser una celebridad inmensa o de ganar el Premio Nobel o de convertirse en el presidente de Estados Unidos. No hay nada malo con ninguna de esas cosas, pero no tiene que lograr ninguna de ellas para ser

Para ser trascendente lo único que tiene que hacer es marcar una diferencia con otros dondequiera que esté, con lo que sea que tenga, día a día.

trascendente. Para ser trascendente lo único que tiene que hacer es marcar una diferencia con otros dondequiera que esté, con lo que sea que tenga, día a día.

Allá en 1976, recibí un obsequio de Eileen Beavers, quien era mi asistente en ese tiempo. Al desenvolverlo vi que era un libro y quedé intrigado por el título: *La más grande historia jamás contada*. No podía esperar a leerlo.

Pero cuando lo abrí quede impactado. Las páginas estaban en blanco.

Dentro venía una nota de Eileen que decía: "John, tu vida está delante de ti. Llena estas páginas con actos de bondad, buenos pensamientos y asuntos del corazón. Escribe una gran historia con tu vida".

Todavía recuerdo la emoción y la expectación que pulsaban a través de mí cuando leí sus palabras. Por primera vez me hizo pensar en que era el autor de mi propia vida, y que podía llenar cada "página" con lo que yo quisiera. Eso me hizo querer ser trascendente. Me inspiró a hacer lo que pudiera para hacer que mi vida trascendiera.

Entonces, ¿cuál es el secreto para llenar las páginas de su vida? ¿Cuál es la clave para una vida relevante?

Cuando usted utiliza intencionalmente su vida cotidiana para realizar un cambio positivo en la vida de otros, usted comienza a vivir una vida relevante.

Vivir cada día intencionalmente.

Cuando usted vive cada día intencionalmente, casi no hay límites para lo que pueda hacer. Puede transformarse a sí mismo, a su familia, a su comunidad y a su nación. Cuando suficientes personas hacen eso, pueden cambiar al mundo. Cuando usted utiliza intencionalmente su vida cotidiana para realizar un cambio positivo en la vida de otros, usted comienza a vivir una vida relevante.

Recuerdo vívidamente ver el emotivo discurso de aceptación de Reese Witherspoon después de que ganó el Premio de la Academia a Mejor Actriz de 2006 por representar a June Carter Cash en *Walk the Line* [Pasión y locura/En la cuerda floja]. Witherspoon dijo que la gente con frecuencia le preguntaba a June cómo estaba, y ella decía: "¡Estoy tratando de trascender!". La actriz continuó diciendo que ella entendía exactamente lo que quería decir June porque ella también estaba tratando de hacer que su vida fuera relevante; a través de vivir una buena vida y de hacer trabajo que significara algo para alguien.

¿Y no es eso lo que todos queremos? ¿Hacer que nuestra vida sea relevante? De modo que si eso es cierto, ¿por qué no sucede con todos?

Métase en la historia

La mayoría de la gente quiere escuchar o decir una buena historia. Pero no se dan cuenta de que ellos pueden y deben *ser* la buena historia. Eso requiere vivir intencionalmente. Es el puente que cruza el desfiladero hacia una vida relevante. Voy a explicar esto a detalle en el capítulo siguiente, pero en este momento solamente diré esto: cuando las personas no intencionales ven los desaciertos del mundo dicen: "Algo se tiene que hacer al respecto". Ellos ven o escuchan una historia, y reaccionan a ella emocional e intelectualmente. Pero no van más allá.

Las personas que viven intencionalmente participan y viven la historia ellos mismos. Los motivan las palabras del físico Albert Einstein: "El mundo es un lugar peligroso, no por aquellos que hacen mal, sino por los que lo ven y no hacen nada".

¿Por qué hay tantas personas que no hacen nada? Creo que es porque la mayoría de nosotros vemos los males y las injusticias a nuestro alrededor y quedamos abrumados. Los problemas parecen demasiado grandes para que los enfrentemos. Nos decimos a nosotros mismos: "¿Qué puedo hacer? Solo soy una persona".

Una persona es un inicio. Una persona puede actuar y hacer un cambio a través de ayudar a otro. Una persona puede inspirar a una segunda persona a ser intencional y a otra. Esas personas pueden trabajar juntas. Pueden convertirse en un movimiento. Pueden producir un impacto. No debemos nunca permitir que lo que *no podemos* nos detenga de hacer aquello *que podemos.* Una vida pasiva no se convierte en una vida significativa.

No hace mucho leí *Un largo camino de mil años* de Don Miller. Elocuentemente escribe acerca de ver nuestra vida como una historia. Explica: "Nunca he salido de una película irrelevante pensando que todas las películas son irrelevantes. Solamente pienso que la película de la que salí era irrelevante. Me pregunto entonces si cuando la gente dice que la vida es irrelevante, si lo que realmente quieren decir es que *su* vida es irrelevante. Me pregunto si es que han decidido creer que toda su existencia es menos que ordinaria y si están proyectando sus vidas monótonas sobre el resto de nosotros".[1]

Si usted está leyendo estas palabras y pensando para usted mismo: *Ese soy yo. Mi vida es irrelevante. Mi existencia es poco men*os que ordinaria. Desearía que mi vida fuera menos monótona, entonces le tengo buenas noticias. Esta no tiene que ser su historia. Su historia puede tratar acerca de una vida relevante.

Don Miller también escribe: "Usted puede llamarlo Dios o la conciencia, o puede desecharlo como ese conocer intuitivo que todos tenemos como seres humanos, como narradores vivientes; pero hay un saber que yo siento que me guía a mejores historias, hacia ser un mejor personaje. Creo que hay un escritor fuera de nosotros mismos, desarrollando el argumento de una mejor historia para nosotros, interaccionando con nosotros, incluso, y susurrándonos una mejor historia en nuestra conciencia".[2]

No importa cuáles sean sus creencias, puedo decirle esto: Si su historia no es tan significativa o trascendente o atrayente como a usted le gustaría que fuera, puede cambiarla. Usted puede comenzar a escribir una nueva historia a partir de hoy. No se conforme con ser solamente un narrador de historias acerca de trascendencia. Decida ser la historia trascendente. ¡Conviértase en

Si su historia no es tan significativa o trascendente o atrayente como a usted le gustaría que fuera, puede cambiarla.

el personaje central de su historia; de una historia que marque una diferencia!

Su historia, no la de alguien más

Tengo que reconocer que este concepto va en contra de todo lo que aprendí en la universidad. Quizá también vaya en contra de su preparación académica. En los cursos de oratoria que tomé los profesores nos enseñaron a tomar nuestras historias de la historia universal y no tomar como fuente nuestra experiencia personal para ilustrar nuestros puntos. Creían que hacer cualquier otra cosa distinta lo hacía parecer egocéntrico.

No obstante, siendo un comunicador floreciente observé que los más grandes oradores no solo eran quienes contaban mejores historias. De hecho hacían que las historias fueran mejores viviéndolas primero. Sus historias provenían de sus experiencias. Ellos estaban en el centro de sus mejores historias.

Y eso es lo que yo quiero para usted. No quiero que sea meramente un *narrador* de trascendencia. ¡Quiero que *sea* un personaje principal! Su historia todavía tiene muchas páginas en blanco. Usted puede escribir sobre ellas con su vida. Cuando uno quiere llegar al meollo del asunto, vivir intencionalmente se trata de vivir su mejor historia.

Uno de los mejores actos de comedia de los sesenta y setenta eran los Smothers Brothers. Recuerdo una rutina que ellos representaron en su programa de variedad de la televisión que iba más o menos así:

"¿Qué tienes, Tommy?", preguntaba Dick, quien era el hombre serio. "Pareces un poco decaído".

"¡Lo estoy!", respondía su hermano Tommy. "¡Estoy preocupado por el estado de nuestra sociedad estadounidense!".

"Bueno, ¿qué es lo que te preocupa de ella? ¿Estás preocupado por el grado de pobreza y hambre en la tierra?".

—"Oh no, eso no me molesta realmente".

"Ya veo. Bueno, ¿estás preocupado por la creciente amenaza de la guerra nuclear?".

—"No, eso no me preocupa".

"¿Estás molesto por el uso y abuso de las drogas por los jóvenes de Estado Unidos?".

—"No, eso no me molesta mucho".

Luciendo más bien confundido, Dick le pregunta: "Bueno, Tom, si no te molesta la pobreza, el hambre, la guerra y las drogas, ¿qué es lo que te preocupa?".

"¡Estoy preocupado por nuestra apatía!".

Las personas apáticas nunca harán que su mundo sea diferente. Los individuos indiferentes no vivirán una vida relevante. Los pasivos se remueven a sí mismos de la más grande de todas las historias: la suya propia. Probablemente quieran verse a sí mismos dentro de la historia, pero son meramente observadores fuera del escenario. Desean más, pero fracasan en convertirse en participantes activos. ¿Por qué? Porque no son intencionales.

Cómo comenzar a escribir una historia trascendente

Si usted es como yo y quiere marcar una diferencia y tener una historia de trascendencia que contar al final de su vida, puedo ayudarlo. Le voy a mostrar el sendero fácil hacia vivir intencionalmente. Pero primero, usted necesita estar dispuesto a tomar un importante paso hacia adelante. Y eso proviene de un cambio de mentalidad, de una disposición a comenzar a escribir su historia a través de ver y vivir su vida en una manera distinta.

1. Póngase a usted mismo en la historia

Nadie tropieza con la trascendencia. Tenemos que ser intencionales con respecto a hacer que nuestra vida importe. Eso llama a la acción, y no a presentar excusas. La mayoría de la gente no sabe esto, pero es más fácil pasar del fracaso el éxito que de las excusas al éxito.

En un famoso estudio de Victor y Mildred Goertzel publicado en un libro titulado *Cradles of Eminence* [Cunas de eminencia] se investigó el trasfondo de trescientas personas altamente exitosas. Estas trescientas personas habían llegado a la cima. Eran hombres y mujeres que podían ser reconocidos como brillantes en sus campos. La lista incluía a Franklin D. Roosevelt, Helen Keller, Winston Churchill, Albert Schweitzer, Clara Barton, Gandhi, Albert Einstein y Sigmund Freud. La intensa investigación de la vida de su primer hogar produjo algunos descubrimientos sorprendentes:

- Cuando niños, tres cuartos de ellos habían sido atribulados por la pobreza, un hogar quebrado o por padres difíciles que los rechazaban y que eran sumamente posesivos o dominantes.
- Setenta y cuatro, de ochenta y cinco escritores de ficción o drama, y dieciséis de los veinte poetas provenían de un hogar en el que de niños habían visto un tenso drama psicológico representado por sus padres.
- Más de un cuarto de la muestra sufría de desventajas físicas como ceguera, sordera o miembros lisiados.[3]

La adversidad trató de derribar a estas personas de sus historias, pero ellas no lo permitieron. ¿Por qué? Eran altamente intencionales. Tenían un fuerte *porqué* "un propósito" que los impulsaba hacia adelante incluso cuando el camino no era ancho y suave (le voy a hablar acerca de encontrar su *porqué* en el capítulo cuatro).

Observe la vida de las personas que han logrado trascendencia y puede escucharlos llamándolo a que se meta usted mismo en su propia historia. Quizá no hayan usado esas palabras exactas, pero si observa lo que dijeron puede sentir el llamado a la acción:

> *"Atreverse es perder el apoyo de un pie momentáneamente. No atreverse es perderse a uno mismo".*
>
> —SØREN KIERKEGAARD

"Si no está metido más allá de la cabeza, ¿cómo podrá saber qué tan alto es?".

—T. S. ELIOT

"Sea el cambio que usted quiere ver en el mundo".

—MAHATMA GANDHI

"Esta va para los locos. Los desubicados. Los rebeldes. Los que hacen problemas. Las clavijas redondas en agujeros cuadrados. Los que ven las cosas en una manera distinta [...] Porque las personas que son lo suficientemente locas como para pensar que pueden cambiar al mundo son las que lo hacen".

—STEVE JOBS

La gente me pide consejos todo el tiempo acerca de cómo escribir un libro. Yo les digo que comiencen a escribir. A muchas personas les encantaría escribir una historia o un poema o incluso un libro, pero nunca lo hacen. ¿Por qué? Tienen miedo de comenzar.

Para tener una vida relevante, tiene que iniciar. Empiece con usted mismo. Su *mejor* historia comienza cuando usted se pone de vuelta en ella nuevamente. Métase a la fotografía. Deje de observar; ¡comience a vivir! Eso no solamente cambiará su vida y ayudará a otros, sino que también le dará la credibilidad y la autoridad moral de inspirar y hacer equipo con otros para marcar una diferencia (hablo mucho acerca de esto a lo largo del libro).

Cierta vez, mientras estaba atravesando el Centro Científico de Orlando, leí estas palabras en un letrero: "Experimente. Viva. Explore. *No tocar* no existe en nuestro vocabulario". Me encanta esa filosofía, no solamente para un centro científico, sino también para la vida. ¡Zambúllase! Usted nunca sabe qué tan bien puede nadar hasta que no está completamente sumergido.

2. Póngale trascendencia a su historia

Una historia bien escrita se desarrolla utilizando elementos que las personas creen que son importantes. Cuando vivimos para trascender, le estamos diciendo a las personas a nuestro alrededor que son importantes para nosotros. Casi todos quieren vivir una vida de significado y trascendencia, sea que expresen el deseo o no.

Para ponerle trascendencia a nuestras historias, debemos hacer cosas que salgan de nuestra zona de comodidad. Y debemos hacer cambios que quizá encontremos difíciles. A menudo evitamos tratar de hacer esos cambios. Pero sepa esto: aunque no todo lo que enfrentamos puede cambiar, nada puede cambiar hasta que lo enfrentemos.

Para ponerle trascendencia a nuestras historias, también debemos actuar. Ser pasivo podría hacerlo sentir seguro. Ya que si no hace nada, nada puede ir mal. Pero mientras que la falta de acción no puede fallar, tampoco puede tener éxito. Podemos esperar y tener esperanza y desear, pero si no lo hacemos nos perdemos de la historia que nuestra vida podría ser.

No podemos permitir que nuestros temores y preguntas nos detengan de comenzar. ¿Se siente tentado a esperar hasta el momento ideal? ¿Le preocupa que si comienza esa travesía sin conocer exactamente hacia dónde va podría no salir bien? ¿Está preocupado por un posible fracaso?

Permítame ayudarlo a través de decirle algo que necesita saber. No le va a ir bien la primera vez que haga algo. Usted no sabe lo que está haciendo cuando empieza. Nadie es bueno al inicio de hacer algo nuevo. Acéptelo. El novelista Ernest Hemingway dijo: "El primer borrador siempre es basura" (¡solamente que él no dijo *basura*!). Y le otorgaron el Premio Nobel de Literatura. Si usted quiere vivir una vida relevante, no comience cuando se sienta bien; comience ahora para que se vuelva bueno en ello. Nunca he conocido a un

Si usted quiere vivir una vida relevante, no comience cuando se sienta bien; comience ahora para que se vuelva bueno en ello.

atleta que haya comenzado siendo bueno. Todos comienzan como principiantes y, con la práctica, algunos se vuelven buenos. Otros se vuelven grandes.

Todos comienzan mal, sin importar lo que hayan estado practicando. Empezamos para poder mejorar. Comenzamos antes de estar listos porque necesitamos y queremos mejorar. La idea es dar lo mejor de nosotros mismos cada vez que lo intentemos hasta que un día nos volvamos buenos en ello. Y luego un día, quizá incluso tengamos la oportunidad de ser grandes. Eso es crecimiento. Pero no podemos evolucionar si no comenzamos.

Su historia no se desenvolverá perfectamente. Muchas cosas van a cambiar. Pero su corazón cantará. Cantará la canción de la trascendencia. Cantará: "¡Estoy marcando una diferencia!". Y eso le dará satisfacción hasta adentro de su alma.

3. Ponga sus fortalezas en su historia

Recientemente tuve una comida ilustradora con Jim Collins, autor de *Empresas que sobresalen.* Cuando estábamos hablando juntos en un evento en Las Vegas, y después de ponernos al día unos minutos, comenzamos a hablar acerca del significado e impacto de la trascendencia.

"Jim" le pregunté, "¿qué se requiere para realizar un cambio positivo en una comunidad?"

Yo sabía que Jim había investigado mucho sobre el tema de los movimientos de transformación, y estaba muy interesado en escuchar su respuesta.

—"Hay tres preguntas que necesita hacerse y responder para probar qué tan listo está para ser un catalizador de trascendencia" respondió Jim. Estas son:

- ¿Puede ser el mejor del mundo en lo que hace?
- ¿Está apasionado por lo que hace?
- ¿Tiene los recursos para cambiar su mundo?

Desde nuestra conversación ese día, he pasado mucho tiempo pensando en esas preguntas. Esto fue lo que descubrí. La primera pregunta es acerca de talento. Usted tiene la técnica y las habilidades que pueden ayudar a otros. ¿Puede ser el mejor en el mundo utilizándolas? Quizá sí, quizá no. ¿Puede ser el mejor *usted* en el mundo utilizándolas? ¡Por supuesto! Nadie más tiene exactamente sus habilidades y experiencias, oportunidades y obstáculos, tiempo y talento. Usted es único, y tiene la oportunidad única de marcar una diferencia que solamente usted puede marcar, si es que está dispuesto a meterse en su propia historia. Su talento se convertirá en el apalancamiento en su vida para crear la historia trascendente que usted quiere vivir.

La segunda pregunta es acerca del corazón. La trascendencia inicia en el corazón cuando deseamos marcar una diferencia. Vemos una necesidad. Sentimos una herida. Queremos ayudar. Actuamos sobre ello. La pasión es el alma de la trascendencia. Es el combustible. Es el núcleo.

La tercera pregunta es acerca de herramientas. Sin duda usted ya tiene muchos recursos a su disposición. Mi deseo es que este libro sea otro más. Le mostrará el camino para que se vuelva altamente intencional y viva una vida relevante conforme a su corazón y valores.

4. Deje de intentar y comience a hacer

"Haré mi mayor esfuerzo". Esta es una declaración que la mayoría hemos hecho en un momento u otro. Es una manera de decir: "Me voy a esforzar por tener la actitud correcta y me esforzaré en la tarea, pero no me responsabilizo por el resultado". Pero, ¿*tratar* de hacer su mejor esfuerzo es suficiente para una vida de trascendencia? ¿Podemos avanzar de donde estamos adonde queremos estar solamente *intentándolo*?

No lo creo.

Tratar por sí solo no comunica un verdadero compromiso. Es a medias. No es una promesa de hacer todo lo necesario para lograr una meta. Es otra manera de decir: "Voy a hacer un esfuerzo". Pero eso no está lejos de: "Voy a aparentar". *Tratar* pocas veces logra algo trascendente.

Si la actitud de *tratar* no es suficiente, ¿entonces qué sí lo es?

¡La actitud de *hacer*!

Hay una magia enorme en la pequeña palabra *hacer*. Cuando nos decimos a nosotros mismos: "Lo haré", soltamos un poder tremendo. Ese acto forja en nosotros una cadena de responsabilidad personal que hace subir nuestro juego: un deseo de destacarnos, más un sentir del deber, más viveza completa, más total dedicación a lograr lo que se tiene que hacer. Y eso da como resultado: compromiso.

La actitud de *hacer* también nos ayuda a convertirnos en lo que debíamos ser. Es esta actitud de *hacer* lo que con frecuencia lleva a las cosas que deberíamos hacer. Mientras que *tratar* está lleno de buenas intenciones, *hacer* es el resultado de vivir intencionalmente.

Mientras está leyendo esto, posiblemente esté pensando: *No estoy seguro de estar listo para hacer un compromiso como ese.* Steven Pressfield, autor de *La guerra del arte*, identifica esta reticencia. Él la llama *resistencia*. Y escribe: "Hay una fuerza que se resiste a las cosas hermosas del mundo, y demasiados de nosotros nos estamos rindiendo a ella". La actitud de *hacer* nos ayuda a atravesar esa fuerza de resistencia y el mundo necesita eso. Necesita vivir nuestras historias y que aportemos a la historia mayor que está sucediendo a nuestro alrededor.

Descubrimientos en su historia de trascendencia

Espero que tome los pasos para meterse de lleno en su historia y comience a escribir su vida de trascendencia; o bien, incremente su trascendencia si ya ha estado haciendo obras trascendentes. Desde el momento de inicio tendrá un efecto positivo y duradero en usted. Si todavía no está seguro de si está listo para tomar ese primer paso, déjeme ayudarlo diciéndole lo que va a hacer por usted:

Lo va a cambiar

¿Cuál es el catalizador número uno para el cambio? Es la *acción*. La comprensión podría ser capaz de cambiar la mente, pero la acción cambia vidas. Si usted actúa cambiará su vida. Y ese cambio comenzará a cambiar a otros.

El emprendedor y orador Jim Rohn dijo: "Uno de nuestros mejores lugares donde comenzar para cambiar su vida es hacer lo que sea que aparezca en su lista mental de 'Debería'". ¿Qué tarea sigue apareciendo en su lista de "Debería"? Quiero desafiarlo a desarrollar la disciplina de *hacer* en esa área. Cada vez que escogemos la acción sobre la comodidad desarrollamos un nivel cada vez mayor de valía propia, de autorespeto y de autoconfianza. En el análisis final, con frecuencia es la manera en que nos sentimos acerca de nosotros mismos lo que nos brinda la mayor recompensa en cualquier actividad.

En la vida no es lo que *obtenemos* lo que nos hace valiosos. Es en lo que nos *convertimos* durante el proceso lo que trae valor a nuestra vida. La acción es lo que convierte los sueños humanos en trascendencia. Nos añade un valor personal que no podemos obtener de ninguna otra fuente.

La acción es lo que convierte los sueños humanos en trascendencia.

Cuando estaba en la universidad sentía que debía hacer algo positivo en la sección más pobre de la ciudad donde vivía. A menudo escuchaba a otros decir que se debía hacer algo para ayudar a las personas que vivían allí, pero no veía que nadie hiciera algo al respecto. Así que decidí liderar un esfuerzo de limpieza en esa área. Durante un mes, los voluntarios trabajaron para mejorar el aspecto del vecindario. Entonces comenzamos a ayudar a las personas que necesitaban asistencia médica. Pronto la gente comenzó a responsabilizarse de su vecindario y las cosas comenzaron a cambiar. Vívidamente recuerdo caminar por esa zona con una gran cantidad de orgullo por el logro. Estaba lleno de alegría de saber que había sido parte de un grupo de personas que habían marcado una diferencia en esa comunidad. Como resultado, el cambio dentro de mí fue tan grande como el cambio en el vecindario.

Cuando se responsabilice por su historia y viva una vida de trascendencia intencionalmente, ¿cómo cambiará?

- *Reafirmará sus valores.* Actuar sobre lo que usted valora clarificará esos valores y los hará una prioridad permanente en su vida.
- *Encontrará su voz.* Actuar le dará la confianza de hablar y vivir lo que cree frente a los demás. Usted comenzará a desarrollar autoridad moral con la gente.
- *Desarrollará su carácter.* La gente pasiva permite que su carácter sea influenciado por los demás. Las personas activas luchan para formar y mantener su carácter. Crecen y se desarrollan a causa de esa lucha.
- *Usted experimentará satisfacción interna.* El contentamiento se encuentra en ser lo que se supone que usted debe ser. Se encuentra cuando sus acciones se alinean con quién es usted.

Cuando vivimos nuestra vida intencionalmente para los demás, comenzamos a ver el mundo a través de otros ojos distintos de los propios, y eso nos inspira a hacer más que pertenecer: participamos. Hacemos más que interesarnos: ayudamos. Vamos más allá de ser justos: somos bondadosos. Vamos más allá de soñar: trabajamos. ¿Por qué? Porque queremos marcar una diferencia.

Si usted quiere una mejor vida, vuélvase intencional con respecto a su historia. El retorno que obtenga personalmente lo dejará sin aliento. Eso no significa que será una navegación suave. La trascendencia es engorrosa. Inconveniente. Abrumadora. En ocasiones me he decepcionado conmigo mismo. También he sido decepcionado por otros. Todos los no pude, no lo hice y no debería en mi vida me han mostrado mis limitaciones y defectos. La historia que quería escribir y la que está siendo escrita son distintas. Pero eso está bien. Mis pifias han desarrollado mi carácter y mis goles han sido inolvidables. Cuando su historia de trascendencia pase de lo ideal a lo real comenzará a rehacerlo a usted.

Traerá a otros a su historia

Aquello hacia lo cual usted avanza, avanza hacia usted. Durante años he enseñado que cuando una persona avanza hacia su visión los recursos comienzan a avanzar hacia esa persona. Esos recursos pueden ser materiales, dinero o personas. Cuando una persona deja de avanzar, también los recursos se detienen. A medida que usted entre a su historia de trascendencia y actúe, descubrirá que esto es verdad.

He llevado este principio un paso más adelante. Cuando avanzo en un área de trascendencia, también le pido a ciertas personas que me acompañen (explicaré esto a detalle en el capítulo siete). Hay un gran poder en invitar a otros a unirse a usted. Usted puede compartir trascendencia al invitar a otros a que sean parte de su historia. Don Miller lo ilustra en *Un largo camino de mil años*. Escribe:

> Cuando estábamos en Uganda, fui con [mi amigo] Bob para inaugurar las obras de la nueva escuela que él estaba construyendo. La junta directiva de la escuela estaba allí, junto con algunos funcionarios locales. El director de la escuela había comprado tres árboles que Bob, un funcionario de gobierno y el director plantarían para conmemorar el inicio de las obras. Bob me vio a un lado, tomando fotografías del evento y se me acercó y me preguntó si quería plantar este árbol por él.
>
> "¿Estás seguro?", le pregunté.
>
> "Por supuesto", dijo. "Sería excelente que al volver a este lugar y ver el árbol que plantaste, te recordara cada vez que venga de visita".
>
> Bajé mi cámara y lo ayudé a cavar el agujero y a poner el árbol en la tierra, cubriendo su pequeño tronco.

> Y desde ese momento en adelante, la escuela ya no era la escuela de Bob; la mejor historia era que ya no era la historia de Bob. También era mi historia. Había entrado a la historia con Bob. Y es una excelente historia acerca de brindarles educación a niños que de otro modo no la tendrían. Después de eso doné fondos a la obra de Bob en Uganda, e incluso estoy trabajando para brindarle una beca a un muchacho que conocí en una prisión en Kampala a quien Bob y sus abogados ayudaron a liberar. Estoy contando una mejor historia con Bob.[4]

Cuando usted invita a otros a que se unan a usted, ambos cambian y tienen mejores historias que lo demuestran. Como el poeta Edwin Markham escribió:

Hay un destino que nos hace hermanos
Ninguno se va por su camino solo.
Todo lo que enviamos a la vida de otros
Vuelve a la nuestra.

Mis mejores recuerdos han venido de las veces en las que otros estuvieron en mi historia de trascendencia conmigo. No hay alegría que pueda igualar la de las personas trabajando juntas para el bien común. Hoy, mis mejores amigos son los que están yendo en la travesía de trascendencia conmigo. Esas amistades son enriquecidas por experiencias significativas. Y su vida también lo será.

Incrementará su apetito por más trascendencia

En 2013 fui a hablar en un evento en Bahréin y me senté a la mesa frente a Jaap Vaandrager en la comida. Él es un hombre de negocios altamente exitoso de los Países Bajos que vive y trabaja en Bahréin. Durante nuestra conversación me preguntó qué estaba escribiendo. Brevemente le compartí que estaba escribiendo este libro acerca de marcar una diferencia. Me respondió: "Mi hija Celine está marcando una diferencia en la vida de la gente y ella es apenas una adolescente". Comenzó a contarme su historia y yo quedé maravillado por ella.

Cuando era chica en los Países Bajos, Celine sabía lo privilegiada que era. Esto se volvió claro para ella en India. Su padre y su abuelo habían hecho muchos proyectos de caridad allí, y ella había ido allí sola y fue testigo de las condiciones. "He visto como muchas personas viven en extrema pobreza" dijo Celine. "Los niños de los barrios marginados y otras área menos afortunadas carecen de la educación básica y el único idioma que conocen es el idioma local, lo cual limita sus oportunidades más tarde en la vida. Su deseo más grande es salir de esos lugares marginados y comenzar una vida en la ciudad con un trabajo estable, un ingreso estable y una familia amorosa".

La clave, según se dio cuenta, era la educación. "Creo que esta es una de las cosas más importantes en la vida y habilita a la gente a que haga lo que desee con su vida", dijo Celine. Ella pensó que si a los niños se les enseñaba inglés, ellos podrían tener la oportunidad de una mejor vida a medida que crecieran.

Celine tenía un plan. Ella les proveería a los niños menos privilegiados de una escuela un maestro de inglés. Eso les ayudaría más tarde en la vida y les brindaría mayores oportunidades. Después de hacer muchas investigaciones y con la ayuda de sus amigos en India, encontró una escuela. Necesitaban un maestro de inglés, pero no tenían suficiente dinero para pagar uno. En esta escuela y en otras semejantes, los estudiantes recibían los útiles más básicos y un almuerzo, que para muchos es la única comida caliente que reciben en todo el día.

La escuela que encontró se llamaba Escuela Primaria Mahadji Shinde. Los niños que asistían a ella (cuarenta y cuatro en un grupo) eran unos de los niños menos afortunados de toda India: 10% eran huérfanos, 60% tenían un solo padre y 80% vivían en cobertizos en los barrios bajos.

Encontrar a un maestro de inglés para la escuela no era fácil, pero Celine lo logró en un mes. La maestra era una joven soltera cuya familia entera dependía de su salario, incluyendo a su padre quien tenía cáncer. Ella había estado desempleada y estaba agradecida por el trabajo. Ahora todo lo que tenía que hacer Celine era dilucidar cómo pagarle.

Comenzó a recaudar fondos organizando ventas de repostería en su escuela. Ella también patrocinaba nadadas. Pero la cantidad de dinero no estaba ni siquiera cerca de cumplir con sus objetivos.

A medida que se acercaba el decimosexto cumpleaños de Celine, sabía lo que quería hacer. "En mi decimosexto cumpleaños lo subí un grado al invitar a todos mis amigos, amigos de la familia y compañeros de la escuela a venir a un evento de recaudación de fondos de cumpleaños que estaba organizando y les pedí que trajeran un invitado".

En lugar de pedir regalos, pidió donativos para una organización caritativa llamada No Nation Without Education [Ninguna nación sin educación].

"En unas horas se llenó toda la caja de donativos y yo ya sabía que había alcanzado mi objetivo," dijo Celine. "Cuando conté el dinero no lo podía creer. Habíamos alcanzado más del doble del dinero requerido. ¡Fue un éxito!".

Ella utilizó el dinero para pagar el salario de la maestra por un año. Eso significaba que los niños tendrían lecciones de inglés y que la maestra podría tener un empleo estable durante un año y que el cáncer de su padre recibiría tratamiento. Con el dinero adicional Celine compró docenas de libros de inglés básico para los niños y muñecos de peluche para la escuela primaria. Cuando Celine fue allá a entregar los libros y los juguetes, los niños estaban sumamente contentos y le dieron la bienvenida llenos de entusiasmo. En el mismo viaje, ayudó con los proyectos que su abuelo había patrocinado.

"Tuve un tiempo fantástico en India," dijo Celine. "No puedo agradecerle lo suficiente a todos por ayudarme. Fue una experiencia transformadora que nunca olvidaré".

Pero la historia de Celine no se termina allí. Ella dice: "¿Mi nueva misión? Construir una escuela en Mumbai, India, para mi decimoctavo cumpleaños".

La historia de Celine muestra que cuando usted hace de la trascendencia parte de su historia, solamente incrementa su apetito por hacer cosas relevantes. Sé que una vez que comencé a añadirle valor a los demás se convirtió en una obsesión en el mejor sentido de la palabra. Entre más lo hacía, más me volvía intencional para encontrar otras oportunidades. Una mariposa no puede volver a ser una oruga. Cuando usted comienza a vivir la historia de la trascendencia desarrolla un gusto por marcar una diferencia y no podrá volver.

Una mariposa no puede volver a ser una oruga. Cuando usted comienza a vivir la historia de la trascendencia desarrolla un gusto por marcar una diferencia y no podrá volver.

Desearía haber leído una historia como la de Celine cuando era adolescente. Incluso con todas las desventajas que tenía, nadie señaló alguna vez que había personas haciendo cosas significativas a esa edad. Y nunca se me ocurrió que pudiera marcar tal diferencia de joven. Conocer esta posibilidad entonces habría tenido un impacto inmenso en mí.

Va a continuar después de su partida

En mi libro *El manual de liderazgo* hay un capítulo sobre el legado titulado "La gente resumirá su vida en una sola oración, más vale que la escoja hoy". Al meterse en su historia y volverse intencional con respecto a marcar una diferencia, usted puede escoger su legado. ¡Qué oportunidad! Hoy, usted y yo podemos decidir vivir una vida relevante, y eso impactará la manera en la que seremos recordados después que partamos.

Mi esposa, Margaret, quedó profundamente conmovida por un libro llamado *Forget-Me-Not: Timeless Sentiments for Lifelong Friends* [No me olvides: Sentimientos intemporales para amigos de toda la vida] de Janda Sims Kelley. Es una colección de prosa y poesía escrita en los 1800. Una de las entradas en particular la impactó. Decía:

Para Viola:
Atrévete a hacer el bien, atrévete a ser veraz,
Tienes un trabajo que
Nadie más puede hacer.
Hazlo con tanta bondad,
Con tanta valentía, tan bien,
Que los ángeles se apresuren
A contar la historia.
Tu amiga, Annie
Haskinville, Nueva York, 8 de febrero de 1890

¿No es lo que todos nosotros deberíamos esforzarnos a hacer? Como dijo Viktor Frankl: "Todos tienen su propia vocación o misión específica en la vida. Cada uno debe llevar a cabo una misión concreta que exige cumplimiento. En ello no puede ser reemplazado, ni su vida puede ser repetida. Por lo que la tarea de cada uno es tan única como su oportunidad específica para implementarla".

Esto es personal

En este punto, debería hacer una pausa para que pueda decirle algo. Si usted ha leído alguno de mis libros anteriores, va a encontrar que este es distinto tanto en tono como en perspectiva. Voy a mostrarle el camino hacia vivir intencionalmente y lo voy a ayudar a crear su propia vida relevante, pero también le voy a contar mi historia personal: desde mi infancia y desde cuando iba a la escuela en un pequeño pueblo de Ohio durante las décadas de 1950 y 1960; a convertirme en pastor de una pequeña iglesia rural en Indiana; a dirigir iglesias siempre en crecimiento en las décadas de 1970, 1980 y 1990; a cambiar de giro y convertirme en conferenciante para enseñar a hombres de negocios y líderes; pasando por iniciar varias empresas y una organización sin fines de lucro; hasta finalmente entrenar a millones de líderes alrededor del mundo.

No le estaré contando todo esto para presumir mis logros. Mi vida tiene defectos, no obstante necesito compartirla con usted en una manera como nunca lo he hecho antes porque no conozco una mejor forma de enseñarle como embarcarse a vivir intencionalmente. Creo que si usted conoce mi historia y cómo se desplegó, lo va a ayudar a escribir su propia historia de trascendencia. Lo va a facultar para dirigirse a usted mismo hacia una vida relevante.

Déjeme también decirle algo más. Hablo abiertamente acerca de mi fe en este libro. Lo hago porque ha sido una parte importante de mi viaje personal. También podría ser parte del suyo. Pero también sé que podría no ser. Tenga la confianza de que no trataré de imponerle mi fe. Si usted es indiferente a la fe, o incluso si tiene una disposición negativa hacia la fe o hacia Dios, sinceramente creo que se beneficiará de escuchar mi historia. Habiendo dicho eso, quiero que sepa que le voy a avisar cuando vaya a hablar de mi fe y usted se puede saltar esa sección si quiere. Yo no me voy a ofender.

Como es el momento de las confesiones, también le voy a contar un pequeño secreto. Batallé para escribir este libro; más que con cualquier otro libro que haya escrito. ¿Por qué? El mensaje de vivir intencionalmente y la trascendencia que resulta es tan significativo, tan poderoso y tan sumamente personal que sentía que tenía que hacerlo bien. Creo que lo que tengo que decirle sobre este tema tiene el potencial de cambiar su vida como ha cambiado la mía.

Y para tratar de comenzar a tomar sus primeros pasos hacia la trascendencia de inmediato he creado algo llamado el experimento de siete días. Le mostrará cómo tomar sus primeros pequeños pasos en su travesía de vivir intencionalmente y en una manera trascendente. Vaya a 7DayExperiment.com y pruébelo. Es gratuito.

Al recordar mi historia y explorar mi travesía de trascendencia y de vivir intencionalmente, he llegado a darme cuenta que siguió un patrón; un patrón que utilizaré para mostrarle el camino. Este es:

Quiero marcar una diferencia
Haré algo que marque una diferencia
Con personas que marquen una diferencia
En un momento que marque la diferencia

El resto del libro está organizado en alineación con el patrón de esos cuatro pensamientos (después de que explique algunas cosas acerca de vivir intencionalmente en el siguiente capítulo). Mi deseo es que a medida que lea y escuche acerca de mí, haga descubrimientos acerca de usted mismo, su llamado para marcar una diferencia y su habilidad de vivir una vida de trascendencia, y que puede comenzar a hacerlo ahora.

Aunque voy a estar contándole más de mi historia y revelándole más de mi trasfondo que nunca antes, quiero que comprenda que mi historia no es más importante que la de nadie más; incluyendo la suya. Creo que cada persona tiene un gran valor. Cada persona importa. Yo creo en usted. Creo en su potencial para la transformación personal. Y creo que tiene la capacidad de producir un impacto en el mundo.

Su historia, como la mía, no será perfecta. La historia de todos incluye victorias y derrotas, días buenos y malos, altas y bajas, sorpresas e incertidumbres. Esa es la vida. Este libro no se trata de crear una vida *perfecta* para usted. Se trata de querer una *mejor* vida para usted.

He sido un observador de las personas toda mi vida y he notado que la mayoría de las personas son bastante pasivas con respecto a su vida. Una indicación de esto es que cuando se les pide que describan cosas importantes que lamentan en su vida, ocho de cada diez se enfocan en acciones que *no* hicieron más que en acciones que *realizaron*. En otras palabras, se enfocan en las cosas que fallaron en *hacer* en lugar de en las cosas en las que fallaron *al* hacerlas. Una mejor historia emergerá para usted cuando sea altamente intencional con su vida. Lo sé porque lo he experimentado.

Su mejor historia

Una de mis películas favoritas es *Amistad*, dirigida por Steven Spielberg. Se trata de un motín en un barco de esclavos y el juicio que sucedió para determinar el estado de los esclavos rebeldes después de que la nave llegó milagrosamente a Estados Unidos. Representando a los esclavos estaba el abogado abolicionista afroamericano, Theodore Joadson, representado por Morgan Freeman. Su asesor era el expresidente de EE. UU., John Quincy Adams, representado por Anthony Hopkins.

En la película, Adams le pide a Joadson que resuma su caso. El resumen de Joadson es brillante, preciso y carente de emoción. El viejo Adams entonces le aconseja a Joadson: "Al principio de mi carrera en derecho, aprendí que *quien cuenta la mejor historia, gana*".

Quiero que usted gane contando la mejor historia que pueda con su vida.

A medida que usted piense en la historia de su vida y la manera en que quiere que finalmente se lea, quiero dejarlo con un pensamiento final. Con frecuencia enseño que hay dos grandes tareas en la vida: encontrarnos a nosotros mismos y soltarnos a nosotros mismos. Finalmente, creo que nos encontramos a nosotros mismos al descubrir nuestro *porqué*. Nos soltamos a nosotros mismos al andar por el sendero de la trascendencia poniendo a los demás primero. ¿El resultado? Las personas a las que ayudamos también se encuentran a sí mismas, y el ciclo del legado puede comenzar de nuevo. Ese ciclo tiene el poder de continuar después de nuestra muerte. Cuando muera, no podré llevarme lo que tengo, pero puedo vivir en otros por lo que di. Esto es lo que espero para usted a medida que lea este libro.

Cuando muera, no podré llevarme lo que tengo, pero puedo vivir en otros por lo que di.

Si está listo para aprender cómo vivir intencionalmente cambiará su vida entonces dé la vuelta a la página y consideremos por qué tener buenas intenciones por sí solo nunca es suficiente para vivir una vida de trascendencia.

Aplicación intencional: Su vida puede ser una gran historia

Su historia hasta ahora

¿Cómo caracterizaría su vida hasta la fecha? ¿Ya es una gran historia? ¿Es buena, pero no es espectacular? ¿Se está quedando corta de lo que usted quiere que sea? Tome un tiempo para pensar en ella a través de escribirla. Puede hacerlo en varias maneras. Puede crear una lista de cada momento memorable; tanto los positivos como los negativos. Puede escribirla como una historia. Puede escribir ideas o crear un párrafo de resumen. El cómo no es tan importante. Lo que importa es que se tome el tiempo de hacerlo, y asegúrese de pensar en si su historia está yendo en la dirección que usted quiere que vaya para el momento en que su vida termine.

Comience a bosquejar un nuevo capítulo

Si la dirección de su vida no es lo que usted quiere que sea, entonces tome tiempo para escribir lo que usted desea lograr para hacer del mundo un mejor lugar. No necesita ser elevado. No necesita hacer temblar la tierra. Solamente necesita marcar una diferencia en alguna manera que sea importante para usted. ¿Qué le gustaría que la gente diga en su funeral? Escríbalo ahora.

Métase en su historia

Ahora trate de discernir qué significaría que usted tomara la iniciativa en hacer que su vida sea relevante y métase en su propia historia. Identifique qué sola acción podría llevar a cabo hoy y todos los días durante la siguiente semana o mes para comenzar a reescribir su propia historia. Como dice Doug Horton: "Sea su propio héroe. Es más barato que una entrada para el cine".

2

Por qué no son suficientes las buenas intenciones

Al poeta Samuel Johnson se le adjudica el crédito de haber dicho: "El infierno está pavimentado con buenas intenciones". ¿Por qué habría dicho tal cosa? ¿Qué no es algo positivo querer hacer el bien y poseer el deseo de ayudar a otros? Mi respuesta es sí. Tener un corazón para ayudar a la gente y añadirle valor lo convierte en una mejor persona. Pero si no actúa sobre ello en una manera intencional, no va a marcar una diferencia.

Cruce la brecha de la trascendencia

En la película *Cadena de favores*, el maestro Eugene Simonet desafía a su grupo a que salgan y hagan una diferencia en la vida de otros. "Piensen en una idea para cambiar a nuestro mundo, y luego pónganla en acción", les dice a sus estudiantes. ¿Por qué? Porque sabe que la mayoría de las personas, aunque tienen el deseo de hacer algo relevante, no comienzan a construir intencionalmente el puente entre saber y hacer. Esperan. Y como resultado, nunca atraviesan la brecha. Y como resultado, nunca experimentan la trascendencia.

Cuando recuerdo mi propio viaje de trascendencia reconozco que comenzó con buenas intenciones más que con vivir intencionalmente. Mis buenas intenciones expresaban mi corazón y mi deseo de ayudar a otros pero se quedaban cortos de la trascendencia que anhelaba genuinamente. Un ejemplo excelente de esto ocurrió cuando estaba en la escuela media-superior. De chico me encantaba el baloncesto. De la escuela media en adelante jugué en el equipo de baloncesto, y era bastante bueno. Pero también siempre había querido jugar fútbol americano. No obstante, sabía que mis padres no querían que jugara dos deportes. Estaban preocupados de que no pudiera mantener el ritmo de mis estudios. Así que tenía un dilema. Cada verano les decía a mis amigos que estaría en las pruebas para fútbol americano ese otoño. Mi *intención* era presentarme. No obstante, sabía que decepcionaría a mis padres si lo hacía. Así que inevitablemente, me decepcionaba a mí mismo y a mis amigos al no presentarme. El resultado era que mis intenciones eran incongruentes con mi comportamiento.

Al principio de mi vida, en muchas ocasiones mis intenciones eran solamente pensamientos; grandes ideas que no eran respaldadas por acciones. Si solamente hubiera sido *intencional* y les hubiera dicho a mis padres que quería jugar fútbol americano, creo que me lo habrían permitido.

Lo triste es que nunca llegué a jugar fútbol americano porque nunca les dije lo que sentía. Cada otoño, me sentaba en las gradas viendo el juego porque era lo más lejos que me llevaban mis buenas intenciones. Con el tiempo encontré una manera de bajar de las gradas y entrar al campo con mayor frecuencia en la vida. Llegó cuando comencé a ver la diferencia entre las *buenas intenciones* y *vivir intencionalmente.* La trascendencia solamente comenzó a hacerse mía cuando me volví consciente de la necesidad de actuar e ir adonde me llevaran esas acciones todos los días.

¿Qué juego está observando que preferiría estar jugando? ¿Está sentado en las gradas en aspectos de su vida en los que podría estar marcando una diferencia?

¿Qué juego está observando que preferiría estar jugando?

Hay muchas maneras de ser trascendente; así como hay personas en la Tierra. Cada uno de nosotros tiene habilidades, talentos, oportunidades, causas y llamados únicos. Yo le ayudaré a comenzar a descubrir cuáles son algunas de ellas para usted en los capítulos subsiguientes. Pero solamente hay un camino cierto para que usted logre esa trascendencia y es a través de vivir intencionalmente. Como usted sigue leyendo este libro, creo que ha tomado la decisión de meterse en su historia como le sugerí en el capítulo uno. Usted quiere vivir una vida relevante. Usted desea tener trascendencia. Eso es bueno. Pero la siguiente pregunta es cómo.

Primero, déjeme aclarar lo que quiero decir cuando hablo acerca de *vivir intencionalmente.* Estoy describiendo una vida que le trae *satisfacción diaria* y *recompensas continuas* por meramente trabajar para marcar una diferencia "grande o pequeña" en la vida de otros. Vivir intencionalmente es el puente que lo llevará a una vida relevante. Las buenas intenciones no lo levarán allí.

¿Cuál es la gran diferencia entre las buenas intenciones y vivir intencionalmente? Se lo puedo mostrar utilizando solo algunas palabras. Échele un vistazo a las tres columnas de palabras abajo, y cuando lo haga, pregúntese: "¿Vivo en la tierra de las buenas intenciones o en la tierra de vivir intencionalmente?".

PALABRAS DE BUENAS INTENCIONES	PALABRAS DE VIVIR INTENCIONALMENTE	UNA VIDA RELEVANTE
Deseo	Acción	Resultados
Anhelo	Propósito	Realización
Algún día	Hoy	Todos los días
Fantasía	Estrategia	Seguimiento
Espero que	Definitivamente	Continuamente
Pasivo	Activo	Con iniciativa
Ocasional	Continuo	Habitual
Emoción	Disciplina	Estilo de vida
Alguien debería	Lo haré	Lo hago
Supervivencia	Éxito	Trascendencia

Al ver estas listas, ¿puede ver por qué las buenas intenciones por sí solas nunca lo llevarán a la trascendencia? De hecho, si todo lo que hace es cultivar buenas intenciones, pero nunca actúa en una manera intencional, de hecho es más probable que se vuelva más frustrado y menos satisfecho, porque su deseo por un cambio positivo puede incrementar, pero la falta de resultados puede dejarlo decepcionado.

Sea que se dé cuanta o no, la gente vive en una tierra o en la otra. Sea por diseño o por defecto, si tenemos el deseo de hacer del mundo un mejor lugar, o nos conformamos con las buenas intenciones o abrazamos vivir intencionalmente. ¿Cuál pondrá en práctica?

Aprenda a ser intencional

Incluso alguien como yo que crecí en una casa en el que la intencionalidad era altamente apreciada, no siempre comprendí cómo ser intencional desde el inicio.

Mi padre es la persona más intencional que he conocido. Sabe lo que cree, identifica lo que quiere, piensa en lo que necesita para producir lo resultados que quiere y consistentemente actúa para ver que suceda. Está en sus noventas y sigue viviendo intencionalmente.

De joven, mi papá estudió a las personas con éxito y descubrió que todos tenían una cosa en común: una actitud positiva. Él no era una persona positiva naturalmente, así que comenzó a leer libros y a escuchar a oradores que le enseñaron como ser más positivo. Así que practicó el pensamiento positivo todos los días. Y todavía lo hace.

Este es otro ejemplo de su intencionalidad. Durante la Depresión, cuando muchas personas se quedaron sin trabajo, iba a una empresa donde esperaba que lo contrataran y trabajaba un día gratis. Pensaba que su trabajo sería tan bueno que el dueño del negocio simplemente lo contrataría en ese instante. Si eso no sucedía, seguiría adelante y haría lo mismo por otro negocio. Nunca le faltó trabajo.

Mis padres fueron altamente intencionales con mi hermano mayor Larry, mi hermana menor Trish y yo. Como querían conocer a nuestros amigos y supervisarnos a medida que desarrolláramos nuestras relaciones con ellos se aseguraban de que tuviéramos todo lo que otros niños podrían querer en nuestra casa: juguetes, una mesa de ping-pong, un juego de química y una mesa de billar. Como resultado, todos los muchachos de la cuadra se reunían allí y mi madre gentilmente nos guiaba a qué relaciones eran positivas y cuáles eran negativas.

En la mesa de la cena mi mamá y mi papá nos hacían preguntas cada noche. "¿Qué leyeron hoy? ¿Qué intentaron hacer que fracasó?". Mis padres estaban tratando de plantar semillas de intencionalidad en nosotros en cada comida.

Mi papá también era intencional con respecto a nuestro crecimiento y desarrollo. Nos pagaba por leer libros que sabía nos mejorarían, en lugar de pagarnos por sacar la basura (yo de todos modos sacaba la basura, ¡simplemente no me pagaban por hacerlo!). Y el día que obtuve mi licencia de conducir, antes de meternos al coche para ir a casa me dijo: "Te voy a enseñar la lección más importante que vas a aprender sobre conducir—sacó un libro del bolsillo de su chaqueta y lo metió en la guantera—. Habrá momentos en el que estés detenido en el tráfico, atorado en una vía férrea o esperando a alguien "me dijo". La mejor manera de usar ese tiempo y hacer que cuente es leer". Mi amor por la lectura fue inculcado en mí en una manera intencional por mi papá.

A pesar del alto grado de intencionalidad de mis padres, no lo entendía de niño. No abracé vivir intencionalmente. Quizá dentro de mí tenía mucha energía para jugar. Principalmente, me quería divertir. Entonces cuando ya fui adulto pensé que el trabajo duro era la clave para el éxito. Creía que entre más duro uno trabajara, más exitoso sería.

¿Qué fue lo que me cambió? ¿Cómo reconocí finalmente que vivir intencionalmente era la clave para una vida relevante, y que era el puente entre el éxito y la trascendencia? Cuando estaba a la mitad de mis veintes conocí a un hombre llamado Curt Kampmeier.

Curt estaba relacionado con el Success Motivation Institute [Instituto de Motivación de Éxito] de Waco, Texas. Como lo había escuchado hablar acerca de los principios para el éxito y realmente me gustaba lo que tenía que decir, le había escrito una nota pidiéndole que se encontrara conmigo la siguiente ocasión en que viniera a la ciudad. Para mi gran sorpresa dijo que sí. Así que nos encontramos para desayunar.

Mientras estaba desayunando, Curt me preguntó si tenían un plan de crecimiento para mi vida. Era una pregunta que nadie me había hecho. No solamente no tenía uno, ni siquiera sabía que se suponía que debería tener uno. Estaba tan avergonzado por la pregunta que traté de aparentar con mi respuesta. Comencé a decirle acerca de todas las cosas que estaba haciendo en mi trabajo y todas las horas que estaba invirtiendo. Pero me descubrió.

"Si vas a crecer —me dijo—, tienes que ser intencional".

Esa declaración me golpeó como un puñetazo en el rostro.

Curt me dijo que él tenía un plan detallado para el crecimiento: un paquete con material sobre metas y actitud e iniciativa y responsabilidad. Sabía instintivamente que esas cosas podrían ayudarme. Cuando le pregunté cómo lo podría obtener, me dijo que lo podía comprar por $695 dólares.

"Si vas a crecer tienes que ser intencional".
—Curt Kampmeier

¡Eso era lo equivalente de un mes de salario para mí!

Regresé a casa del desayuno buscando alternativas. Comencé preguntándole a amigos y colegas si tenían un plan de crecimiento. No. Ninguno de mis amigos era intencional con respecto a volverse mejor en lo que hacían. Solamente esperaban que sucediera por sí solo como yo lo había hecho. Eso suena como buenas intenciones, ¿no es cierto?

Finalmente, mi esposa Margaret y yo nos sentamos, le pusimos papel y lápiz y dilucidamos cómo sacrificar y ahorrar nuestros centavos para obtener el dinero para comprar el paquete. Éramos recién casados, apenas pasándola con el dinero que ganábamos. Sin embargo al final de los seis meses, habíamos ahorrado el dinero que necesitábamos (entienda que esto era en los días antes de que las tarjetas de crédito estuvieran disponibles para todos).

Nunca olvidaré el día en que recibí el paquete. Lo había visto antes cuando me reuní con Curt, pero cuando lo abrí y comencé a profundizar en él, quedé impactado por su sencillez. Al principio pensé: *¿Pagué casi $700 dólares por esto?* Había estado esperando una solución mágica. En lugar de ello, esto iba a requerir mucho trabajo.

¿Qué otra cosa podría hacer? Me zambullí en él. Después de todo, había gastado una pequeña fortuna en el paquete. Pero no pasó mucho tiempo antes de darme cuenta de que valía cada centavo. Sí, me alentó a soñar, pero también me enseñó a ponerle detalles a mis sueños y a ponerles fecha límite. Me impulsó a examinarme a mí mismo y dónde me encontraba. Me llamaba a considerar mis fortalezas y mis debilidades. Me llevó a identificar mis metas cada semana. Y me compenetró en un proceso de crecimiento todos los días.

Había esperado una solución. En lugar de ello me dio dirección.

Fue un curso sobre vivir intencionalmente. Incluso comprar el paquete me había forzado a ser intencional, porque habíamos hecho sacrificios todos los días durante seis meses para ahorrar el dinero.

Ese paquete abrió mis ojos a vivir intencionalmente. Me ayudó a crear mi primer plan de vida. No podía ponerle un precio a lo valioso que era. ¿Por qué? Porque me llevó a una revelación mayor:

Si quería marcar una diferencia…

Desear que las cosas cambien no las haría cambiar.
Esperar mejoras no las traería.
Soñar no me brindaría las respuestas que necesitaba.

La visión no sería suficiente para traer transformación a mi vida o la de otros.

Solamente a través de administrar mis pensamientos y cambiarlos de deseo a acciones podría generar un cambio positivo. Necesitaba ir de querer a hacer.

Probablemente ya haya tenido esta revelación usted mismo. Quizá ya haya comenzado a hacer este cambio. Probablemente lo dedujo antes que yo. Pero si no es así, ¿qué cree? Puede hacer el cambio de las buenas intenciones a vivir intencionalmente en este momento. De hecho, puede llegar a ser tan intencional en la manera en la que vive que sus amigos y seres queridos, sus colegas y jefes, sus vecinos y sus opositores dirán: "¿Qué fue lo que le sucedió?". Su transformación los dejará perplejos. E inspirará a otros para abrazar vivir intencionalmente también.

Los siete beneficios de vivir intencionalmente

Intuitivamente, quizá sienta que vivir intencionalmente podría beneficiarlo, pero estoy pensando que también le gustaría conocer lo que hace por nosotros. Mi experiencia me ha demostrado que hace muchas cosas por nosotros. Estos son siete de sus beneficios:

1. Vivir intencionalmente nos lleva a preguntarnos: "¿Qué es significativo en mi vida?".

Yo tenía veinticinco años cuando me reuní con Curt Kampmeier y desesperadamente quería ser exitoso. Trabajar con este paquete y volverme intencional me llevó a preguntarme: "¿Cuáles son las claves para el éxito?". Durante los dieciocho meses siguientes estudié a las personas exitosas y comencé a formarme ideas con base en la información que estaba reuniendo.

Después de observar a docenas de personas exitosas y de leer muchos libros, llegué a una conclusión: *Las personas exitosas son buenas en cuatro áreas: relaciones, capacitación, actitud y liderazgo.* Esos eran aspectos que necesitaría cultivar si quería ser exitoso.

Con un plan de crecimiento formulado, comencé a desarrollarme en esas cuatro áreas.

Vivir intencionalmente lo motivará a comenzar a hacer preguntas y a empezar a priorizar lo que es importante para usted. Eso fue lo que hizo por mí. Comencé a preguntar cómo podría ser exitoso. Cuando había comenzado a tener un poco de éxito, me di cuenta de que necesitaba estarme haciendo preguntas acerca de trascender. *¿Puedo marcar una diferencia? ¿A quién debería ayudar? ¿Cómo les puedo ayudar? ¿Cómo les puedo añadir valor?* Estas preguntas comenzaron a ayudarme a volverme intencional en el área de la trascendencia.

Una vez que me pregunté a mí mismo: "¿Qué es significativo en mi vida?", y me di cuenta de que la respuesta era añadirle valor a las personas, comencé a enfocarme en ese pensamiento. Esa es la esencia de la intencionalidad. Una vida poco intencional acepta todo y no hace nada. Una vida intencional abraza solamente las cosas que le añadirán a su misión de trascendencia.

Una vida poco intencional acepta todo y no hace nada. Una vida intencional abraza solamente las cosas que le añadirán a su misión de trascendencia.

2. Vivir intencionalmente nos motiva a tomar acción inmediata en áreas de trascendencia

Cuando ya ha pasado de las buenas intenciones a vivir intencionalmente, cada vez que detecta una necesidad que le importa, ya no piensa: *Alguien debería hacer algo al respecto.* En lugar de ello piensa: *Debo hacer algo al respecto.* Usted se apropia del asunto. Napoleon Hill lo dijo mejor cuando observó: "Usted debe involucrarse para producir un impacto. Nadie queda impresionado por el récord de victorias y derrotas de un árbitro".

Mi cambio hacia vivir intencionalmente fue amplificado a mediados de mis veintes cuando escuché hablar a W. Clement Stone en una reunión de actitud-motivación-positiva en Dayton, Ohio.

Él era estudiante de Napoleon Hill, cuyos libros yo había leído, así que tenía muchos deseos de escuchar lo que Stone tenía que decir.

Una de las lecciones que enseñó ese día fue acerca de la necesidad de generar urgencia para hacer las cosas. Nos desafió a decirnos en voz alta cincuenta veces cada mañana antes de levantarnos de la cama: "Hazlo ahora. Hazlo ahora. Hazlo ahora". Cada noche antes de acostarnos, nos desafió a una vez más decir la frase: "Hazlo ahora", cincuenta veces.

Nos pidió que hiciéramos este ejercicio todos los días durante un mes hasta que se volviera una disciplina.

Salí de ese congreso y di oído a su consejo. De hecho lo hice. Todos los días. Cincuenta veces en la mañana y cincuenta en la noche. Al final de ese mes tenía dentro de mi tal sentido de urgencia para actuar que me encontré a mí mismo listo para aprovechar el momento en cualquier instante. Esta nueva mentalidad "hazlo ahora" me hizo vivir con una expectación tan inmensa que comencé a actuar en todas las cosas que había estado dejando para después. Me llevó a un nivel completamente nuevo.

Todos tenemos la tendencia a dejar las cosas para después. Necesitaba el ejercicio "hazlo ahora" para motivarme a realizar actos de trascendencia. Comenzó como una disciplina, pero se convirtió en un deleite diario. Rápidamente trascendió de "tengo que" a "quiero" a "no puedo esperar hacerlo" (voy a hablar de esto con más detalle en el capítulo nueve). No hay personas que hayan logrado la trascendencia por sus pensamientos. Lo lograron a través de sus actos. Ya no puede sentarse en las gradas como lo hice en la escuela media-superior; tiene que meterse en el juego.

Permita que el deseo de actuar que usted siente cuando se vuelve intencional lo impulse a realizar actos de trascendencia. Lo más importante que puede hacer es comenzar porque eso incrementará su apetito por más trascendencia.

3. Vivir intencionalmente nos desafía a encontrar maneras creativas de lograr la trascendencia

Cuando estaba en la universidad tuve una puntuación baja en una prueba de creatividad que me aplicaron a mí y a mis compañeros de grupo. No obstante, he podido presentar miles de mensajes y escribir docenas de libros que han sido bien recibidos por las personas. ¿Cómo pude cambiar? Cuando me volví intencional en lo que yo quería hacer, me volví creativo para encontrar maneras de obtener mis deseos. Una imagen clara de lo que quería lograr me dio la voluntad de persistir y el espíritu creativo de vencer las barreras y compensar las deficiencias.

Cuando usted vive un estilo de vida intencional, ve muchas posibilidades. Cuando es poco intencional, ve pocas.

Vivir intencionalmente siempre tiene una idea.
Vivir sin intención siempre presenta una excusa.

Vivir intencionalmente arregla la situación.
Vivir sin intención arregla la culpa.

Vivir intencionalmente logra que suceda.
Vivir sin intención se pregunta qué sucedió.

Vivir intencionalmente dice: "Aquí hay algo que puedo hacer".
Vivir sin intención dice: "¿Por qué nadie hace nada?".

Vivir intencionalmente y vivir sin intención son completamente distintos en cada aspecto de la vida, incluyendo la creatividad.

> **¡Cuando usted sabe lo que quiere y no puede encontrar lo que quiere, debe crear lo que quiere para que pueda obtener lo que quiere!**

Vivir intencionalmente se trata de saber lo que quiere. Con frecuencia ese deseo será elusivo o incluso al parecer imposible de lograr. No obstante, cuando nos sentimos de esa forma, la necesidad disfrazada de creatividad puede entrar en operación. Cuando lo hace, vivir intencionalmente convierte la pregunta llena de duda:

"¿Podré?". En la pregunta llena de vigor que induce posibilidades: "¿*Cómo* puedo hacerlo?". ¡Cuando usted sabe lo que quiere y no puede encontrar lo que quiere, debe crear lo que quiere para que pueda obtener lo que quiere!

4. Vivir intencionalmente nos llena de energía para dar nuestro mejor esfuerzo para hacer actos trascendentes

El autor de libros superventas Bob Moawad dijo: "La mayoría de la gente no apunta alto y falla. Apunta bajo y da en el blanco". ¿Qué es todavía peor que eso? ¡Ni siquiera apuntar!

> **"La mayoría de la gente no apunta alto y falla. Apunta bajo y da en el blanco".**
> **—*Bob Moawad***

Vivir sin intención es fallar en apuntar en la vida. Las personas sin intención deambulan por la vida sin enfoque. Son como el Hermano Juniper en la tira cómica del Padre Justin "Fred" McCarthy, quien dispara flechas a la cerca de madera en el jardín trasero. Entesa el arco y deja volar la flecha. En donde sea que haya quedado clavada en la cerca, toma el marcador y le dibuja un blanco alrededor. De esta manera, cree que con toda seguridad jamás fallará una diana.

Tristemente, muchas personas viven sus vidas en una manera similar, cayendo en algún sitio al azar y luego lo llaman una diana. Eso describe una vida sin propósito y sin energía. Vivir de esa manera sería como jugar al golf sin el hoyo, jugar fútbol americano sin la línea de meta, jugar béisbol sin plato de home o jugar a los bolos sin los bolos.

Llegué a estar consciente de la necesidad de tener metas a los diez años aunque no reconocí su trascendencia en el momento. Me enamoré del baloncesto a esa edad. Mi padre me quería brindar un lugar para jugar en casa, así que hizo una plancha de concreto y colocó un tablero en el garaje. Él y yo entonces fuimos a la ciudad y compramos un balón de baloncesto y un aro. Estaba muy emocionado porque estaba a punto de tener mi propio lugar en el que iba a poder practicar baloncesto todos los días.

Mi papá estaba a punto de colocar el aro en el tablero cuando recibió una llamada de emergencia y tuvo que salir de viaje. En esa época mi papá era un superintendente responsable de liderar a muchos pastores. Algunas veces sucedía una situación crítica que requería su atención inmediata, así que yo entendía bien cuando tenía que hacer alguna de estas salidas repentinas.

"John" me dijo, "cuando regrese a casa mañana, colocaré tu aro".

"No hay problema "respondí". Practicaré hasta que regreses.

Mientras mi papá echaba marcha atrás el coche para sacarlo de la rampa, me despedí con la mano y luego comencé a hacer regates con mi pelota nueva en la plataforma de concreto fresco. Después de unos quince minutos de hacer regates me aburrí. Así que decidí lanzar el balón contra el tablero. Pensé que eso me satisfaría. Pero no fue así. En el momento en que la pelota rebotó en el tablero y se fue a un costado de la rampa de entrada, perdí todo interés en el juego. ¿Qué era el baloncesto sin la canasta? Solamente hacer regates. Y hacer regates con el balón no era de lo que se trataba el juego. Anotar es el propósito máximo del juego, y no hay puntos sin el aro.

Esto simboliza muchas cosas en la vida. Para que cualquier cosa tenga un gran significado necesita ser impulsada por un objetivo específico y seguirlo con acciones. Sabemos esto cuando estamos tratando de conquistar a la persona que amamos antes de casarnos. Cuando estamos saliendo la búsqueda de la otra persona suele ser altamente intencional. Tratamos de aprovechar al máximo cada experiencia con la persona. Hacemos cosas adicionales más allá de nuestra rutina para agradarlo o complacerla. Lucimos lo mejor. Nos comportamos lo mejor. Tratamos de hacer que el día de nuestro ser amado sea maravilloso. Tristemente, después de casarse muchas personas pierden esa intencionalidad y se enfocan en la otra persona y pasan el tiempo esperando que la otra persona haga que su día sea maravilloso. Allí es cuando la relación comienza a deslizarse.

Por supuesto, la intencionalidad nos puede llevar en la dirección equivocada cuando nuestra visión está fuera de foco. Aprendí eso el día de mi boda. Después de la ceremonia, Margaret y yo estábamos empacando para salir a nuestra luna de miel en el coche. Habíamos planeado conducir a Florida para quedarnos en la casa de sus abuelos durante una semana. Cuando estaba cargando nuestro equipaje, Margaret me vio colocando no uno sino *dos* portafolios en el maletero.

"¿Qué son esos, John?" me preguntó.

"Pensé en traer un poco de trabajo qué hacer en mi tiempo libre "dije, complacido conmigo mismo por ser tan estratégico.

"¡Amor, no vamos a tener tiempo libre!" dijo con una curiosa mezcla de irritación y coqueteo.

Le podría decir que tenía razón, ¡pero no es de su incumbencia! Digamos solamente que al empacar, ella ya estaba tratando de enseñarme una lección importante sobre vivir intencionalmente.

5. Vivir intencionalmente suelta el poder de la trascendencia dentro nuestro

Tenía unos veintiséis años cuando vi a Zig Ziglar hablar por primera vez. Estaba sentado en el asiento central de la primera fila de un auditorio, haciendo mi mejor esfuerzo por absorber todo lo que pudiera de este maestro de la motivación. Fui profundamente atraído por su actitud positiva, su estilo despreocupado conversacional y su acento sureño amigable y accesible. A medida que hablaba y se movía en el escenario, sentí como si solamente me estuviera hablando a mí, aunque era parte de una audiencia de diez mil personas.

> **"Si usted primero ayuda a los demás a obtener lo que quieren, lo ayudarán a obtener lo que usted quiere".**
> **—*Zig Ziglar***

Fue durante este discurso que escuche a Zig decir: "Si usted primero ayuda a los demás a obtener lo que quieren, lo ayudarán a obtener lo que usted quiere". Y experimenté otra importante revelación acerca de la trascendencia. Me di cuenta de que hasta ese momento había estado poniéndome a mí mismo y mis necesidades delante de los demás. Siempre estaba enfocado en mi agenda y en lo que quería lograr, no en los demás y en lo que era importante para ellos. Me preocupaba por las personas, pero nunca se me había ocurrido que enfocarme en otros y ayudarlos en realidad me ayudaría a *mí*.

Lo que dijo Zig no solamente me hizo perfecto sentido, sino que sabía que podía hacerlo. Sería una solución sencilla. Ya me agradaba la gente. Simplemente no había estado consciente de mi ingenuo error de liderazgo.

Inmediatamente cambié mi perspectiva de liderazgo con otros y la respuesta fue dramática. Tan pronto expresé un interés genuino en las personas, fueron recíprocas conmigo y mostraron más interés en mí. Al poner a los demás primero, les estaba dejando saber que sus vidas importaban. En lugar de solamente vender mi visión y motivar a la gente a unirse a mi equipo, comencé primero a preguntarles por sus sueños y cómo podía ayudarlos a lograr lo que deseaban tan profundamente.

Al hacer este cambio en mi liderazgo, estaba conscientemente al tanto de que estaba haciendo lo correcto al poner a los que estaba liderando delante de mí, y con el tiempo experimenté el gozo de ver esta verdad trabajando en la vida de otros. Al recibir la atención y el cuidado que necesitaban, no solamente estaban listos, sino también dispuestos y capaces de ayudarme a cumplir con mi visión.

Es una ley de la naturaleza que no se puede cosechar sin sembrar. Por eso es tan importante dar primero, antes de esperar recibir. El resultado compuesto positivo de practicar este principio durante muchos años ahora me ha dado un retorno inconmensurable en mi inversión en la vida de las personas. La gente no solamente está marcando una diferencia, sino que también están invirtiendo en otras personas que están marcando una diferencia. Estoy viendo temporada tras temporada de cosecha en la vida de otros.

Este toma y daca es natural; como respirar. Uno inhala y exhala. Uno no puede simplemente inhalar. Tampoco puede solamente exhalar. Ambos son continuamente esenciales. Del mismo modo, le damos a otros y recibimos de ellos. Nuestras vidas deben ser como un río, no como un estanque. Lo que tenemos debería fluir a través de nosotros a otros. En el momento en que las cosas buenas que tenemos que ofrecer comienzan a fluir de nosotros a otros, el milagro de la trascendencia intencional comienza a suceder. Entre más compartimos, más tenemos. Entre más tenemos, más podemos dar. No entregamos trascendencia en pequeñas dosis a lo largo del tiempo. La soltamos. Así es como desarrollamos una vida relevante.

6. Vivir intencionalmente nos inspira a hacer que cada día cuente

John Wooden, quien fue mi mentor durante varios años, exhortaba a todos a hacer de cada día su obra maestra. Este entrenador legendario del equipo de baloncesto de los Bruins de la UCLA una vez explicó: "Como líder de mi equipo, era mi responsabilidad sacar el máximo de mis jugadores. Como entrenador, me preguntaba cada día: '¿Cómo puedo mejorar a mi equipo?'. Concluí que mi equipo mejoraría cuando cada jugador mejorara, y eso solamente sucedería cuando cada jugador hiciera de cada día intencionalmente su obra maestra".

¿Cómo hacía eso el entrenador? Cada día observaba durante la práctica la energía, enfoque y conducta general de cada jugador. Si un jugador no estaba dando lo mejor, iba con él y le decía: "Puedo ver que no estás dando el 100% de ti mismo a la práctica hoy. Sé que estás cansado, posiblemente te quedaste estudiando hasta tarde o probablemente este día ha sido difícil. También sé que estás pensando: *Hoy solo voy a dar 60%, pero mañana voy a dar 140% y voy a compensar lo que pasó hoy.* Quiero que sepas que esa manera de pensar no te va a hacer un mejor jugador. No puedes dar 140% mañana. Lo más que podemos dar cualquiera de nosotros cualquier día es 100%. Por lo tanto, si solamente das 60% hoy perderás 40% y nunca lo recuperarás. Unos pocos días de menos de 100% y te convertirás en un jugador promedio".

John Wooden era un maestro de la intencionalidad cuando entrenaba a otros. Planeaba cada práctica de sus jugadores hasta el mínimo detalle y escribía ese plan en fichas antes de que los jugadores se presentaran. Una vez dijo que si alguien le preguntaba lo que había hecho su equipo en la práctica en cualquier día dado durante su larga carrera, él podría sacar la tarjeta de ese día de sus archivos y decirle lo que sus jugadores habían estado haciendo. Su filosofía era "muchas horas de planificación para un par de horas de práctica". Y funcionaba. Su récord de diez títulos nacionales habla por sí mismo. No es maravilla que haya sido nombrado el Entrenador del Siglo por la revista *Sports Illustrated*.

La enseñanza del entrenador me motivó a escribir el libro *Hoy es importante*. La tesis de ese libro declara: "El secreto de su éxito está determinado por su agenda diaria". La clave es tomar buenas decisiones con base en sus principios y valores, y luego administrar esas decisiones todos los días. Cuando escribí ese libro, consideraba que las lecciones eran simples y básicas. Pero las enseñanzas de John Wooden también eran simples. Se enfocaba en lo fundamental, no obstante era inmensamente exitoso. La clave es el seguimiento consistente.

Hace un par de años estaba hablando en Singapur. Mientras estaba firmando los libros para el grupo, una joven me presentó *Hoy es importante* y me pidió que le firmara la contracubierta del libro.

"¿Por qué la contracubierta?" le pregunté.

"El año pasado compré este libro y usted firmó la cubierta "respondió". Ahora lo he leído y he dominado las doce cosas diarias de las que escribe. Ahora me gustaría que firmara la contracubierta del libro.

Mientras lo hacía, ella continuó: "Usted me enseñó a enfocarme en el hoy, y ya lo he hecho. ¿Cuál es el siguiente libro que debería leer?

Desearía haberle entregado este libro, porque le hubiera dado el siguiente paso para lograr una vida de trascendencia. No dudo que habría puesto las ideas en práctica ese mismo día. Pude ver que no era una persona con buenas intenciones. Ya estaba practicando vivir intencionalmente.

7. Vivir intencionalmente nos alienta a terminar bien

El 20 de febrero de 2012 cumplí sesenta y cinco años. Como muchas otras personas lo vi como un cumpleaños significativo, y eso me puso a reflexionar. Uno de los pensamientos que siguió siendo recurrente en mi mente era que quería terminar bien. Durante los seis meses siguientes me pregunté a mí mismo todos los días: "¿Cómo puedo terminar bien?".

¿Qué quería decir con eso?

No quería llegar al final de mi vida para descubrir que había vivido toda su longitud, pero sin profundidad alguna. Después de mucho pensarlo, el 13 de agosto de 2012 escribí esto:

> Quiero terminar bien
> Por lo tanto...
> Seré mayor por dentro que por fuera." El carácter es importante.
> Seguiré la regla de oro." La gente es importante.
> Valoraré la humildad sobre todas las virtudes." La perspectiva es importante.
> Andaré el camino alto de la vida." La actitud es importante.
> Enseñaré solamente en lo que creo." La pasión es importante.
> Haré de cada día mi obra maestra." El hoy es importante.
> Amaré a Dios con todo mi ser." Dios es importante.
> Terminaré bien." La fidelidad es importante.

Nadie termina bien por accidente.

Nadie termina bien por accidente.

Mi padre ahora tiene noventa y tres años. Está terminando bien. Todos los días le añade valor a las personas. Las ama y las sirve. No hace mucho le pregunté: "Papá, ¿qué te hace seguir adelante?

Su respuesta: "Todos los días trato de marcar una diferencia para los demás. Eso me da la energía que necesito para seguir adelante.

Cada domingo mi papá dirige servicios de iglesia en la aldea de cuidados-asistidos en la que vive. Cuando llegó allá, comenzó con solo un servicio. Cuando lo llenó, comenzó un segundo servicio. Lo llenó y ahora tiene tres servicios llenos cada domingo.

Recientemente me dijo: "John, seguimos creciendo y ya no tenemos espacio. Voy a buscar hacer servicios en ubicaciones satélite".

¡Tiene noventa y tres y está pensando en servicios satélite! La mayoría de las personas de su edad están pensando en dormir. ¿De dónde saca su energía?

De vivir intencionalmente. ¿Está viendo el panorama?

Si soy como él "y espero serlo" todavía tengo mucho tiempo para marcar una diferencia. Siempre que le pregunto a mi papá por su día, me suele hablar de alguien al que ha ayudado, alentado o inspirado recientemente. Él va a vivir a plenitud hasta que muera y nunca va confundir estas cosas. Quiero ser más como él.

Algún día me voy a morir. Usted también. ¿Qué quiere que la gente diga de usted en su funeral? Espero que la gente cuente historias graciosas acerca de mí. Pero también espero que cuenten una historia de trascendencia. No quiero que mi familia y amigos tengan que preguntarse cuál fue mi legado. Quiero que digan cómo le añadí valor a los líderes quienes multiplicaron su valor en otros. Ese es el legado que estoy viviendo para crear. Creo que es la mejor aportación que puedo hacer mientras estoy aquí.

En Estados Unidos tenemos el dicho de: "Todo lo que termina bien está bien", pero creo que nada termina bien a menos que *comience* bien. Si usted quiere una vida relevante, no necesita cambiar todo en su vida. El cambio al que lo estoy invitando no es enorme; pero para vivir una vida relevante, es esencial. Es cambiar de las buenas intenciones a vivir intencionalmente. Esa pequeña mejora en su mentalidad va a traer dividendos trascendentes en masa.

¿Está listo para tomar ese paso? Es más simple de lo que se pueda imaginar. Usted solamente necesita alinear sus pensamientos con sus acciones. Eso fue lo que yo hice. Cuando reconocí que tenía la decisión de ser intencional, las buenas intenciones ya no gobernaban mi vida. Usted tiene el poder de escoger en qué categoría vivir, y quiero mostrarle cómo llegar allí, cómo ser intencional y cómo lograr la trascendencia.

¿Cómo lucirá esto para usted? Su viaje probablemente será similar al mío en algunas maneras. Estará lleno de maravillosas sorpresas, gran emoción, grandes cambios, crecimiento no esperado, recuerdos entrañables y, con esperanza, un nivel tremendo de satisfacción interna. No obstante, será inmensamente distinto del mío. Será tan único como usted. La trascendencia será profundamente personal y especial. Creo que volverse altamente intencional será el principio de todo un mundo de oportunidades para usted.

La mayoría de la gente teme que la trascendencia está fuera de su alcance. Pero no lo está. Cualquiera puede ser trascendente. Usted puede ser trascendente, pero solamente si comienza a vivir intencionalmente a través de...

Querer marcar una diferencia. La trascendencia comienza con *querer* marcar una diferencia. Si usted no tiene el deseo, no puede ser trascendente.

Mediante hacer algo que marque una diferencia. Cuando encuentre su punto óptimo—su punto fuerte único que marca una diferencia—podrá ser capaz de incrementar su impacto trascendente.

Con personas que marquen una diferencia. La trascendencia se vuelve compuesta cuando se asocia con otros. La Ley de lo Trascendental de *Las 17 leyes incuestionables del trabajo en equipo* es cierta: uno es demasiado pequeño para alcanzar la grandeza.

En un momento que marque una diferencia. Usted tiene

que actuar con un sentir de urgencia y expectativa si quiere ser trascendente.

Cuando abrace cada uno de estos cuatro elementos, usted incrementará sus probabilidades y oportunidades de trascendencia. Si usted vive las cuatro en su travesía de trascendencia, puede estar seguro de que verdaderamente vivirá una vida relevante.

El resto de este libro está organizado en estos cuatro elementos esenciales requeridos para lograr la trascendencia a través de vivir intencionalmente. Pueden ayudarlo a dejar las meras buenas intenciones detrás de usted y cambiar a una nueva velocidad. Pero antes de que continúe leyendo acerca de ellas y aprenda los detalles de cómo andar su propia travesía de trascendencia, hay una decisión que necesita tomar.

¿Está dispuesto a hacer el cambio de las buenas intenciones a vivir intencionalmente?

Si no, sería mucho mejor que deje de leer en este momento, porque una vida trascendente no será posible para usted. *Vivir intencionalmente es el único sendero a vivir trascendentalmente.* Es el primer paso.

Si está dispuesto a hacer este cambio, entonces permita que las páginas siguientes sean su guía para la vida que siempre había querido pero que nunca pensó que fuera posible. Una vez que entre a ese sendero su vida realmente comenzará importarle a usted y a otros. Por favor escúcheme: la trascendencia está a su alcance. Todo lo que necesita hacer es estar dispuesto a dar los pasos.

Aplicación intencional: Por qué las buenas intenciones no son suficientes

Cuando nos juzgamos a nosotros mismos, tendemos a darnos el beneficio de la duda. Sabemos cuáles eran nuestras *intenciones*, así que aunque nos quedamos cortos en nuestra ejecución, nos damos un poco de oportunidad. Eso es tanto bueno como malo. Lo bueno es que nos permite permanecer positivos y recuperarnos del fracaso. Lo malo es que no nos tomamos cuentas a nosotros mismos por nuestras acciones, y una vida de trascendencia es imposible para cualquiera que no viva intencionalmente día tras día.

¿Dónde se ubica en la lista?

Al principio de este capítulo, le presenté varias listas de palabras que ilustraban las diferencias entre las buenas intenciones y vivir intencionalmente. Deles otra mirada. Haga una marca de verificación junto a la palabra de la columna de la izquierda o central que mejor describa su actitud y sus acciones.

PALABRAS DE BUENAS INTENCIONES	PALABRAS DE VIVIR INTENCIONALMENTE	UNA VIDA RELEVANTE
Deseo	Acción	Resultados
Anhelo	Propósito	Realización
Algún día	Hoy	Todos los días
Fantasía	Estrategia	Cumplimiento
Espero que	Definitivamente	Continuamente
Pasivo	Activo	Con iniciativa
Ocasional	Continuo	Habitual
Emoción	Disciplina	Estilo de vida
Alguien debería	Lo haré	Lo hago
Supervivencia	Éxito	Trascendencia

A menos que haya marcado cada entrada en la columna central todavía tiene trabajo que hace con respecto a cambiar su mentalidad de buenas intenciones a vivir intencionalmente.

Por cada entrada en la que usted marcó la columna izquierda escriba una oración o dos que describan lo que debe hacer para abrazar la actitud central y demostrar las acciones de vivir intencionalmente para obtener los resultados de la columna derecha.

QUIERO MARCAR UNA DIFERENCIA

3

Comience en pequeño, pero crea en grande

Mi viaje a la trascendencia no comenzó realmente hasta que decidí que quería marcar una diferencia en la vida de otros. Recuerdo vívidamente el día que me volví consciente de ese deseo. Me encontraba en cuarto grado y estaba caminando a través de las instalaciones de un campamento con mi padre.

En ese tiempo mi papá era supervisor de doscientos pastores en una denominación muy pequeña. Aunque tenía una posición de liderazgo sobre la gente, la posición que él tenía en sus corazones superaba cualquier posición formal o autoridad que tuviera. Mi papá era un alentador constante. Él verdaderamente amaba a la gente y la quería ayudar. En este día en particular nos llevó treinta minutos caminar cien yardas [unos noventa metros] porque la gente detenía a mi papá a lo largo del camino. Le estaban agradeciendo a mi papá por las cosas que había hecho por ellos y retribuyéndole con palabras de consideración.

Escuché a la gente hablar muy bien de él, e incluso en esos momentos su enfoque seguía estando en alentar a todas y cada una de las personas. Vi sus rostros mientras mi papá hablaba con ellos, al abrirse paso a lo largo del césped, y veía que los estaba levantando más alto de lo que podían levantarse a sí mismos. Cuando vi lo que hizo por otras personas, supe que yo quería darle ese mismo obsequio a la gente también. Puedo recordar haber pensado: *Quiero ser como mi papá. También quiero ayudar a la gente.*

Allí fue donde nació mi deseo por marcar una diferencia. Reflexionar en ese momento de entendimiento da una clara evidencia de que no se necesita ser una gran persona para tener una gran idea. Después de todo, yo no era nadie extraordinario. Solamente era un muchacho del sur de Ohio. Pero algo se encendió en mi ser ese día, y yo inherentemente confié en que tenía la capacidad de tocar el corazón de la gente al igual que mi papá. Yo esperaba que si creía en mí lo suficiente, otros quizá estarían dispuestos a creer en mí también. La única manera en que sabía hacer eso era seguir las pisadas de mi papá y entrar en el ministerio. Quería liderar con convicción, mostrar bondad a los demás y ofrecer compasión adondequiera que fuera. Estudiaría para llegar a ser pastor y sería guiado por la Regla de Oro: "Todas las cosas que quiera que las personas hagan con usted, así también haga usted con ellas".

Aunque me consideraba ser un niño ordinario, reconozco que mi niñez estuvo llena de oportunidades extraordinarias que la mayoría de los niños rara vez reciben. Gracias al trabajo de mi padre, había desarrollado amistades con muchos líderes espirituales reconocidos en todo el mundo. Así que fui expuesto a sus enseñanzas a una edad muy joven. Aunque no podría posiblemente apreciar el impacto que tendrían en mi vida esos momentos, con seguridad puedo recordarlos y reconocer el efecto que tuvieron en mi camino. Cada uno de esos encuentros dejó una impresión duradera que moldeó mi vida y mi futuro hacia la intencionalidad y la trascendencia.

Uno de esos encuentros importantes sucedió cuando tenía alrededor de doce años. Mi padre me llevó a escuchar a Norman Vincent Peale hablar en el Auditorio Veterans Memorial en Columbus, Ohio. Mi papá era un gran admirador de Peale. Era atraído por sus mensajes acerca del poder de una actitud positiva. Mi papá tenía todos los libros de Peale en su biblioteca, y yo había sido alentado a leerlos una y otra vez.

Después de escuchar a Peale hablar, de inmediato entendí la

atracción. Todavía recuerdo caminar por los amplios escalones de concreto del Auditorio Veterans Memorial después de esa experiencia. Mi padre se volteó y me dijo: "Norman Vincent Peale es un gran hombre, John, porque ayuda a mucha gente".

En mis años de adolescencia estaba listo para decirle a mi padre acerca de mi deseo y de mis intenciones para seguir sus pisadas y entrar al ministerio. El día en que le dije a mi papá cómo me sentía, que pensaba entrar al ministerio, puso su brazo a mi alrededor y me dijo: "Hijo, eso es maravilloso.

Pude ver que tocó su corazón. El simple, pero al mismo tiempo agudamente me miró y me preguntó: "¿Qué significa esto para ti?

—Voy a dar mi vida para ayudar a la gente.

Me miró de cerca, como si estuviera esperando ver si parpadearía. Probablemente estaba buscando señales de que podría no estar seguro de mi llamado. Pero nunca había estado más comprometido con nada en mi vida. No rompí nuestro contacto visual porque me sentía confiado. Esto era para lo que había nacido.

Mi papá sonrió y me dijo: "Entonces vas a hacer una gran diferencia, hijo.

Creo que mi padre se enorgulleció tremendamente por la idea de que yo escogiera honrarlo en esa manera. Y aunque es verdad que él era mi principal inspiración, el pensamiento de ayudar a otros y tener un impacto positivo en su vida era el motor que más impulsaba mi pasión.

A medida que me acercaba más al trabajo de mi vida, mi padre comenzó a abrir más puertas que me ayudaron a crecer y que continuaron avivando mi deseo por servir a otros. Me presentó con buenos líderes y me llevó a escuchar a oradores poderosos.

Jamás olvidaré el día que mi papá me llevó a escuchar al gran E. Stanley Jones. Hasta la fecha la considero una de las experiencias más profundas de mi vida. Mientras íbamos hacia el evento donde Jones hablaría, mi padre lo describió como uno de los mayores misioneros y teólogos que alguna vez hubieran existido. Aunque había nacido en Estados Unidos, Jones había pasado la mayor parte de su vida en India, donde comenzó el movimiento cristiano ashram. Durante este tiempo Jones se había vuelto amigo cercano de muchas familias y líderes indios prominentes, incluyendo a Mahatma Gandhi. Después del asesinato de Gandhi, Jones escribió una biografía de la vida del líder indio (ese fue el libro que inspiró a Martin Luther King Jr. a la no-violencia en el movimiento de derechos civiles). Decir que era una figura poderosa e inspiradora apenas le haría justicia a E. Stanley Jones.

Al final de la plática de Jones ese día, mi padre y yo fuimos a una habitación lateral donde tuvimos la oportunidad de conocer al gran misionero. Era un hombre callado, no era bullicioso ni imponente en manera alguna. Fui sorprendido por su gentileza.

Habló con mi padre un rato. Hacia el final de su conversación, mi padre le explicó que yo realmente quería marcar una diferencia en la vida de la gente. Le pidió a E. Stanley Jones que orara por mí, y este hombre que había vivido una vida tan significativa dijo que estaría feliz de hacerlo.

No sé por qué, pero estaba nervioso. Podía sentir mi corazón latiendo dentro de mi pecho. Jones me impuso las manos "colocando una mano sobre mi hombro y a otra sobre mi cabeza" y en ese instante una sensación de paz cayó sobre mí. Podía sentirla en cada parte de mi cuerpo. Mis hombros se relajaron y exhalé. Traté de absorber cada aspecto del momento. Sabía en mi mente, cuerpo y alma que esto dejaría un profundo impacto en mí.

"Dios, faculta a este joven. Dale un corazón por la gente y ayúdalo a ser una persona de compasión", dijo. Había autoridad en su voz. Sus palabras todavía suenan en mis oídos cuando las recuerdo.

Después, supe sin duda que E. Stanley Jones había hablado esa creencia justo dentro de mí. Salí de la habitación sintiéndome mucho más fuerte, más seguro en mí mismo y confiado que cuando había entrado. ¡Y también me sentía tres pulgadas o casi ocho centímetros más alto! Me había sido dado un gran regalo. Puedo cambiar el mundo, pensé. Me había sido mostrado un camino; había sido orientado en una dirección.

Más tarde pensé en el presidente Kennedy, quien estaba en funciones en esa época. Recordé sus palabras valientes y poderosas:

"Pregúntate no lo que tu país puede hacer por ti. Pregúntate lo que tú puedes hacer por tu país". Ese discurso influenció grandemente a mi generación. Kennedy era un líder eficaz porque se conectaba con la gente, especialmente con los jóvenes del país. Yo era uno de esos muchachos que había sido inspirado por él. Al igual que mis amigos. Éramos una nación lista para el cambio, y algunos de nosotros creíamos que éramos el cambio.

¿Por qué no puedo ser yo el que marque la diferencia?, pensé. Era como si me hubieran dado un letrero que dijera: "Su futuro: →Por aquí". Fue mi momento trascendental. Mi destino, mi sendero, mi futuro estaban sellados.

De pronto, las palabras de mi maestro de quinto grado, el Sr. Horton, volvieron a mí como una inundación. El Sr. Horton, a quien yo admiraba mucho, me detuvo un día después del receso y me dijo: "John, eres un líder nato. Te he visto en el patio de juegos en el recreo, y todos los demás niños te siguen. Tú eres el que determina qué juego van a jugar todos, quién va a estar en tu equipo y cuál va a ser el resultado. Tienes excelentes habilidades de liderazgo, John. Creo que vas a crecer y serás un líder maravilloso algún día".

Nunca he olvidado su observación o lo que significó para mí. Siempre he visto a mi padre como un maravilloso líder inspirador, pero el Sr. Horton fue la primera persona que alguna vez pronunció la idea de ver liderazgo en mí. Ese fue el día en que me di cuenta de que podría ser un líder algún día. Y aunque en el momento no entendía completamente lo que quería decir, era una pista sobre mi futuro. Sería hasta casi veinte años después que entendería lo importante que sería el liderazgo en mi travesía personal de trascendencia, en la manera en que le añadiría valor a la gente y marcaría una diferencia.

Esté dispuesto a comenzar en pequeño

Creo que todos tenemos el anhelo de ser trascendentes, de hacer una aportación, de ser parte de algo noble y lleno de propósito.

Y para hacer esa aportación, necesitamos estar dispuestos a enfocarnos en otros. Necesitamos darnos a nosotros mismos. La acción de intencionalidad de la que hablé en el capítulo anterior debe ser dirigida por el deseo de mejorar la vida de los demás, de ayudarlos a hacer lo que posiblemente no puedan hacer por sí mismos. ¿Está conmigo?

Muchas personas ven todo lo que está mal en el mundo y erróneamente creen que no pueden marcar una diferencia. Los desafíos parecen ser grandes y ellos se sienten pequeños. Y piensan que deben hacer grandes cosas para tener una vida relevante. O piensan que necesitan alcanzar cierto lugar en la vida desde el cual hacer algo trascendente.

¿Existe en usted la semilla de la duda? ¿Alguna vez se ha encontrado a sí mismo pensando o diciendo: "Podré marcar una diferencia solamente cuando...

se me ocurra una idea realmente grande,
llegue a cierta edad,
haga suficiente dinero,
alcance una marca específica en mi carrera,
sea famoso o
me retire"?

Ninguna de esas cosas es necesaria antes de que pueda comenzar a lograr la trascendencia. Posiblemente no se dé cuenta, pero esos titubeos no son realmente ninguna otra cosa más que excusas. Lo único que necesita para lograr trascendencia es ser intencional con respecto a iniciar, sin importar dónde esté, quién sea o lo que tenga. ¿Lo cree? No puede producir un impacto quedándose sentado. El exentrenador de la NFL, Tony Dungy, una vez me dijo: "Haz las cosas ordinarias mejor que nadie y alcanzarás la excelencia". Lo mismo es cierto con la trascendencia. Comience haciendo cosas ordinarias.

El filósofo chino Lao Tzu dijo: "Un viaje de mil millas comienza con un solo paso". Eso es cierto. De hecho, así comienza la *primera* travesía de todo ser humano. De niños, teníamos que aprender cómo dar ese primer paso con el fin de caminar. No pensamos nada acerca de ello ahora, pero en ese entonces era la gran cosa.

Cada gran cosa que se ha hecho alguna vez comenzó con el primer paso. Cuando Neil Armstrong hizo su primera caminata lunar declaró: "Ese es un pequeño paso para un hombre, pero un salto gigante para la humanidad". Pero los primeros pasos de ese logro ocurrieron décadas antes. No podemos llegar a ninguna parte en la vida sin tomar ese primer paso. Algunas veces el paso es duro; otras veces es fácil. Pero sin importar qué, usted tiene que hacerlo si quiere lograr grandes cosas.

Usted nunca sabe cuando algo pequeño que usted haga por otros vaya a expandirse en algo grande. Eso le sucedió a Chris Kennedy, un golfista de Florida. En 2014 un amigo lo nominó para hacer el Desafío del Cubo Helado [Ice Bucket Challenge] para la organización caritativa de su elección. Kennedy le pasó el desafío a la esposa de su primo, Jeanette Senercia, porque a los dos les gustaba molestarse y desafiarse entre sí. Kennedy escogió a la Asociación de Esclerosis Lateral Amiotrófica (ALSA, por sus siglas en inglés) como su obra de caridad porque el marido de Jeanette sufría de la enfermedad. Jeanette aceptó el desafío, publicó el video en su página de Facebook y nominó a otros.[5]

Ese fue el pequeño inicio de algo grande. En el mundo digital de hoy hablamos de que las cosas se vuelvan virales. El término *viral* fue acuñado por las ideas e iniciativas que se pueden difundir rápidamente en la manera en que lo hacen los gérmenes. Casi cualquier cosa que empieza como una sola idea "una declaración valiente, un video de YouTube una fotografía creativa o memorable" puede obtener una inmensa popularidad y difundirse rápidamente por la internet.

El Desafío del Cubo Helado ELA [ALS Ice Bucket Challenge] pronto se hizo viral. Si de algún modo se lo perdió, la idea era donar a la ALSA o grabar un video de usted mismo siendo empapado en agua helada y luego desafiar a otras tres personas a donar o bien ser empapadas.

Esto resultó ser una idea brillante para recaudar dinero con el fin de ayudar a combatir una enfermedad de la que mucha gente no hubiera sabido de otro modo y que no hubiera donado. Yo participé en el desafío. Por supuesto, estaba al tanto de la enfermedad, pero no era una organización caritativa a la que normalmente donaría. Fui nominado por colegas para tomar el desafío y fui feliz de participar.

La mayoría de la gente escogía dar *y* también ser empapado. Cuando acepté el desafío, hice un donativo y le pedí a tres de mis nietos que hicieran los honores de empaparme. Ellos usaron no uno, sino tres cubos de agua helada sobre mí. Aunque rogué por compasión y agua tibia, ¡los nietos no mostraron compasión alguna!

La mejor parte fue que se donaron más de $113,3 millones de dólares entre julio y septiembre de 2014 como resultado del Desafío del Cubo Helado, en comparación con los $2,7 millones recaudados en el mismo periodo el año anterior. Solamente en Facebook, más de veintiocho millones de personas han subido, comentado o dado "me gusta" a publicaciones relacionadas con el desafío la última vez que revisé. El propósito de la campaña no solamente era recaudar dinero. Se trataba de incrementar la concienciación. Pero logró ambas con gran intencionalidad.

¿Qué puede hacer usted ahora? Mientras piensa en marcar una diferencia, esté dispuesto a comenzar en pequeño. Nunca sabe si su idea cargada de pasión tendrá un resultado similar al del Desafío del Cubo Helado ELA.

Mi pequeño inicio

Mi inicio para marcar una diferencia fue realmente pequeño. Fue en junio de 1969. En ese mes me gradué de la universidad, me casé con mi novia de la escuela media-superior, Margaret, y acepté mi primer cargo como el pastor de una pequeñita iglesia en la

Indiana rural, en una comunidad llamada Hillham. El pueblo tenía once casas, dos talleres mecánicos y una tienda de abarrotes. ¿Suena eso lo suficientemente pequeño?

Tenía grandes esperanzas y energía ilimitada. Estaba listo para ayudar a la gente, así que entré de lleno. En el primer servicio que tuve en Hillham tuve una asistencia de tres personas. ¡Y dos de ellas éramos Margaret y yo!

No estaba desanimado. Lo vi como un desafío. Comencé a hacer lo que podía para ayudar a la gente de la comunidad. Visité a los enfermos, ofrecí consejería, invité a la gente a los servicios y enseñé mensajes para ayudar a la gente a mejorar su vida. Hice todo lo que sabía sobre cómo añadir valor a las personas.

Al recordar ahora más de cuarenta y cinco años después, reconozco algunas cosas que pueden ayudarlo y alentarlo a comenzar en pequeño pero creer en grande:

1. Comience dónde se encuentra

Parker Palmer, un filósofo y autor, escribió: "Nuestra verdadera libertad viene de estar al tanto de que no tenemos que salvar al mundo, debemos meramente marcar una diferencia en el lugar donde vivimos". Eso fue lo que traté de hacer. Hillham no parecía como mucho, pero era un lugar excelente para iniciar la travesía. Fue en Hillham que aprendí a valorar a las personas, trabajar duro, mantenerme emocionalmente fuerte, resolver problemas, trabajar bien con otros y liderar con el ejemplo. Fue donde di mis primeros pasos hacia la trascendencia. En Hillham, en el condado más pobre de Indiana, mientras estaba liderando una congregación de granjeros conservadores que eran lejos de ser adinerados, me convertí en una persona de abundancia.

En Hillham sucedió una experiencia cardinal a solo unos meses después de mi llegada. Muchas de las personas estaban batallando financieramente, así que sentí que se beneficiarían grandemente de algunas enseñanzas sobre mayordomía, la administración de nuestro tiempo y talentos. Siendo joven y poco experimentado, quería encontrar algunos recursos que me ayudaran a desarrollar mis enseñanzas. Recuerdo haber ido a una librería en Bedford, Indiana, para buscar la ayuda que necesitaba. Durante dos horas busqué entre docenas de libros, pero no encontré nada escrito sobre este tema vital. Sentimientos de decepción y pánico llenaron mi corazón al conducir a casa con las manos vacías.

¿Qué iba a hacer?

Tenía un sentir de lo que quería enseñar, pero no tenía las herramientas para comunicar las lecciones. Cuando compartí mis preocupaciones con Margaret decidimos que si no podíamos encontrar los recursos los crearíamos nosotros mismos.

Comenzamos buscando algunas citas de mayordomía, primero en la Biblia y luego en otros libros (recuerde que esto fue mucho antes de Google). Después de varios días de lectura e investigación, habíamos desarrollado ocho pensamientos sólidos sobre el tema.

Esa tarde fuimos a nuestro garaje y comenzamos a pintar carteles de diferentes colores y escribiendo citas selectas en ellos. Ocho carteles después, estábamos listos para lanzar nuestra primera enseñanza sobre mayordomía. Al domingo siguiente colocamos los carteles recién pintados en las paredes del auditorio de nuestra pequeña iglesia para que todas las personas las pudieran leer cuando vinieran al servicio.

Me río a carcajadas cada vez que recuerdo esto. ¿Por qué? Porque mi sermón tenía mucha más pasión que contenido. Pero cautivé a mi público con mi energía a medida que caminaba alrededor del auditorio, deteniéndome en cada cartel y exhortándolos a abrazar las ideas que estaba explicando. Los carteles se veían, bueno, hechos en casa con sus colores brillantes infantiles y su calidad poco profesional. Y por el lugar donde los habíamos colocado la gente tenía que mantenerse torciendo el cuello para verlos. Puede apostar que todos en la congregación estaban doloridos el lunes por la mañana después de haber volteado en todas direcciones ese domingo. Todo el evento fue muy básico, pero la gente habló de él durante mucho tiempo en la manera más positiva.

Una vez que la gente entendió los principios de Dios acerca del dinero, comenzaron a dar generosamente a la iglesia. Y las noticias acerca de la generosidad fiel de la gente comenzaron a correr hacia otros pastores de mi denominación. Comenzaron a pedirme que compartiera mi programa con ellos.

Me da vergüenza decirlo, pero no quería hacer eso. Pensé que si guardaba en secreto los métodos que yo había desarrollado, mi iglesia crecería más que las demás iglesias y que mi reputación se elevaría con ese éxito. Aunque yo genuinamente quería ayudar a la gente, también era egoísta y competitivo (le voy a comentar más acerca de esto en el capítulo cinco).

Tristemente, durante un par de meses decidí no compartir mi método con otros pastores. Luego un día mis ojos fueron abiertos. Hice los cálculos. Si me guardaba mis ideas para mí mismo, ayudaría a unas cien personas. Si las compartía con otros pastores, podría potencialmente ayudar a miles. Siendo generoso podría hacer un impacto mayor. Unas semanas más tarde, les di libremente todo mi programa de mayordomía a otros. Y cuando lo hice, experimenté mis primeros sentimientos de abundancia; ¡y sí, de trascendencia!

Me sentí bien al respecto. Estaba emocionado por lo que había hecho por otros. Y lo más importante, sentí que podría crear más ideas porque había dado libremente a otros lo que tenía en lugar de acumularlo para mí mismo. Fue en ese momento que me vino una imagen que me aclaró lo que Dios quería que fuera: un río, no un estanque. Lo que fuera que se me hubiera dado yo debía permitir que fluyera a través de mí y pasara a otros y que no lo retuviera para mí mismo. Y podía hacer esto porque siempre habría más. Dios nunca se agotaría.

Posiblemente usted se encuentre en una experiencia Hillham en este momento. No tiene mucho, y se está aferrando con su vida a lo poco que posee. Déjelo ir. Usted no necesita mucho para dar. Es un asunto del corazón y de actitud, no de cuánto tenga. ¿Está dispuesto a probarlo? La Madre Teresa dijo que algunas de las obras más grandes que se han hecho han sido desde los lechos de los enfermos y las celdas de una prisión. Como ella, usted puede ser trascendente desde donde se encuentra, con lo que sea que tenga. La oportunidad siempre está donde usted se encuentra. Esté dispuesto a comenzar a través de dar de usted mismo.

2. Comience con lo suyo

Creo que todos tienen algo que hacen mejor que nadie más. El lugar correcto para comenzar es con lo suyo. Aprendí esto de mi papá. De hecho era una regla de la casa Maxwell cuando era chico. Cuando éramos niños, el mensaje de mi papá para mi hermano, mi hermana y yo era encontrar nuestra fortaleza—lo nuestro—y mantenernos en ella. Nunca nos alentó a hacer muchas cosas diferentes. Quería que cada uno de nosotros hiciéramos una cosa excepcionalmente bien. Una broma recurrente en nuestra familia es que sentíamos lástima por las personas multitalentosas. ¿Cómo podrían saber en qué talento enfocarse?

Delante de mis ojos, mi padre se volvió un hombre excepcional, no porque fuera excepcionalmente dotado, sino porque encontró lo suyo y se mantuvo en ello. Era un gran alentador. Como resultado, se levantó mucho más que el promedio. Dominó el arte de animar a otros y nunca se desvió de él. La excelencia proviene de la consistencia en usar nuestras fortalezas, y mi papá ha sido consistente.

Henry David Thoreau escribió: "Uno no nace en el mundo para hacerlo todo, sino para hacer algo". Yo encontré lo mío en Hillham: comunicación. Eso fue en lo que me enfoqué. Me derramé en ello. Pasé horas elaborando mis mensajes. Iba a ver a buenos comunicadores cada vez que tenía la oportunidad. Estaba determinado a convertirme en lo mejor que pudiera.

Ahora veo en retrospectiva y me doy cuenta que entonces mis mensajes eran muy *informativos*, pero no eran *transformadores*. Quería facilitar la transformación en otros pero me estaba quedando corto. No me había dado cuenta de que necesitaba cambiar primero. Viktor Frankl tenía razón cuando dijo: "Cuando ya no podemos cambiar una situación, somos desafiados a cambiarnos a nosotros mismos". Voy a hablar más de ello en el siguiente capítulo.

Cuando comencé a hacer lo mío, no tenía idea de que me llevaría adonde estoy ahora. Además, incluso si hubiera querido comenzar en grande, no era lo suficientemente sofisticado para hacerlo, así que comencé con lo que tenía y lo hacía tan bien como podía. Como resultado mi habilidad se multiplicó. Eso provino de trabajar en ello con consistencia. Estoy donde estoy hoy no porque haya hecho varias cosas grandes, sino porque trabajé en comunicar desde mis veintes y esta intencionalidad se ha multiplicado en una manera compuesta en mi vida.

Invertir en usted mismo es como tomar un centavo y duplicar su valor todos los días. Si usted hiciera eso durante un mes, ¿con cuánto terminaría? ¿Cien dólares? ¿Mil dólares? ¿Un millón de dólares? Ni siquiera cerca.

Si usted comienza con solo un centavo de dólar y lo duplica cada día, durante treinta y un días, termina con $21,474,836.48 dólares. El crecimiento personal es así. Practique una cosa con excelencia diariamente, y obtendrá un retorno. Es como poner dinero en el banco de la trascendencia.

¿Qué es lo suyo? ¿Qué tiene el potencial de hacer mejor que nadie más? ¿Tiene el sentir de lo que es? Si no, entonces pregúntele a la gente que lo conozca bien. Vea su historia. Tome una evaluación de personalidad o de habilidades para obtener las claves. No piense en lo que no puede hacer. Piense en lo que puede. Siempre hay una línea de inicio. Usted solamente necesita encontrarla. Se trata de comenzar con lo que tiene, no con lo que no tiene. Encuentre lo suyo y comience a desarrollarlo.

3. Comience a cuidar sus palabras

Salomón, quien tenía la reputación de ser el hombre más sabio que jamás hubiera vivido dijo: "La muerte y la vida están en poder de la lengua, y el que la ama comerá de sus frutos".[6] Si usted quiere marcar una diferencia y vivir una vida relevante, necesita abrazar algunas palabras y rechazar otras. Todos tenemos un diálogo corriendo en nuestra cabeza. Lo que nos decimos a nosotros mismos nos alienta o nos desanima. Las palabras que necesitamos abrazar son palabras positivas como: *nosotros*, *puedo*, *lo haré* y *sí*. ¿Qué necesitamos eliminar? *Yo*, *no puedo*, *no lo haré* y *no*.

Durante la temporada de mi vida en la que estaba comenzando en Hillham, me di cuenta de que había palabras que tenía que rechazar si quería que mi vida contara en una manera positiva. Hice una lista de palabras que creía que me estaban deteniendo y luego fui a mi diccionario. Al encontrar cada palabra negativa, literalmente tomé un par de tijeras y las recorté. Había una palabra en particular que yo odiaba: *renunciar*. Recorté esa palabra y cada una de sus variaciones y la removí de cada uno de mis cuatro diccionarios.

Mi diccionario de sinónimos y antónimos tampoco estaba a salvo. Cuando uno es un orador público, estos libros son como la mina del tesoro. Los usaba con frecuencia. Pero siempre que llegaba a una página a la que le faltaba una palabra, recordaba este acto simbólico de pensamiento positivo. Apoyé mi intención de pensar positivamente y guardé mis palabras.

Probablemente no quiera recortar sus libros. Quizá ni siquiera tenga un diccionario porque hace todas sus investigaciones en línea. En lugar de ello, puede tratar de hacer lo que mi amiga de toda la vida, Dianna Kokoszka, hace. Recientemente me dijo acerca de cómo guarda sus palabras:

> Escribo en mi diario (desearía decir que todos los días). Soy muy determinada acerca de escribir en mi diario y una vez al mes más o menos reviso lo que he escrito y busco palabras que haya usado una y otra vez y las escribo. Luego me pregunto: "¿Las palabras que utilizó me están moviendo hacia ser la persona que he decidido ser? ¿Son palabras que me encantaría que mi familia utilizara?".

> Hace varios años vi la palabra *frustración* aparecer muchas veces, así que la cambié por fascinación. Al ya no estar frustrada, comencé a buscar oportunidades donde pudiera ser fascinada con posibilidades infinitas.
>
> Además dejé de utilizar la palabra *pero* ya que niega todo lo dicho antes de esa palabra. También he eliminado *tratar*. Como dice Yoda: "Tratar no existe".
>
> *Sí pero envía un mensaje de una excusa o razón para no obtener mi meta, de modo que también me deshice de esa.*
>
> Escribí esto como una ley en negritas en el curso que enseño: Puede tener razones o resultados. No puede tener ambos.

Las palabras tienen poder. Diana lo reconoce y hace algo al respecto. No es maravilla que sea una persona tan positiva.

¿Qué tipo de palabras utiliza; en su mente cuando habla con usted mismo, en voz alta cuando habla con los demás y cuando escribe? ¿Son positivas y alentadoras? ¿Lo alientan a abrazar una visión más grande? ¿O lo están deteniendo? ¿Lo están deteniendo de hacer cosas pequeñas que finalmente pueden hacer una gran diferencia? No se diga a sí mismo que lo que pueda hacer no importa. Sí importa.

4. Comience haciendo cambios pequeños

Cuando la Madre Teresa quería comenzar su obra en Calcuta, se le preguntó qué debería hacer para considerar su obra exitosa. "No sé lo que pueda ser el éxito "respondió", pero si las Misioneras de la Caridad le han llevado alegría a un hogar infeliz, han hecho que un niño inocente de la calle se mantenga puro para Jesús, que una persona muera en paz con Dios, ¿no piensa [...] que sería digno ofrecer todo solamente por ese uno?".

Es fácil olvidar que incluso alguien quien finalmente hizo grandes cosas comenzó tratando de hacer pequeños cambios. Eso fue lo que hice en Hillham. Traté de hacer mis sermones un poco mejores cada semana. Traté de visitar una persona más que estaba enferma. Y trabajé en cambiar mi tiempo de las cosas que no hacía tan bien como la consejería y a poner más tiempo y energía en las cosas que hacía bien como comunicar y liderar.

El cambio puede ser difícil, pero se vuelve fácil cuando lo hace un poco a la vez. Nathaniel Branden, quien es ampliamente considerado el padre del movimiento de la autoestima, creó lo que él llamaba la práctica del 5%. Recomendaba tratar de cambiar 5% al día al hacerse una pregunta. Por ejemplo: "Si yo fuera 5% más responsable hoy, ¿qué podría hacer?".

Este tipo de pensamiento nos ayuda a abrazar un cambio gradual. Tratar de hacer un gran cambio de la noche a la mañana con frecuencia genera temor, incertidumbre y resistencia porque el cambio parece inalcanzable. La idea de hacer pequeños cambios es menos amenazante y nos ayuda a vencer nuestra reticencia y procrastinación. De hecho, así fue como Toyota se transformó de un fabricante de coches promedio en uno de los más grandes del mundo. Cada persona empleada por la empresa tiene la tarea de encontrar maneras de hacer pequeñas mejoras a los procesos diarios que lleva a cabo Toyota. Entienden que ese éxito se obtiene en pulgadas por vez, no en millas.

El éxito se obtiene en pulgadas por vez, no en millas.

Inténtelo. ¿Qué puede mejorar en un pequeño porcentaje? ¿Puede encontrar una manera de organizar su escritorio para ser más eficiente? ¿Puede arreglar su agenda ligeramente para obtener más de su día? ¿Puede volverse solo un poco mejor en la tarea más importante que hace en el trabajo? ¿Puede leer un libro para ampliar su manera de pensar aunque sea levemente? Cualquier pequeño cambio que lo mejore vale la pena hacerlo porque muchos pequeños cambios suman una mejora importante a lo largo del tiempo.

Crea en grande

Uno de los pasos más importantes que puede tomar en la vida es incrementar su creer. Si usted no cree que pueda marcar una diferencia, ¿qué cree? No lo hará, sin importar lo talentoso que sea, cuántas oportunidades reciba o cuántos recursos tenga a la mano. Tiene que creer.

Esa es una de las cosas que ya tenía a mi favor cuando comencé. Como mis padres creían en mí y me amaban incondicionalmente, pude creer en grande.

1. Creí en mí mismo

A lo largo de los años he sido un hombre sumamente afortunado que he sido bendecido con muchos amigos de por vida. Pero el mejor amigo que he tenido soy *yo*. Sé que puede sonar extraño. Pero como ya mencioné, hablamos con nosotros mismos en nuestra mente. Teneos un diálogo continuo. Cuando digo que soy mi mejor amigo, realmente me estoy refiriendo a creer en mí mismo. Mi fe en mí mismo me ha alentado cuando nadie más lo hacía. Me fortaleció cuando no tenía otros recursos. Sin importar si estaba haciendo algo significativo o trivial, mi fe en mí mismo se quedó conmigo cuando otros no. La voz más importante a la que escucho, la que escucho con más frecuencia y a la que le doy más peso es a la mía propia.

Este creer en mí mismo me ha mantenido andando cuando otros dudaban de mí o querían limitarme. Esto es lo que quiero decir:

- Cuando tenía veinticinco y muchas personas pensaban que no podía dirigir la mayor iglesia en mi denominación, pensé que podía; y lo hice.
- Cuando tenía veintisiete le dije a mi esposa que sería un millonario para cuando tuviera cuarenta. ¡Ella pensó que yo estaba loco y se preocupó de estar en problemas! No estaba loco y ella no estaba en problemas; y yo alcancé esa meta.

- Cuando dije que EQUIP, la organización sin fines de lucro que fundé con mi hermano en 1996, entrenaría un millón de líderes alrededor del mundo, algunos pensaron que estaba tirando demasiado alto, pero lo hice de todos modos; y sucedió.
- Cuando tuve que hacer un tiro de trece pies [casi cuatro metros] en el decimoctavo hoyo en el AT&T Pebble Beach Pro-Am para pasar y calificar a la ronda final, mi caddie no estaba seguro de que lo lograría, pero yo sí; y lo hice.

Mi creencia en mí mismo me habilita para tomar los primeros pasos. Quizá se esté preguntando: "¿Su fe en sí mismo siempre tiene resultados positivos?". Mi respuesta es no. Pero experimento más resultados positivos a causa de mi fe en mí que lo que lograría si estuviera lleno de dudas sobre mí mismo.

¿Cree en usted mismo? Su creencia en usted mismo impulsará su conducta. El pensamiento *no creo que pueda* a veces surge de *no creo que yo sea*. Usted nunca será más de cómo se vea a sí mismo. Steve Jobs dijo: "Las personas que son lo suficientemente locas como para pensar que pueden cambiar el mundo son las que usualmente lo hacen". He visto a muchas personas exitosas en quienes los demás no creían. Pero nunca he conocido una persona exitosa que no creyera en sí misma. Comience a creer en sí mismo y usted verá un cambio en su capacidad de marcar una diferencia.

2. Creí en mi misión

En 2004, fui entrevistado por la revista *New Man* [Nuevo hombre]. Me pidieron que compartiera mis pensamientos sobre conocer y embarcarse en la misión de su vida. Lo que más recuerdo de esa entrevista fue decir que la misión de nuestra vida no se puede tomar prestada de alguien más. Debe ser nuestra. Las creencias prestadas no tienen poder, y una misión prestada no fomenta convicción o pasión para marcar una diferencia.

¿Cómo descubre su misión? A través de tomar pasos pequeños.

En demasiadas ocasiones la gente comete el error de que pueden descubrir nuevas experiencias, ideas o conceptos sin moverse. No es así.

He hecho mis más grandes descubrimientos en movimiento, especialmente viajando por el mundo. Pienso mis mejores ideas cuando estoy en movimiento, no sentado. Se supone que uno debe dejar las huellas de sus pies en las arenas del tiempo. La mayoría deja la huella de su trasero. Necesita empezar a moverse. Necesita experimentar cosas nuevas. No puede analizar lo que no conoce. No obstante, en el momento en que descubra algo nuevo, su pensamiento entra a un nivel más profundo.

No estoy seguro de que todos tengan una misión. Ni siquiera tengo la certeza de que todos tengan un sueño. Solía pensar que todos lo tenían, pero ahora no estoy tan seguro. Lo que sí sé es que incluso la gente que no tiene un sueño se puede conectar con alguien que lo tenga. Creo que eso es lo que hace una gran causa grande. La gente se identifica con su meta y quiere ser parte de ella. Solo porque no esté liderando una misión no significa que no tenga un propósito. Si no siente que tenga una misión atrayente, puede integrarse a la causa de alguien más, hacerla propia y todavía marcar una diferencia. Tiene que encontrar algo que lo estimule, a pesar de que no sea una misión que haya comenzado dentro de usted mismo. Puede ser una misión que provenga de fuera siempre y cuando sea algo a lo que usted se integre completamente y en lo que participe con pasión.

En Hillham mi misión comenzó ayudando a las personas. Desde entonces ha crecido y se ha desarrollado. Todo el tiempo aprendo y crezco, al igual que mi misión. No necesitaba todo el panorama al principio de mi travesía, y tampoco usted. Actúe sobre sus sentimientos de compasión. Vaya con su deseo por marcar una diferencia. ¿Está dispuesto a hacer eso? Peter Senge dice: "La misión inculca la pasión y la paciencia para la larga travesía". También da el ímpetu para comenzar.

3. Creí en mi gente

Le dije que comencé mi carrera en Hillham. Lo que no le he dicho es que podría haber escogido ir a otra iglesia. Parecía una mejor oportunidad. La iglesia era más grande. Tenía más dinero. Estaba en una comunidad más prestigiosa. Me habrían aceptado como pastor gracias a la buena reputación de mi padre. Pero yo quería ganarme mi propio camino. Mi padre estuvo de acuerdo en que escoger la iglesia rural más pequeña sería bueno para mí. Y tenía razón.

Las personas de Hillham eran en su mayoría granjeros. Eran personas sólidas que vivían vidas sencillas. Trabajaban duro. Tenían fe. Se cuidaban entre sí. Rápidamente llegué a amarlos. Y eso es importante. Usted no puede hacer realmente algo por otros si no se preocupa por ellos. Yo creía en ellos y quería lo mejor para ellos. Y ellos lo sabían.

Cuando usted trabaja con una persona que verdaderamente cree en usted, ¿no les responde con base en su nivel de fe en usted? ¿No se desempeña mejor con un jefe al que quiere agradar, o con un maestro que lo alienta o con un entrenador que lo inspira? Usted trabaja más duro a causa de ese factor de creencia.

A medida que comience con sus pequeños esfuerzos para marcar una diferencia, trabaje con personas en las que usted crea, personas que le interesen. O mejor todavía, comience a interesarse y a creer en las personas que ya están en su vida. Eso le dará el deseo de hacer cosas por ellos, de marcar una diferencia en su vida.

4. Creí en mi Dios

Ya le dije que no quiero imponerle mi fe u ofenderlo. Así que si mis menciones acerca de Dios lo molestan, sálteselas y siga a la sección siguiente. Pero yo no podría ser fiel conmigo mismo y contarle toda mi historia sin decirle cómo me siento con respecto a Dios.

Siempre es mi deseo hacer lo mejor que puedo. He adoptado el lema del entrenador Wooden: "Haz de cada día tu obra maestra", de modo que es seguro que daré lo mejor de mí todos los días. Pero Dios me ayuda a hacer que mi mejor esfuerzo, con todos sus defectos, sea todavía mejor. Siempre he creído que Dios estará allí para mí y que me ayudará. De hecho, mi creer en mí mismo surge de mi fe. Yo he abrazado totalmente las palabras de Jeremías 29:11: "Porque yo sé muy bien los planes que tengo para ustedes "afirma el Señor", planes de bienestar y no de calamidad, a fin de darles un futuro y una esperanza".[7] Eso me ha dado confianza para actuar, y si usted también ha abrazado la fe, también le dará confianza.

La fe empapa cada aspecto de mi vida, y eso por supuesto incluye mi interacción con mis nietos. Como Margaret y yo deseamos generar grandes recuerdos para ellos, cada año nuestro obsequio de Navidad para nuestra familia es un viaje. Para la Navidad de 2014 nos llevamos a nuestros hijos y a nuestros nietos a Hawái. Antes del viaje, Margaret y yo seleccionamos un versículo de la Escritura, encontramos una frase célebre y escribimos una oración de tres renglones para cada nieto. Cuando estábamos en Hawái nos sentamos con cada uno de los cinco de ellos y les compartimos estas cosas. El versículo que escogimos para nuestra nieta mayor, Maddie, fue: "Todo lo puedo en Cristo que me fortalece".[8] La frase célebre que escogimos para acompañar ese versículo estaba basada en una cita de Catherine Bramwell-Booth: "Cualquiera puede hacer su mejor esfuerzo. Dios nos ayuda a hacer mejor que nuestro mejor esfuerzo".

Bob Pierce, fundador de Visión Mundial le llamó a esto "El espacio de Dios". Era el espacio entre lo que él podía lograr humanamente y lo que solamente podría suceder si Dios lo ayudaba. He decidido dejarle mucho "espacio" a Dios en mi vida también. Creo firmemente que Dios compensará la diferencia si mi corazón es correcto para con Él y yo hago mi mejor esfuerzo. El versículo en la Biblia que mejor describe este "espacio de Dios" es Efesios 3:20 que dice: "Y a Aquel que es poderoso para hacer todas las cosas mucho más abundantemente de lo que pedimos o entendemos, según el poder que actúa en nosotros".[9]

Solamente hay una cosa en mi vida que valoro más que vivir

intencionalmente con el fin de lograr trascendencia, y ese es a Dios. Él puede hacer más de lo que puedo pedir, entender o soñar. Lo quiero siempre a Él como mi socio. Me siento como un pequeño muchacho que se arrodilló a un costado de su cama, con los ojos cerrados y oró: "Dios, bendice a Mamá. Dios, bendice a Papá. Dios, bendice a Abuela". Lo decía de la misma manera todas las veces. Pero una noche añadió: "Y por favor cuídate, Dios. Porque si algo te pasa a ti, ¡todos nos hundimos!".

Todo comenzó con una pequeña idea

Espero que la historia de cómo inicié sea de ánimo para usted. Verdaderamente creo que todos pueden marcar una diferencia si están dispuestos a dar pasos pequeños. Y nuevamente recordé lo verdaderas y poderosas que pueden ser las ideas pequeñas no hace mucho tiempo cuando conocí a una joven llamada Carrie Rich. En diciembre de 2013, me contó una historia increíble.

Aunque solamente estaba en sus veintes, estaba trabajando como directora sénior de Inova Health System en Virginia [un sistema de salud particular sin fines de lucro de gran calidad], y un día se le ocurrió una idea. Quería hacer algo positivo por otros, y pensó que con una pequeña cantidad de dinero podría convencer a otros de aportar a organizaciones que ya estuvieran marcando una diferencia.

Estaba emocionada con la idea, así que le dijo a su jefe, Knox, quien había sido el director general de Inova durante treinta años. Su respuesta fue: "Eso está bien, Carrie, pero por favor, ¿podrías regresar a trabajar en este momento?". Pero luego dos meses después en su cumpleaños, le dio una tarjeta. En ella había dos cosas: $100 dólares y una frase atribuida a John Wesley: "Haz todo el bien que puedas. Por todos los medios que puedas. En todas las formas que puedas. En todas las maneras que puedas. Todas las veces que puedas. A todas las personas que puedas. Durante todo el tiempo que puedas".

Carrie dice que Knox había tomado un poco de "dinero del

almuerzo", el dinero que podría haber gastado en su almuerzo de cumpleaños, y se lo dio a ella para que le diera un uso útil. ¿Y entonces qué haría ella?

Decidió que trataría de convertir los $100 dólares en $1,000 dólares para cada una de seis organizaciones. En el mundo de hoy, donde Bill y Melinda Gates han donado $28 millardos, esa cantidad probablemente suene pequeña. Pero eso no desalentó a Carrie. Le escribió a organizaciones en Washington, D.C., Haití, Tanzania y otros lugares para preguntarles que harían con $1,000 dólares. La organización de la zona de D.C. dijo que mejoraría los índices de alfabetismo para un grupo de estudiantes. La organización haitiana dijo que podría sostener a diez familias por medio de utilizar la agricultura comunitaria. La organización de Tanzania podría enviar a veinticinco mujeres a estudiar hasta la escuela secundaria.

Estas historias encendieron la pasión de Carrie. Estaba lista para actuar. ¿Pero cómo? ¿Cómo podría convertir $100 dólares en $6,000? Decidió hacer algo que nunca había hecho antes. Escribió solicitudes individuales por correo electrónico a sus familiares y amigos; y finalmente a cualquier nombre que apareciera en su lista de contactos al ir escribiendo alfabéticamente en el campo "Para". Ella incluso decidió escribirle a los nombres que aparecieron que no reconoció. Cuando llegó al campo de "Asunto", se preguntó qué escribir. Como no pudo pensar en nada mejor escribió: "The Global Good Fund" [El buen fondo global].

No pasó mucho tiempo para que el dinero comenzara a llegar en: $20, $50, $1,000. "Fueron extremadamente generosos "dijo Carrie", particularmente mis compañeros que apenas estaban comenzando en el centro de trabajo. Realmente se identificaron con ello".

En dos semanas, Carrie había recibido $6,052 dólares. Se sentía bien. Había empezado en pequeño, pero había logrado su meta. Estaba lista para dar el dinero a las seis organizaciones. *¡Listo!*, pensó. Poco se podría haber imaginado lo que sucedería después.

A medida que los donativos comenzaron a entrar, también

recibió un correo electrónico de alguien a quien había conocido durante cinco minutos en un congreso un año antes. Habían intercambiado tarjetas ese día y Carrie le había enviado un correo electrónico de "fue un gusto haberte conocido" después del evento. Por eso es que su nombre estaba en sus contactos. El correo electrónico del hombre, quien quería permanecer anónimo, decía: "Quiero donar un millón de dólares al Global Good Fund. ¿Adónde envío el cheque?".

La reacción de Carrie fue: "Este tipo me está haciendo una broma. ¡No le voy a dar la dirección de mi casa!".

Le escribió de regreso diciéndole que si su oferta era seria que debía encontrarse con ella un día en particular, en un lugar en específico (un lugar bastante público con cámaras de seguridad). Y que ella lo iba a esperar solamente diez minutos.

Cuando llegó, le extendió un cheque certificado por $1 millón de dólares, a nombre de "The Global Good Fund", una organización que no existía. Y su pregunta para Carrie fue la misma que ella le había hecho a las otras seis organizaciones: ¿Qué vas a hacer con este dinero?

Carrie no se había preparado para una pregunta como esa porque, honestamente, no pensaba que el tipo se presentaría. Ella no podía concebir que alguien al que había conocido durante cinco minutos hiciera eso. Rápidamente pensó en lo que había marcado una diferencia en su vida y le dijo que lo invertiría en líderes jóvenes alrededor del mundo que estuvieran utilizando el emprendimiento para producir un impacto social. Al igual que otros habían invertido en ella, ella ayudaría a estos líderes a crecer personalmente para que pudieran ser un regalo a la sociedad. Y él le entregó el cheque.

Sin saber qué hacer, Carrie volvió a su oficina y pidió ver a su jefe, Knox. Su asistente, Carol, podía ver que Carrie estaba sudando e hiperventilando, así que la acompañó directamente a la oficina.

"Mira lo que has hecho "le dijo, golpeando el escritorio con el cheque". ¡Me diste el dinero del almuerzo y este extraño me dio un millón de dólares para una organización que ni siquiera existe! No tengo idea qué hacer con el dinero. ¿Podrías ayudarme, por favor?

"Te voy a ayudar bajo dos condiciones "dijo Knox". Primero, aunque tú quizá estés bajo mi cargo en el trabajo, me gustaría estar a tu cargo en el Global Good Fund. Segundo, voy a hacer un donativo igual al donativo inicial".

Carrie dice: "¿Conoce la expresión, 'Me caí de la silla'? Yo me caí literalmente. Carol entró y me ayudó a levantarme. Y así fue como inició".

Eso fue en 2011. Un año después, dejó de trabajar para Inova y se convirtió en la directora general de Global Good Fund, que creó como una organización sin fines de lucro. Ha comenzado un programa de becas y ya está invirtiendo en diecinueve líderes jóvenes en diferentes países alrededor del mundo. Y continúa buscando oportunidades para marcar una diferencia.

¿Qué tan grande llegará a ser el Global Good Fund? ¿Qué gran impacto producirá? No lo sé. Carrie todavía es joven. ¿Pero importa? Ella está marcando una diferencia ahora. Ella está ayudando a la gente y haciendo del mundo un mejor lugar por haber estado en él. ¿Y no es eso lo que importa?

Aplicación intencional: Comience en pequeño, pero crea en grande

La mayoría de la gente quiere creer en grande y comenzar en grande o creer en pequeño y comenzar en pequeño. Va a contracorriente creer tan en grande como pueda y estar dispuesto a tomar pasos sumamente pequeños. No obstante, eso es lo que 99% de la gente debe hacer para marcar una diferencia.

¿Qué es lo que cree?

Creer en grande comienza con creer en usted mismo. ¿Cree que puede marcar una diferencia? ¿Cree que tiene una aportación que hacer que pueda impactar al mundo en una manera positiva? ¿O lo que cree acerca de usted mismo lo está deteniendo?

Póngalo a prueba. Tome un poco de tiempo para escribir todas las cosas positivas que pueda pensar acerca de sí mismo. ¿Qué es lo que usted trae a la mesa de la vida? Lo desafío a escribir veinte, cincuenta o incluso cien cosas positivas acerca de usted mismo.

Lo suyo

Después de haber pensado y escrito todo el potencial positivo que usted trae a este mundo, échele una mirada a su lista. ¿Qué es lo suyo? ¿Qué es aquella cosa que usted hace mejor que ninguna otra cosa? El autor de *Conozca sus fortalezas 2.0* dice que cada persona hace algo mejor que las siguientes diez mil personas.

¿Qué es lo suyo? Probablemente pueda nombrarlo instantáneamente, instintivamente. Si es así, excelente. Espero que ya esté desarrollando esa fortaleza por todo lo que vale. Si no, una de las tareas que le animo a hacer antes de terminar de leer este libro es descubrir cuál es. Considere su historial personal. Pregúntele a sus amigos y familiares. Hable con sus colegas. Pregúntele a su jefe. Tome pruebas de aptitud. Haga lo que sea necesario. Hasta que no identifique y se conecte con lo suyo, quizá se encuentre caminado en círculos, y la trascendencia será elusiva.

¡Usted está aquí!

Una de las razones por las que la gente no comienza en pequeño es porque creen ver un mejor lugar de salida que donde se encuentran. *Si solamente pudiera estar allí*—piensan—,*entonces empezar sería más fácil.* Pero el único lugar en el que cualquiera puede empezar es donde él o ella se encuentran. Yo comencé en Hillham porque fue allí donde yo estaba. Si yo hubiera esperado hasta estar en alguna otra parte, en algún lugar mejor, jamás hubiera hecho algo que valiera la pena.

Defina dónde se encuentra y lo que tiene en este momento. Carrie Rich tenía el deseo de marcar una diferencia, dinero para el almuerzo y una lista de correo electrónico. ¿Qué tiene usted? Haga un inventario. Considere sus oportunidades. Piense en dónde se encuentra actualmente. Dilucide que le está funcionando y que no. Inicie el proceso.

En el siguiente capítulo lo voy a instar a que profundice dentro de sí y se conecte con lo que realmente le importa a usted. Pero mientras tanto, necesita estar dispuesto a comenzar.

4

Busque hasta encontrar su *porqué*

Cuando empecé mi carrera en Hillham en 1969, el modelo que tenía en mi mente para ayudar a la gente era la imagen tradicional de un pastor. Así era la manera en que los pastores eran capacitados en ese entonces. El énfasis estaba en apacentar y cuidar de la grey, protegiéndolos y manteniéndolos unidos. Eso encendió mi corazón por la gente de Hillham, de quienes de inmediato me enamoré en esa maravillosa comunidad. Pero pronto descubrí que esa imagen no era compatible con mis dones y mi temperamento. Yo no era un pastor natural. Era más bien como un *ranchero.*

¿Qué quiero decir con eso? Me preocupaba *por* la gente, pero no estaba contento con meramente cuidar *de* la gente. No me emocionaba sentarme con los miembros existentes alrededor de la fogata cantando "Kumbaya". Mi verdadera pasión era alcanzar personas nuevas e invitarlos a que se nos unieran. Quería marchar hacia adelante con soldados cristianos y tomar nuevo territorio. Quería construir algo. Quería ser un pionero y un líder.

Eso rápidamente me instó a comenzar a hacerme algunas preguntas examinando mi conciencia que no había esperado tan pronto en mi carrera.

¿Estaba haciendo algo mal?

¿Debería cambiar?

¿Me perdí mi llamado?

Durante este tiempo de preguntas, leí un libro llamado

Liderazgo espiritual de J. Oswald Sanders. En este libro, Sanders escribe acerca de la necesidad de líderes vigorosos y con talento en la iglesia y presenta los principios clave del liderazgo tanto en los planos terrenales como espirituales. Ilustra sus puntos con ejemplos de la Escritura y de las biografías de otros hombres de Dios eminentes como David Livingstone y Charles Spurgeon.

El mensaje del libro fue otro momento eureka para mí en mi travesía a la trascendencia porque de pronto me di cuenta de que mis dones me llamaban a convertirme en un líder "alguien quien innova y toma nuevos terrenos" más que un pastor que cuida de la gente. Esto comenzó un cambió en mi manera de pensar que salió a la luz años más tarde en mi siguiente cargo. Pero mientras tanto, comencé a verme a mí mismo y mi llamado en una manera distinta. Mi mentalidad estaba comenzando a cambiar y mis horizontes estaban empezando a expandirse. Algo me estaba estimulando. Me estaba haciendo pensar más en lo que estaba haciendo, y lo más importante en *por qué*.

Inspiración

Entonces algo sucedió un domingo por la mañana. Alguien vino a nuestra iglesia en Hillham sosteniendo un boletín con la fotografía de una iglesia a la que había asistido en Hammond, Indiana.

"Fui a los servicios aquí la semana pasada" dijo el hombre emocionado. "¡Tienen cuatro mil personas en su congregación!".

¡Qué cosa! Apenas y podía entender eso. En la universidad, cuando se me había pedido que estableciera algunas metas, soñé en que algún día, al final de mi carrera, tendría una iglesia de quinientas personas. Eso era tan grande como me podía imaginar. Ahora estaba escuchando acerca de una iglesia ocho veces el tamaño de eso. Fue algo que me tocó en lo profundo. Me desafió y me inspiró.

"¿Puedo tener ese boletín?", pregunté.

Me dio el boletín, y lo pegué con cinta adhesiva a una carpeta que llevé conmigo todos los días durante varios años después.

Siempre que la veía me decía a mí mismo: "Puedo hacer esto. Voy a construir una de las mayores iglesias de Estados Unidos. Voy a hacerlo". Varias veces al día, todos y cada uno de los días, alimenté mi mente, cuerpo y espíritu con la creencia de que tenía el poder y la capacidad de convertir ese sueño en realidad.

Si usted me hubiera conocido entonces, probablemente habría meneado la cabeza y habría pensado que estaba desconectado de la realidad. Mi iglesia era pequeñita. Yo tenía un par de años de experiencia, y la iglesia más grande en mi zona tenía 570 personas. Nadie a mi alrededor me creía que podía construir una gran iglesia. Pero estaba convencido de que era posible. ¿Cómo podría haber tenido tal confianza? Yo estaba comenzando a conectarme con mi *porqué*.

Su *porqué* es importante

Más tarde en este capítulo le diré cómo resultó conectarme con mi *porqué* en Hillham. Pero primero me quiero detener y hablar con usted acerca de su *porqué*. Si usted quiere marcar una diferencia y vivir una vida de trascendencia, debe conectarse con su *porqué*. Usted necesita pensar en su propósito. Tengo la certeza de que todos tienen uno. Su *porqué* es el alma de vivir intencionalmente.

Si usted conoce su *porqué* y se enfoca en llegar allí con determinación férrea, puede encontrarle sentido a todo en su travesía porque lo ve a través de los lentes del *porqué*. Esto hace el camino mucho más significativo y completo porque usted tiene contexto para entender la razón por la que está en la travesía en primer lugar.

Recientemente al hablarle a un grupo sobre el tema del propósito hice la declaración siguiente: "Una vez que encuentre su *porqué* será capaz de encontrar su *camino*". ¿En que difieren esas cosas? *El porqué* es su propósito. *El camino* es su senda. Cuando usted encuentra su *porqué*, su camino automáticamente tiene propósito.

Durante la sesión de preguntas que siguió, alguien preguntó:

"¿Siempre tienen que venir primero los *porqué*? ¿Puede uno encontrar su camino y luego encontrar su *porqué*?".

Quizá se esté preguntando lo mismo. ¿Cuál tiene que venir primero? Las buenas noticias son que cualquiera puede venir primero. Pero si el *porqué* viene antes que el *camino*, su capacidad para marcar una diferencia se volverá más rápida e inmediatamente más eficaz.

Pero si el *porqué* viene antes que el *camino*, su capacidad para marcar una diferencia se volverá más rápida e inmediatamente más eficaz.

Piense en ello de esta forma. ¿Alguna vez se ha preguntado por qué la gente con frecuencia encuentra gran alegría en empacar para unas vacaciones? Invierten semanas en acumular una gran expectativa, esperando esos días cálidos en una playa tropical o descendiendo por las pistas de su centro de esquí favorito. Así que seleccionan cada artículo que colocan en la maleta con gran propósito.

Cuando usted se prepara para un viaje, casi todo su esfuerzo está enfocado en el propósito del viaje. Por eso que es mucho más divertido empacar para un viaje que lo es desempacar después. Este concepto se aplica con mayor amplitud a nuestra vida. Sin importar el camino que ande, usted va poder ser capaz de hacer cosas en una manera más trascendente porque entiende su propósito de estar allí.

Cuando usted comienza su día con su *porqué* se encontrará continuamente haciendo cosas que lo inspiren. Eso es ciertamente verdad para mí. Encontrar mi *porqué* me dio la energía enfocada e impulsada que todavía siento hoy.

"Los humanos fueron hechos para tener significado. Sin propósito, la vida no tiene significado. Una vida sin significado es una vida sin esperanza o trascendencia".
—*Rick Warren*

Estoy convencido de que la mayoría de la gente quiere vivir una vida con propósito. La inmensa popularidad del libro de Rick Warren, *Una vida con propósito* fue en parte basado en este deseo, que se volvió evidente cuando millones de personas compraron el libro. Rick escribe: "Los humanos fueron hechos para tener significado. Sin propósito, la vida no tiene significado. Una vida sin significado es una vida sin esperanza o trascendencia. Esta es una declaración profunda y una en la que todos deberían invertir tiempo meditándola. Dios da propósito. El propósito da significado. El significado da esperanza y trascendencia. Hay una asombrosa verdad contenida dentro de esa lógica".

Solamente piense en la diferencia que conocer este mensaje haría en un joven que estuviera apenas comenzando su vida. Cuando leí el libro de Rick, era una afirmación sobre cómo yo había vivido. Me emocionó tanto que quería comprarlo y obsequiárselo a cada persona de veinticuatro años que conocía. El propósito faculta la trascendencia.

Cómo es que su *porqué* lo ayuda a encontrar su camino

Si se conecta con su *porqué*, como yo lo hice, su vida se abrirá a la trascendencia. Estará a su alcance todos los días porque usted podrá hacer cosas sencillas que importen. La trascendencia no suele ser el resultado de algo espectacular. Se basa en pequeños pasos en línea con su propósito. Conocer su *porqué* lo ayuda a conocer qué hacer y a actuar en consecuencia. Aquí le muestro cómo:

1. Conocer su porqué le permite enfocarse más en los demás y menos en usted mismo

El propósito proviene de dentro. Funciona de dentro hacia afuera. ¿Qué sucede cuando usted no conoce su *porqué*? Tiene que invertir mucho tiempo buscando dentro de usted para encontrarlo y probando cosas nuevas para ver lo que funciona y lo que no. No hay nada malo con eso. ¿De qué otra manera sabrá lo que es importante para usted? Pero requiere tiempo. Requiere esfuerzo. Necesita hacerse muchas preguntas. Y todo el tiempo, su enfoque estará en usted mismo.

Entre más pronto conozca su *porqué*, más pronto podrá cambiar su enfoque de usted mismo a los demás. Más pronto podrá simplemente continuar con ello. Podrá soltarse sobre los demás. Que allí es donde la trascendencia vive y florece.

Entre más pronto conozca su *porqué*, más pronto podrá cambiar su enfoque de usted mismo a los demás.

Todos tenemos que encontrarnos a nosotros mismos antes de poder soltarnos a nosotros mismos. Si está preocupado con tratar de entender su personalidad, identificar sus talentos y descubrir sus habilidades básicas, es difícil pensar en otros. Conózcase a sí mismo y establezca su *porqué*, y tendrá la capacidad de enfocarse en los demás.

2. Vivir su *porqué* le da la una confianza que es atractiva para los demás

Conocer mi *porqué* me da gran seguridad y consuelo en todo lo que intento hacer; la clase de confianza y seguridad propia que suele ser atractiva y reconfortante para los demás, porque la mayoría de la gente la anhela.

¿Alguna vez ha notado a personas que entran en una habitación y que usted puede sentir su presencia? Simplemente parecían saber lo que estaban haciendo y adónde iban. Traen energía a la habitación. Es casi como si su presencia entrara en la habitación antes que ellos. Eso no es ego ni arrogancia. Es propósito. La gente con propósito camina con un aire de distinción, como si tuvieran un porqué a cada paso. ¿No le gustaría tener ese mismo sentido de propósito?

El propósito es el timón de su barco. Le da dirección y lo mantiene avanzando en la dirección correcta cuando el viento está soplando y las olas están rompiendo en su contra. Brinda calma y confianza en medio de una tormenta. La gente que conoce su *porqué* puede mantener su cabeza mientras que todo a su alrededor está en agitación. Y eso atrae a otros hacia ellos.

3. Entre más viva su *porqué*, más lo fortalecerá

Las fortalezas de las personas y sus propósitos individuales siempre están conectados. Abrazo esa verdad porque creo que Dios ha dotado a todas las personas con la capacidad de ser grandes en lo que deben hacer. Pero usted no tiene que ser una persona de fe para hacer la conexión entre el talento y el propósito. Su *porqué* es el combustible de sus fortalezas. Y sus fortalezas son el *camino* de cumplir con su *porqué*.

Cada vez que usted utilice sus fortalezas para vivir su *porqué*, usted desarrolla su fuerza e incrementa su *porqué*. Vivir en esta manera añade capas de habilidad, propósito, credibilidad y trascendencia a su vida. Entre más haga, más aprende, porque está acumulando cada capa de experiencia en su vida.

Piense en ello de esta forma. Cuando usted comienza a hacer algo, no suele ser muy bueno en ello. Pero con tiempo y práctica, mejora. Después de un tiempo, usted genera capas de éxito sobre las que puede construir, además de desarrollar una tremenda confianza como resultado. Eso es lo que hacen los grandes atletas. No comienzan jugando en su deporte en un nivel profesional. Requiere años de práctica llegar al nivel más alto. ¿Cómo lo hacen? Colocan capas de victorias, derrotas, dolor y avances.

Mientras escribo esto estoy viendo las Montañas Rocosas de Canadá. Cuando veo esas montañas majestuosas siempre quedo asombrado por su estatura escabrosa y belleza interminable. Estoy al tanto de que cada corte que veo en la roca es un registro histórico para esa montaña. Cada arista angulosa cuenta una historia. Miles, sino es que millones, de años de arena, tierra y minerales impactados por el calor, el agua, el viento y la lluvia han formado la visión escultural que veo cuando miro por la ventana de mi hotel. Las capas horizontales muestran los cambios naturales que han sucedido a lo largo del tiempo. Las capas reflejan la formación de esa montaña. Cuando conozca su *porqué*, conocerá la historia y el propósito de cada experiencia en su vida.

4. Entre más capas agregue a su *porqué*, más impacto tendrá en otros

El propósito es como una bola de nieve cuesta abajo; crece con el tiempo. Se multiplica. Hacer lo correcto, por la razón correcta, con la gente adecuada—con el paso del tiempo" le da un inmenso retorno de trascendencia y finalmente una reputación de trascendencia gigante. ¿Por qué lo digo? Porque lo he experimentado. He dado mi vida para ayudar a otros, y como me he mantenido en ello, la gente me reconoce por ello.

El propósito es como una bola de nieve cuesta abajo; crece con el tiempo.

La mayoría de la gente quiere ver un alto retorno de sus esfuerzos de inmediato. Quieren que se les dé un crédito de reputación por adelantado. Así no es como funciona la vida. Usted tiene que ganarse la credibilidad. Siga actuando conforme a su propósito y llevando a cabo actos trascendentes día a día, año a año, década a década y su impacto seguirá incrementando. ¿Podrá usted ver ese incremento todos los días? Posiblemente no. Pero va a estar allí. Y recuerde: un día de vivir en una manera trascendente puede ser deleitoso, pero una vida de vivir trascendentalmente puede ser magnífica.

5. Conocer su *porqué* lo mantiene más tiempo en el juego

¿Alguna vez conoció a alguien quien murió pronto después de su retiro? Yo sí. ¿Por qué sucede? Porque a la gente le cuesta más trabajo vivir sin un *porqué*. ¿Qué incentivo tiene la gente para seguir viviendo cuando no hay propósito para sus acciones, y no hay ninguna razón para levantarse de la cama cada mañana?

Yo no me quiero retirar nunca. Soy como mi papá. Quiero seguir viviendo y dando hasta que no me quede nada. Hasta este día, mi papá sigue en el juego, ¡y tiene noventa y cuatro años! Cada mañana se emociona. ¿Por qué? ¡Porque todavía tiene su *porqué*! Todos los días visita ancianos; nunca le ha amanecido que él *es* un anciano. A todo el que se encuentra es alguien al que él quiere alentar a seguir adelante, a mantenerse enfocado en sus razones de vivir. Y hace cincuenta visitas pastorales a la semana a varias casas diferentes.

La gente que conoce a mi papá me dice: "Tienes la bendición de tener sus genes". Estoy de acuerdo. Pero me siento todavía más bendecido por conocer mi *porqué*. Eso me sostendrá durante mucho tiempo. Voy a vivir plenamente hasta que muera. Y Dios quiera, todavía me queda un largo camino que recorrer. Pero cuando finalmente muera y esté seis pies bajo tierra, espero que pongan en mi epitafio: "Aquí yace un hombre que vivió con propósito y con intencionalidad", porque así es como quiero ser recordado.

¿Conoce usted su *porqué*? Encontrarlo suele ser un proceso. Es probable que no lo haga de la noche a la mañana, y no va a recibir todo el asunto en una sola vez. Viene poco a poco a medida que da pasos hacia adelante. Por eso es tan importante comenzar en pequeño; y por eso es que hablé sobre la idea de comenzar en pequeño, pero creer en grande en el capítulo pasado antes de introducir la idea de encontrar su *porqué*. Es casi una paradoja. Para descubrir su *porqué*, necesita tomar pasos hacia adelante mientras cree. Pero para dar pasos hacia adelante y creer, usted necesita encontrar su *porqué*. ¿Entonces qué hace primero? Lo que pueda. Haga aquello para lo que se encuentre en mejor posición.

Abriéndose paso a través de una barrera

En la época en la que estuve en Hillham, hice esas cosas al mismo tiempo. Creía que algún día construiría una gran iglesia, estaba comenzando a encontrar mi *porqué* y estaba dando pequeños pasos de trascendencia. Uno de esos pasos "que de hecho fue un gran paso para mí" fue identificar un día en el que invitaríamos a un número récord de personas a la iglesia.

Como ya mencioné, cuando llegué a la iglesia, no muchas

personas asistían a los servicios regulares. La iglesia había pasado por una división antes de mi llegada, y las pocas personas que asistían no tenían mucha confianza en ellas mismas o en la iglesia. No obstante, yo era joven y lleno de energía y pronto la gente comenzó a venir. En menos de un año, unas cien personas estaban viniendo a los servicios regularmente.

Mi gran paso fue anunciar un domingo de julio que el primer domingo de octubre tendríamos un día especial de celebración. Valientemente establecí la meta de que asistirían trescientas personas ese día.

Esta meta audaz, que era un crecimiento natural de mi propósito emergente, chocó con las bajas expectativas y la pobre autoimagen de muchas de las personas que asistían regularmente. Decir que tenían dudas sería un eufemismo.

"¿Es esta meta posible?", preguntaron. "¿De dónde vamos a sacar a toda esa gente?", "Dónde los *pondremos*?", "¿Cómo es que siquiera podremos hacer esto?".

Les parecía imposible. Pero por cada objeción y cada problema potencial que presentaban, yo daba con una respuesta positiva. E hice lo mejor que pude para liderarlos bien. No voy a decir que saltaron a bordo de inmediato, pero por lo menos estaban dispuestos a intentarlo.

Cuando se escuchó el rumor de lo que estábamos intentando hacer, la gente comenzó a sentir curiosidad acerca de la iglesia. Y comenzaron a venir. La asistencia creció cada semana. Al hacerlo, pude ver la marea cambiando lentamente, y llenó mi corazón de alegría porque sabía que tenía el potencial de ayudar a la gente. Pronto los miembros de la congregación ganaron confianza y comenzaron a invitar a sus amigos. Entonces sus amigos trajeron a otros. Habíamos comenzado en pequeño, pero nuestra pequeña iglesia estaba creciendo lentamente con cada semana que pasaba. Y la expectación comenzó a reemplazar la reticencia a medida que la iglesia se llenaba.

Así que probablemente yo no era un pastor típico. Quizá mi *porqué* era un poco diferente de los de mis excompañeros de la universidad y mis colegas. Pero algo era cierto. Estaba viendo a nuevas personas venir a la iglesia.

Finalmente, el gran día de octubre llegó. Al mirar a la multitud, parecía como si toda la aldea hubiera asistido. Nuestro pequeñito santuario estaba rebosando con personas. También llenamos el sótano de gente. E incluso conectamos aparatos de sonido en una casa a un costado de la iglesia y la llenamos de personas. Si hubiéramos dilucidado como ponerlos en la azotea, ¡lo hubiéramos hecho!

Decir que las personas estaban emocionadas es una flagrante subestimación. El sentir en la iglesia era eléctrico. Justo antes de que yo predicara, nuestro líder laico se levantó y felizmente anunció la asistencia del día: 299 personas. Todos ovacionaron.

Excepto yo.

—¿Cuál era nuestra meta de asistencia? —pregunté.

—Trescientos —gritaron con entusiasmo.

—Nos falta uno y no voy a hablar hasta que alcancemos nuestra meta —declaré.

Como un joven, líder confiado, declaré que iba a salir y a encontrar a esa sola persona y traerla a la iglesia. Y solamente entonces predicaría.

No estaba siendo desafiante sino más bien muy determinado. Estaba comprometido con alcanzar esta meta sin importar lo que requiriera.

A medida que caminaba por el pasillo central hacia la puerta, varias personas se levantaron y me dieron palmadas en la espalda y me ofrecieron palabras amables de ánimo mientras salía por la puerta: "Vaya por ellos, pastor".

Estaba emocionado y confiado; hasta estar en la calle. Solo.

¿Y ahora qué voy a hacer?, pensé.

No tenía ningún plan. "Piensa, John, piensa", me dije a mí mismo. Y luego, me amaneció.

Del otro lado de la calle de nuestra iglesia estaba una antigua estación de servicio propiedad de Sandy Burton. Me asomé y espié a Sandy y a Glenn Harris sentados al frente.

Vi esperanza.

"Predicador, ¿llegó a su meta?", me preguntó Sandy mientras iba cruzando la calle.

"Todavía no", le dije. "Nos falta uno".

Sandy sonrió.

"¿A cuál de ustedes les gustaría ser el héroe de todas esas personas dentro de la iglesia que nos están ayudando a lograr nuestra meta?" pregunté.

Se miraron entre sí y dijeron: "¡Los dos queremos ser héroes!"

Sandy cerró su estación y los dos hombres caminaron conmigo para cruzar la calle.

Dramáticamente abrí la puerta de la iglesia de par en par no con una, sino con *dos* personas acompañándome.

Las personas dentro no podían contener su alegría. Se pusieron de pie, aplaudieron y ovacionaron como si hubiera traído de vuelta a casa de la guerra a dos hijos heroicos. Nos daban palmadas en la espalda y estrechaban nuestras manos mientras avanzábamos por el pasillo central. Moví a dos miembros de la primera fila y senté allí a Sandy y a Glenn, porque eran nuestros invitados de honor.

Cuando todos se calmaron, pasé al púlpito y anuncié en un tono de voz clamado y bajo que verdaderamente habíamos alcanzado nuestra meta, más uno. Tuvimos a 301 personas en la iglesia con nosotros ese día.

Después del servicio, los 301 de nosotros nos formamos frente a esa antigua iglesia rural y nos tomamos una fotografía para conmemorar nuestro momento triunfal colectivo. Fue un día glorioso, uno que siempre aquilataré. A lo largo de los años me he tomado fotografías en todo tipo de eventos importantes alrededor del mundo y con muchas personas importantes, pero esa imagen de nosotros de pie jubilosos frente a nuestra iglesia es por mucho mi favorita absoluta.

¿Por qué?

Porque era la primera gran expresión tangible de mi *porqué*: Usar el liderazgo para añadirle valor a la gente.

Ese día me convertí en un líder a los ojos de mi gente. Puse una conquista bajo su cinto. Los ayudé a ganar confianza. Los ayudé a obtener victoria. Y en el proceso experimenté la dicha de liderar a otros con éxito hacia algo grande por primera vez.

Había encontrado mi nicho. Marcaría una diferencia a través de ser un líder. Este era el camino de trascendencia para mí. Y debo decir que en todos mis años de liderazgo, jamás he perdido esa emoción de ayudar a las personas a lograr algo grande que las beneficie.

Liderar a la gente ha estado en el centro de mi *porqué* desde ese día en Hillham. Y ha seguido creciendo. Me ha llevado a muchos lugares que nunca soñé que alcanzaría. Me llevó a Lancaster, Ohio, donde pude liderar una nueva congregación en otra iglesia. Y me llevó a la Iglesia Skyline en San Diego. Le contaré más acerca de ello más tarde, pero por ahora diré esto: El sueño que tuve a principios de los años de 1970 de construir una iglesia grande con influencia se hizo realidad más de una década después cuando Skyline se convirtió en una de las veinte iglesias de mayor influencia en Estados Unidos. Mi *porqué* me ayudó a encontrar mi *camino*, y eso aceleró mis pasos hacia la trascendencia.

Todos tienen un *por qué*

Creo que cada persona tiene un *porqué* y que tiene la capacidad de encontrarlo. ¿Cree usted también eso? Si no, ¿está dispuesto a aceptar la idea? Si todavía no ha encontrado el suyo, yo creo que usted puede hacerlo. ¿Por qué estoy convencido de ello?

Cada persona fue creada para hacer su parte para mejorar a la humanidad. ¡Eso lo incluye a usted!

Cada persona tiene talentos que la ayudarán a mejorar a la humanidad. ¡Eso lo incluye a usted!

A cada persona se le da la oportunidad de mejorar a la humanidad. ¡Eso lo incluye a usted!

Cada persona tiene un propósito para el que fue creada. ¡Eso lo incluye a usted!

Cada persona debe buscar dentro de sí para descubrir su propósito. ¡Eso lo incluye a usted!

Algunas personas al parecer nacieron teniendo un sentir de su *porqué*. Creo que Dolly Parton es una de esas personas. Margaret ha sido su admiradora toda la vida, y no hace mucho me entregó un artículo de la revista *Guideposts* acerca de Dolly. Desde que era una niña, ella sabía cuál era su propósito. En el artículo Dolly dice:

> Colocaba una lata en un palo como micrófono, clavaba el otro extremo en una grieta del porche de nuestra cabaña y cantaba una canción que había inventado.
>
> En un instante ya no eran nuestros pollos escuchándome en el patio. Era una audiencia llena de personas aplaudiendo y ovacionando. Y ya no era un atuendo heredado de alguien más lo que yo estaba vistiendo; era un vestido de seda con cuentas brillantes.
>
> Los parientes de mi mamá eran todos musicales. Ella me decía: "Canta una de tus canciones", y yo cantaba. Mi tío Louis vio lo seria que yo era con respecto a la música, así que me dio una guitarra, una Martin para niños. ¡Me encantaba esa guitarra! La tocaba todo el tiempo.[10]

Dolly cantaba en cada oportunidad que tenía y cantó en la radio cuando era apenas una niña. De joven se fue a Nashville para tratar de tener éxito en la música y su talento fue reconocido rápidamente. Ella pronto comenzó a cantar con Porter Wagoner.

Su *porqué* fue impulsado cuando uno de los músicos de Wagoner le dio un libro de cumpleaños. Era *El poder del pensamiento tenaz*, por Norman Vincent Peale.

"Sabía cómo hablar con una chica del campo como yo [...] 'Sueña en grande, piensa en grande, ora en grande' —dice—. *Señor*, pensé, *¡eso es justo lo que quiero hacer toda mi vida!*".

Probablemente usted ya tenga un fuerte sentido de su *porqué*, al igual que Dolly Parton. Si es así, usted ya tiene una gran ventaja en su travesía de trascendencia. Sin embargo, si usted es como la mayoría de la gente, usted se sentiría agradecido de obtener un poco de ayuda para dilucidar su *porqué*. Quiero ayudarlo con eso.

El proceso comienza con preguntas. Me encanta hacer preguntas. Me han abierto más puertas de oportunidad que cualquier otra cosa que haya hecho. Así que hago preguntas en todas y cada una de las situaciones. Y luego escucho las respuestas. Allí es donde el aprendizaje comienza a suceder.

Mi madre fue la que me enseñó esto. Parecía como si siempre tuviera tiempo para mí. Siempre. Y cada vez que ella me daba su tiempo, yo sabía que tenía toda su atención. Nos sentábamos juntos y ella me escuchaba, algunas veces durante horas. Ella siempre me escuchaba hasta que no tenía más que decir. Sin interrupciones, con expresiones visuales continuas para hacerme saber que estaba escuchando cada palabra y entendiendo los sentimientos que acompañaban cada idea. Escuchaba con sus oídos y se conectaba con sus ojos. Su corazón constantemente dándome amor incondicional.

¿Suena como si fuera una santa? Lo era. ¡Era mi madre!

Mi mamá me hacía preguntas solamente cuando terminaba de hablar. Estaban llenas de una sorprendente perspectiva porque siempre me escuchaba completamente. Su naturaleza reflexiva le permitía pensar bien cada pregunta que hacía y la envolvía en un contexto de amor. Sus preguntas me ayudaban a separar mis sentimientos y me llevaban a reflexionar. Fue a su lado que aprendí a escuchar y hacer preguntas. Mi madre murió en 2009, la extraño grandemente.

La primera pregunta que usted debe hacerse es esta: ¿Cómo le puedo añadir valor a los demás?

La primera pregunta que usted debe hacerse es esta: ¿Cómo le puedo añadir valor a los demás? Si usted puede acallarse lo suficiente para escuchar esa respuesta desde dentro de sí, usted comenzará a entender su *porqué*. Tengo que decirle que *esta pregunta ha sido el fundamento y el motor de cada acto trascendente en mi vida.* ¿Escuchó eso? Tener una vida relevante proviene de la habilidad de añadirle valor a los demás. Aquí es donde la trascendencia comienza. Permita que esa idea se mueva dentro de usted mientras le muestra más específicamente cómo encontrar su *porqué*.

Tres claves hacia su *porqué*

Allá en 1965, cuando estaba estudiando para mi grado universitario en la Ohio Christian University, un orador vino a mi clase de Introducción a la Psicología y nos hizo tres preguntas. Hasta el día de hoy, estas preguntas han moldeado mi vida. En esa época, yo solamente era un muchacho de dieciocho años en mi primer año y no estaba seguro de mis respuestas. Pero las preguntas se quedaron conmigo y han regresado a mí una y otra vez a lo largo de los años. Se las compartiré ahora porque creo que le ayudarán a descubrir y a entender mejor su porqué.

Pregunta 1: ¿Qué es lo que lo hace llorar?

Esta primera pregunta le pide mirar dentro de usted mismo y que piense en lo que rompe su corazón. ¿Qué lo perturba? ¿Qué le inflige dolor emocional? ¿Qué le provoca tanta incomodidad que se siente motivado a actuar y hacer algo y traer sanidad a esa situación?

Cuando escuché esta pregunta a los dieciocho, no tenía una respuesta clara. Hoy, sí la tengo. Mi corazón se rompe cuando veo que la gente se queda corta de quienes podrían ser. Las personas tienen bastante potencial, y muchas se quedan cortas y viven vidas quebrantadas no plenas. Esto trae lágrimas a mis ojos.

Como tengo dones y talentos en las áreas de comunicación y liderazgo, siento una gran responsabilidad de tratar de ayudar a la gente en esta área para inspirarlos y dirigirlos a cambiar y crecer a su potencial. Siento el peso de ello en mis hombros cada día. ¿Qué significa cargar ese peso para mí?

Primero, significa que siempre estoy consciente de mi llamado para ayudar a los demás a encontrar trascendencia en su vida. Cuando veo a la gente, veo su mayor potencial. Los veo como "dieces" potenciales. Mi deseo abrumador es que ellos también lo vean. Quiero que se sacudan los grilletes mentales y emocionales que los atan y que corran la carrera de la vida con excelencia y exuberancia. Y cada vez que puedo ayudar a alguien a hacer eso, levanta mi espíritu y me hace pensar: *¡Yo nací para esto!*

Recientemente comí con tres personas maravillosas: Michael D'Adamo, el director general de T.O.P. Marketing Group, y sus amigos Jon y Laura-Ashley Manning. Me hizo sentir mucha humildad cuando Jon dijo que almorzar conmigo estaba en su lista de cosas que hacer antes de morir. Los cuatro tuvimos un tiempo excelente contando historias e intercambiando experiencias de liderazgo.

En cierto punto de nuestra conversación, Michael valiente y abiertamente compartió acerca de su niñez desgarradora. Después de abandonar la escuela en la escuela media, pasaba su tiempo fumando droga y persiguiendo mujeres. Para usar sus propias palabras, él era "un vago". Michael dijo que con base en sus primeros años, ni él ni Jon podrían haber sido identificados por ninguno que los conociera como personas que pudieran marcar una diferencia en la vida de otros, no obstante estos dos hombres ahora están ayudando a miles de personas.

¿Cuál fue el origen de su cambio? Notablemente, dijeron que fue leer mi libro *Las 21 leyes irrefutables del liderazgo*. Ambos dijeron que los llevó a verse a sí mismos en una manera distinta. "Mientras leía "dijo Jon", sentía su creer ser derramado en mí al voltear cada página.

Michael añadió: "Comencé a verme a mí mismo como una persona de valor. Y eso cambió la manera en que comencé a ver a los demás.

Al estar sentado en esa mesa escuchando a esos dos hombres de negocios increíblemente consumados compartir sus historias y descubrimientos, me sentía cada vez más humilde. Yo escribí el libro para ayudar a la gente, pero escuchar de hecho a alguien explicar cómo lo había ayudado a darse cuenta de su potencial dado por Dios era extremadamente gratificante. Tales experiencias hacen que el peso de la responsabilidad de ayudar a los demás se sienta un poco más ligero.

Lo segundo que entiendo acerca del peso que llevo es que debo ser una voz que llame a la gente a vivir intencionalmente. Y uso la palabra *llame* con todo propósito porque para mí, es un llamado. Necesito darle expresión al anhelo de la gente por marcar una diferencia y dejarles saber que está dentro de su alcance. Posiblemente sea por eso que me identifico con las palabras de Elizabeth Rundle Charles, quien escribió en las *Chronicles of the Schonberg-Cotta Family* [Las crónicas de la familia Schonberg-Cotta]: "Saber cómo decir lo que otras personas solamente piensan, es lo que convierte a los hombres en poetas y sabios; y atrevernos a decir lo que otros solamente se atreven a pensar, hace de los hombres mártires o reformadores".

Lo tercero que el peso de este llamado significa para mí es que creo que se supone que soy un catalizador para unir a las personas para hacer obras trascendentes. El liderazgo es mi vida; obtengo una enorme carga de transmitir una visión y luego unir a la gente para alcanzar un nivel de trascendencia que es imposible sin un esfuerzo en equipo. Se encuentra en el centro de mi *porqué*.

Entonces, ¿qué lo hace llorar? ¿Qué hace que se rompa su corazón? ¿Qué lo toca en la profundidad de su alma? ¿Ya conoce la respuesta? ¿O es algo que necesita comenzar a explorar y pensar?

Al tratar de descubrir qué lo hace llorar, puede considerar su historia personal. Puede recordar su niñez. Puede conectarse con situaciones de justicia social que lo hagan enojar. Usted puede pensar en lo último que lo hizo ponerse altamente emocional; o en lo que *siempre* lo hace ponerse emocional. Cualquiera de estas cosas pueden ser claves a lo que lo hace andar. Y lo van a ayudar a identificar su *porqué*.

Pregunta 2: ¿De qué es de lo que canta?

¿Qué lo hace feliz? ¿Qué le da un impulso al caminar? ¿Qué lo hace saltar de alegría o comenzar a cantar espontáneamente? Cuando escuché esta pregunta por primera vez mis respuestas no tenían mucha profundidad: buenas calificaciones, amigos, la comida y los deportes. ¿Qué podía esperar? Solamente tenía dieciocho años.

Hoy, nada me hace más feliz que ver a la gente volverse intencional con respecto a marcar una diferencia. Creo que esta es la clave para transformar nuestro mundo. El poeta Ralph Waldo Emerson dijo: "El propósito de la vida no es ser feliz. Es ser útil, ser honorable, ser compasivo, conseguir haber marcado alguna diferencia por haber vivido y vivido bien". Creo que cuando la gente experimenta lo que escribió Emerson, descubre su mayor alegría.

> **"El propósito de la vida no es ser feliz. Es ser útil, ser honorable, ser compasivo, conseguir haber marcado alguna diferencia por haber vivido y vivido bien".**
> ***—Ralph Waldo Emerson***

Recientemente cené con la ejecutiva de publicidad y autora, Linda Kaplan Thaler. Quizá no conozca su nombre, pero estoy seguro de que conoce su trabajo. Ella es la creativa a la que se le ocurrió el pato de AFLAC. Durante nuestra conversación en la cena mientras hablábamos sobre actos de trascendencia, ella mencionó la frase hebrea *tikkun olam*, y me dijo que quiere decir "reparar el mundo". Dijo que era parte de la tradición de su fe y quería decir que nadie debería vivir en este mundo sin tratar de encontrar una manera de hacerlo mejor. Qué manera tan maravillosa de pensar acerca de vivir una vida relevante.

Realizar actos de trascendencia trae una satisfacción más profunda que cualquier otro trabajo que haya conocido. Me enciende y me mantiene avanzando. Incluso cuando mi horario está fuera de control, las fechas límite se están apilando y el ritmo parece frenético, pocas veces siento que estoy trabajando en exceso. Como dice el dicho, el trabajo no es trabajo a menos que prefiera hacer algo más. No hay nada que prefiera más que ayudar a la gente a marcar una diferencia para otros.

Una de las cosas favoritas que he hecho para ayudar a alguien a marcar una diferencia sucedió cuando un muchacho de doce años llamado Kyle Beard me envió una nota junto con un listón adornado con las palabras "Quién soy marca la diferencia". Esto es lo que decía la nota de Kyle:

> *Estimado Dr. Maxwell:*
>
> *Hola. ¿Cómo está? ¿Le está ayudando el separador? Espero que así sea. Sé que está ocupado planeando su congreso anual en Toledo, Ohio. Escuché sus cintas, y sé que ayudan a otros [...]*
>
> *Por favor, lea la historia adjunta.*
>
> *Mi grupo de jóvenes está haciendo un proyecto justo como esta historia. Se supone que debe tomar un listón adicional y dárselo a alguien que esté marcando una diferencia en su vida. La razón por la que le estoy dando mi listón a usted es porque usted ha marcado una gran diferencia en mi vida. Y desde que escuché su enseñanza acerca de las águilas, pienso que usted también es un águila. Sé que usted está muy ocupado, pero si pudiera encontrar cinco minutos de su tiempo libre para escribirme y decirme a quién le ha dado su listón, lo apreciaría, porque para poder completar el proyecto uno necesita reportar lo que hizo. Yo oró por usted todas las noches.*
>
> *Su amigo,*
> *Kyle Beard*
>
> *P.D.: Entenderé si no tiene tiempo de reportarse, pero es un honor que usted lleve mi listón.*

El mensaje de Kyle despertó mi curiosidad. Así que leí la historia escrita por Helice Bridges llamada: "Quién eres marca la diferencia". En ella una maestra de escuela media-superior decide honrar a los estudiantes de último año de su clase dándole a cada uno un listón impreso con las palabras: "Quien soy marca la diferencia". Al entregárselo a cada uno, le dijo al estudiante por qué él o ella era importante para ella. También le dio a cada estudiante tres o más listones para que se los entregaran a otros, pidiéndoles que reportaran más tarde sus resultados.

Uno de los muchachos le dio el listón a un ejecutivo junior en agradecimiento por ayudarlo con su planificación de carrera y le pidió que pasara los otros dos listones. El ejecutivo junior le colocó uno a un sorprendido jefe quien era conocido por ser un poco gruñón. El jefe se llevó el último listón a casa y se lo dio a su hijo de catorce años.

"Mientras iba conduciendo a casa esta noche comencé a pensar en a quien debería honrar con el listón y pensé en ti "le dijo el hombre a su hijo". Quiero honrarte. Mis días son realmente una locura, y cuando vengo a casa no te presto mucha atención. Algunas veces te grito por no tener notas suficientemente buenas en la escuela, porque tu habitación está desordenada [...] pero en alguna manera, esta noche, solamente quiero sentarme aquí y, bueno, simplemente hacerte saber que tú marcas una diferencia para mí. Además de tu madre, tú eres la persona más importante en mi vida. Eres un hijo excelente y te amo".

El hijo rompió en lágrimas porque no pensaba que su padre se interesara siquiera en él y había estado pensando en suicidarse.[11]

Después de leer la historia de Helice Bridges, tuve un profundo deseo de darle a Kyle una experiencia que jamás olvidaría. En lugar de reportarme con él, invité a Kyle y a su mamá a asistir a una de mis conferencias. Después de desafiar al público de tres mil personas a vivir una vida intencional y marcar una diferencia, invité a Kyle al estrado. Se lo presenté a la audiencia y luego conté su sorprendente historia. Me voltee hacia Kyle y le dije: "Esta noche estoy tomando tu listón y estoy desafiando a los presentes y se los estoy pasando a ellos".

Me volví a la audiencia y les pregunté: "¿A cuántos de ustedes les gustaría tener un listón azul que diga: 'Quien soy marca la diferencia'?".

Todos se pusieron de pie. Mi equipo y yo felizmente les entregamos seis mil listones que habíamos elaborado para el evento: un listón por asistente, más uno para que cada uno lo pasara a alguien que hubiera marcado una diferencia en su vida.

Luego le pregunté a cada persona que levantará su listón en alto mientras un fotógrafo tomaba una fotografía de Kyle y yo con todo el público en el fondo.

"Toma esta fotografía y llévala a tu grupo de jóvenes para que puedan ver los resultados de tu proyecto", le dije a Kyle.

Kyle bajó de ese estrado con una ovación de pie.

La multitud quedó encendida por esta experiencia; y yo fui cambiado para siempre. Esa noche quedó sellado en mi alma que yo marcaría una diferencia intencionalmente para los demás siempre que pudiera y que les mostraría que ellos también podrían marcar una diferencia. Eso fue hace veinte años y todavía me hace cantar.

¿De qué es lo que usted canta? ¿Qué le da gran alegría? ¿Qué alimenta su pasión? ¿Qué alimenta su alma? ¿Qué lo emociona?

Cuando pregunto: "¿Qué lo hace cantar?", muchas personas responden pensando en lo que los entretiene. Ciertamente no hay nada malo en entretenerse o divertirse. Me gusta mucho divertirme como a cualquier otro. Pero de lo que estoy hablando realmente es algo que resuena en un nivel profundo. Algo que hace que la alegría contenida espontáneamente se levante dentro de usted. Es el tipo de cosa que usted haría gratuitamente, solo por hacerla. Una vez más, estas son claves que le ayudan a entender su propósito y conocer su *porqué*.

Pregunta 3: ¿En qué sueña?

Esta última pregunta realmente expande las posibilidades de su vida. Capitaliza sobre las respuestas a las dos preguntas previas y las lleva al siguiente nivel a través de incluir el factor "y si". ¿Y si pudiera hacer cualquier cosa que quisiera para mejorar el mundo? ¿Y si pudiera marcar una diferencia a una escala mayor? ¿Y si pudiera hacer algo trascendente, algo que pudiera impactar a otros y que perdurara más allá de su vida? Esto fue lo que instó a Celine Vaandrager a recaudar dinero para contratar a una maestra de inglés en India. Es lo que hizo a Carrie Rich pensar en cómo podría ayudar a la gente si pusiera su dinero del almuerzo a trabajar. Es lo que me mantiene avanzando.

En 1965 cuando estaba en mi primer año de la universidad, quería marcar una diferencia a través de ayudar a la gente, y quería hacerlo como el pastor de una iglesia. Pero para ser honesto, en ese entonces, no tenía sueños suficientemente grandes. No pasó mucho tiempo antes de que los resultados que estaba obteniendo comenzaran a sobrepasar mis metas y tuve que reiniciar mi manera de pensar. Eso podría ser cierto también para usted. Por eso es que digo que necesitamos comenzar en pequeño, pero soñar en *grande.*

Hoy, estoy soñando más grande. Quiero ayudar a que un millón de personas logren la trascendencia a través de volverse intencionales en la manera en que viven y por medio de transformar la vida de la gente. Y quiero que otros conozcan acerca de sus historias de transformación. Mi mayor esperanza que usted sea una de esas personas. Quiero que tenga una vida excelente, llena de significado y de un impacto positivo sobre los demás. Quiero que logre un alto nivel de trascendencia.

Creo que Dios le da a cada persona un lienzo en blanco al principio de su vida. Nos susurra la palabra "propósito" mientras nos entrega un pincel y pintura, y nos suelta para que seamos el artista de nuestra propia vida. Él quiere que usted marque una diferencia positiva en la vida de muchos. Nadie más puede pintar su obra. El pincel está en sus manos; en oración, sea intencional para escoger sus colores y hacer sus trazos. Al hacerlo, Él observará con gran placer a medida que pinte su retrato de trascendencia.

¿Cuál podría ser su pintura? ¿En qué sueña? ¿Si usted pudiera lograr cualquier cosa en el mundo que pudiera marcar una diferencia en la vida de los demás qué sería? ¿Si pudiera hacer cualquier cosa que quisiera y supiera que no podría fallar, qué haría? Si pudiera vivir su sueño más descabellado, ¿cómo sería?

Algunas personas sueñan en grande. De hecho, sueñan largamente pero actúan brevemente. Otros nunca sueñan. Probablemente se consideren pragmáticos. O quizá sus esperanzas y sueños han sido aplastados por experiencias negativas de modo que tienen miedo de soñar. Espero que eso no lo describa. Espero que usted esté dispuesto y sea capaz de soñar y de soñar en grande. Incluso si usted decide que no quiere seguir adelante con un sueño en particular, el proceso de permitirse imaginar grandes cosas es bueno para usted. Lo ayuda a entender quién es usted y por qué está aquí.

El rabino Harold Kushner escribe: "Nuestra alma no está hambrienta de fama, comodidad, riqueza o poder. Esas recompensas generan casi tantos problemas como los que resuelven. Nuestra alma está hambrienta por significado, por el sentir de que hemos dilucidado cómo vivir de modo que nuestra vida sea relevante, con el fin de que el mundo sea por lo menos un poco distinto por haber pasado por él". ¿Qué significado anhela su alma? ¿Cómo quiere marcar una diferencia en este mundo? ¿Cómo puede añadirle valor a los demás en una manera única? ¿Qué habilidades tiene usted que pueden ayudar a que sea transformada la vida de otros? ¿Cómo puede ser trascendente?

"Nuestra alma no está hambrienta de fama, comodidad, riqueza o poder. Esas recompensas generan casi tantos problemas como los que resuelven. Nuestra alma está hambrienta por significado, por el sentir de que hemos dilucidado cómo vivir de modo que nuestra vida sea relevante, con el fin de que el mundo sea por lo menos un poco distinto por haber pasado por él".
—Rabino Harold Kushner

Probablemente no conozca todo su *porqué* en una sola vez. A mí me pasó así. Pero en cuanto entendí la dirección en la que tenía que ir, me puse en camino. Después de eso, solamente fue cuestión de refinar mi *porqué*, lo cual continúa sucediendo, incluso a los sesenta y ocho años. Y espero que continúe creciendo, evolucionando y afilándose. Esa es mi señal de que Dios no ha terminado conmigo, y que todavía hay cosas que hacer y nuevas maneras en las que puedo marcar una diferencia en este mundo.

Aplicación intencional: Busque hasta encontrar su *porqué*

Siga las pistas

Para encontrar su *porqué*, necesita seguir las pistas que solamente se pueden encontrar dentro de usted. Para abrirlas, tómese el tiempo de responder las tres preguntas de este capítulo:

¿Qué es lo que lo hace llorar?
¿De qué es de lo que canta?
¿En qué sueña?

Lo aliento fuertemente a apartar un tiempo en su agenda para escribir sus respuestas a estas preguntas. Y solamente quiero advertirlo: no trate de dilucidar sus respuestas antes de escribirlas. Utilice el proceso de escritura para *descubrir* sus respuestas. Comience escribiendo lo que le venga a la mente, y luego fluya con ello. No hay respuestas correctas o equivocadas para este ejercicio. Se supone que debe ser un proceso de aprendizaje desordenado (si usted es una persona de fe, también le recomiendo que ore al hacer este ejercicio; pídale a Dios que le revele las claves).

Comience con una palabra

Otra manera de ayudarlo a descubrir su *porqué* es enfocarse en el centro de quién es usted y ver lo que crece de ello. En su libro, *El poder de las palabras*, Kevin Hall escribe: "Lo primero que hago cuando estoy asesorando a alguien que aspira a estirarse, crecer e ir más alto en la vida es hacer que esa persona seleccione una palabra que mejor la describa. Una vez que la persona hace eso, es como si él o ella hubieran abierto una página en un libro y hubieran subrayado una palabra. En lugar de ver trescientas palabras diferentes en la página, la atención de la persona y su intención es enfocada de inmediato en esa sola palabra, ese solo don. Aquello en lo que el individuo se enfoca se expande".[12]

¿Cuál es su palabra única? ¿Qué lo describe? Esa sola palabra lo puede inspirar, enfocar su atención y ayudarlo a entender su *porqué*. ¿Adónde lo va a llevar esa sola palabra? ¿Cómo se relaciona con añadirle valor a los demás? ¿Por qué es significativa? Mantenga esa única palabra en mente a lo largo del día en las semanas que vienen y vea adónde lo lleva.

MEDIANTE HACER ALGO QUE MARQUE UNA DIFERENCIA

5

Ponga a las demás personas primero

Margaret y yo pasamos tres años en Hillham. Esos fueron años fantásticos. Amábamos a la gente, aprendimos mucho y trabajamos duro. Cuando acepté el puesto al inicio, la junta me ofreció un salario parcial porque era todo lo que me podían pagar, pero me dijeron que era bienvenido a buscar empleo adicional al mismo tiempo si lo necesitaba. Margaret no quería oír eso siquiera. "John ha sido llamado a liderar y hacer crecer esta iglesia, y eso es lo que va a hacer "le dijo a la junta con toda la confianza de una chica de veinte años". Yo voy a hacer el trabajo extra". Luego procedió a hacer juegos malabares con tres empleos para ayudar a pagar las cuentas. Ella enseñaba en la escuela, trabajaba en una joyería y limpiaba casas. Sin duda usted puede decir que me casé con alguien con mucha más capacidad que yo mismo.

Se comenzaron a difundir las noticias sobre las cosas buenas que estábamos haciendo en Hillham. La gente escuchó acerca de nuestro servicio con 301 asistentes, y se maravillaban de que una pequeña iglesia rural como la nuestra hubiera podido crecer tan dramáticamente. La asistencia regular era tan buena que tuvimos que comprar un terreno y construir un edificio nuevo para albergar nuestra creciente congregación.

También comencé a recibir una reputación positiva por innovación y liderazgo. Esos primeros materiales de mayordomía que Margaret y yo desarrollamos estaban siendo utilizados por otros pastores con gran éxito. Estaba comenzando a ser conocido como joven y prometedor.

Avanzando

Quedé muy complacido cuando recibí una llamada de la mayor iglesia de nuestra pequeña denominación. Estaban interesados en contratarme como su nuevo pastor. Era en Lancaster, Ohio; un gran paso hacia arriba del pequeño Hillham. Lo vimos como una oportunidad excelente, así que aceptamos la invitación y sentimos que íbamos por buen camino.

En Hillham yo había recibido la inspiración de desarrollar una gran iglesia. En Lancaster yo sentía como si fuéramos a tener la oportunidad de verdaderamente hacerlo. "Vamos a construir una gran iglesia aquí", le dije a la congregación una vez que llegamos, y nos pusimos a hacer exactamente eso.

Me volví cada vez más consciente de la necesidad de volverme un mejor líder durante esta época. Era joven y lleno de energía. No me faltaba la confianza, pero carecía de experiencia. Así que busqué ayuda. Decidí tratar de conectarme con los pastores de las diez mayores iglesias de Estados Unidos. Quería aprender de ellos. Pero me pregunté: *¿Cómo podría hacer que personas como ellos le dieran tiempo a alguien como yo, un muchacho liderando una iglesia de la que nadie había escuchado?*

Se me ocurrió una idea. Les ofrecería $100 dólares por treinta minutos de su tiempo para poder entrevistarlos y hacerles preguntas. Eso era mucho dinero para nosotros, pero estaba dispuesto a invertir en mi crecimiento continuo, así como cuando le había comprado el paquete a Curt Kampmeier. Le escribí a cada pastor una nota con mi solicitud. Dos de los diez accedieron a reunirse conmigo.

Fui a esas reuniones con cuatro o cinco páginas de preguntas escritas. Observé el tiempo en el que había llegado, y tan pronto como pude después de las presentaciones y las cortesías sociales comencé a hacerles preguntas. Hice tantas preguntas como pude, tan rápido como pude y tomé notas. Cuando vi que mis treinta minutos se habían acabado, les agradecí por su tiempo y les ofrecí los $100 dólares. Y también les pedí si me podían ayudar a conectarme con esos otros ocho pastores de grandes iglesias. Al final, tuve la oportunidad de reunirme con todos ellos. Durante varios años Margaret y yo basábamos nuestros destinos vacacionales en las ciudades donde se encontraban estas grandes iglesias para poder llevar a cabo estas citas.

Grandes victorias

Lancaster creció para ser la iglesia con la que yo soñaba. Ayudamos a muchas personas e hicimos un impacto en la comunidad. La iglesia creció y nuevamente, al igual que en Hillham, ya no cabíamos en nuestras instalaciones y tuvimos que buscar opciones de expansión. Comenzamos comprando tanta tierra alrededor de la iglesia como pudimos. El lote más cercano a la iglesia era propiedad de un hombre anciano llamado Charlie. Cuando lo fui a ver por primera vez para preguntarle si la iglesia podía comprar su tierra, dijo que no la quería vender. "Quiero morir aquí", me dijo.

No lo presioné. Solamente seguí visitándolo cada semana y desarrollé una relación con él. Después de varios meses, un día me dijo: "Puedo ver que están ayudando a mucha gente. Jovencito, quiero ayudarlo, así que voy a dejar que me compre mi terreno". Y lo hicimos. Trazamos planos para construir un nuevo santuario y darles un nuevo propósito y remodelar nuestros edificios existentes.

Ese mismo año, 1975, nuestra iglesia fue reconocida por tener la escuela dominical de más rápido crecimiento en el estado de Ohio. Eso quizá no le suene grande a usted, pero era inmenso para mí. Quería decir que mi liderazgo había subido a otro nivel. Y la gente en círculos pastorales más grandes también estaban comenzando a notarlo. Estaba recibiendo reconocimiento. Era una validación de todo el duro trabajo que estábamos haciendo.

Esos eran tiempos emocionantes. Mi entusiasmo y carisma

emergente hizo que muchas personas se me unieran y apoyaran mi visión. Y comencé a recibir comparaciones favorables con personas que yo admiraba. Como había nacido con habilidad para liderazgo, tenía la habilidad de ver las cosas antes de que muchos lo hicieran, lo cual me dio la delantera para aprovechar oportunidades y utilizar mis dones de liderazgo para mi ventaja. Sentía como si estuviera ganando todo el tiempo. Y me gustaba.

Pero había otro aspecto de mi personalidad que estaba amenazando con limitar mi potencial y descarrilarme en el área de la trascendencia: mi naturaleza competitiva inherente. Había sido un activo cuando jugaba baloncesto en la escuela media-superior, pero subió a un nivel completamente nuevo en esta temporada. Quería ayudar a la gente, pero mis motivos eran incorrectos. Eran egoístas. Lo que estaba logrando alimentaba mi orgullo y mi ego.

Esto se podría ver fácilmente cuando recibía el informe anual de la denominación. Era un documento que incluía las cifras de cada iglesia: asistencia total, el porcentaje de crecimiento de la asistencia, total de donativos, número de bautismos realizados, cantidad de personas sirviendo, asistencia total de la escuela dominical; todo lo digno de mención que había ocurrido en cada iglesia durante un año dado. Era una instantánea de cada iglesia en la denominación.

Sin importar lo que estuviera haciendo, sin importar lo ocupado que estuviera, sin importar qué tan importante fuera lo que estuviera haciendo, en el momento en que llegaba el reporte anual con el correo, yo detenía todo. Me iba con él y pasaba dos días completos analizando todas las cifras y comparando los resultados de mi iglesia con los de todos los demás.

¿En qué lugar *estoy* clasificado?

¿Cómo *voy*?

¿Qué *estoy* haciendo bien?

¿Dónde *necesito* mejorar?

¿Qué tanto *me* destaco?

¿Qué puedo hacer para *destacarme* más?

Estaba obsesionado con encontrar dónde me encontraba

en comparación con las otras iglesias. Estaba completamente consumido por descubrir cómo podía subir y seguir subiendo la escalera mientras llevaba a nuestra iglesia al siguiente nivel. No me detuve hasta que tuviera dilucidado cada escenario posible para mi avance personal.

¿Recuerda cómo le dije que cuando estaba en Hillham, tenía la inclinación de acaparar buenas ideas? Bueno, ese deseo se volvió más fuerte. Y cedí a él. Aproveché toda buena idea para incrementar el tamaño de mi organización, y no quería compartir mis secretos con nadie más.

¿Por qué hice todo esto? Porque quería ganar. Quería ser el primero, y parecía como si pudiera ser el primero. Tenía la visión. Tenía la energía. Tenía la habilidad de atraer a las personas hacia mí mismo y mi causa. Tenía la ética de trabajo. Cuando usted tiene el potencial de ganar, de ser el mejor, ¿cómo responde? ¿Lo busca? ¡Yo lo hice!

No obstante, había un problema. Quizá ya haya deducido cuál era. Todo se trataba de mí. Todas mis metas y mi deseo por alcanzarlas estaban completamente centradas en mí mismo. No estaba haciendo nada mal intencionalmente, pero mi búsqueda de éxito manchaba mis motivos. Yo estaba haciendo las cosas más por mí que por los demás. Veía las cifras como evidencia de mi éxito como líder. No me importaban las demás iglesias. No tomé en cuenta que era parte de un equipo mayor: la denominación. La única iglesia que quería ayudar era la mía. Y el único líder al que quería ganar era a mí. Había sido el más alto anotador para el equipo de baloncesto de mi escuela media-superior, y quería nuevamente ser el más alto anotador.

Aunque no creo que haya nada malo inherentemente con lograr metas, graficar el avance o conectarse con la competitividad natural, creo que está mal ser egocéntrico, y eso es lo que yo era.

Cambiar del éxito a la trascendencia

Al ver hacia atrás ahora, puedo ver que la trascendencia estaba empezando a estar a mi alcance, pero en lugar de ello estaba prefiriendo el éxito. En ese entonces no entendía que no podía tener una vida relevante si todo se trataba de mí y de lo que había logrado. Realmente no entendía que la trascendencia se trata de lo que podemos hacer por los demás. ¿Está viendo el panorama?

El editor Malcolm Forbes dijo: "La gente que más importa está consciente de que todos los demás también importan". Piense en esto: El egocentrismo se encuentra en la raíz de virtualmente todos los problemas; tanto personal como globalmente. Y sea que lo admitamos o no, es un problema que todos tenemos.

El egocentrismo se encuentra en la raíz de virtualmente todos los problemas; tanto personal como globalmente. Y sea que lo admitamos o no, es un problema que todos tenemos.

Si se siente tentado a creer que este no es un problema para usted, déjeme hacerle una pregunta. Cuando ve una fotografía de grupo en la que usted aparece, ¿a quién busca primero? Se busca a sí mismo. Igual yo. Todos nos buscamos a nosotros mismos antes de a los demás. Si nuestra imagen se ve bien decimos: "Qué buena fotografía", sin importar quién más podría tener los ojos cerrados, la boca abierta o este volteado. Nuestra opinión se basa en lo bien que nos vemos.

Entonces, ¿cuál es el problema con ser un poco egocéntrico? Desde mi punto de vista hay muchos. Las personas egocéntricas no generan comunidades que perduren. Creer egoístamente que no somos guardas de nuestros hermanos no es sostenible. Si queremos lograr la trascendencia, entonces necesitamos volvernos intencionales con respecto a ir más allá de nosotros mismos y poner a otras personas primero. Eso quizá no nos detenga completamente de ser egocéntricos o de pensar primero en nosotros mismos, pero nos ayudará a ponerle freno a nuestro egocentrismo. Nos ayudará a cambiar nuestra mentalidad. Mi observación ha sido que las personas de trascendencia valoran a la gente y que pueden ver la trascendencia potencial en cada persona.

Ahora veo en retrospectiva y me doy cuenta de que cuando era un joven líder viví una vida bastante centrada en mí mismo. Tenía una actitud de "yo primero" que se mostraba en muchas áreas de mi vida. Mi competitividad con frecuencia no tenía freno y mi deseo por ganar a menudo nublaba mi juicio. Lo que abrió mis ojos a esto fue una conversación que tuve con Margaret en los primeros años de nuestro matrimonio. En esos días, cada vez que Margaret y yo disentíamos yo utilizaba cada habilidad que tenía para ganar la discusión. No solo ocasionalmente, sino todas las veces. No importaba si el problema era grande o pequeño, filosófico o práctico, personal u organizacional. Cada vez era una defensa hombre a hombre en toda la cancha. ¡Y ganaba!

¿Alguna vez ha estado en una situación en la que perdió ganando? Durante mucho tiempo, Margaret simplemente lo soportó. Pero un día mientras celebraba otra victoria, Margaret dijo simplemente: "John, estás ganando las discusiones, pero estás perdiendo mi amor".

¡Qué! A través de ganar, de hecho estaba dañando mi matrimonio, lastimando a la persona que más amaba. De pronto caí en cuenta en que de seguir por ese mismo camino, tenía el potencial de perder a Margaret, el amor de mi vida y el mejor regalo que Dios me ha dado.

Ese fue un clarín de advertencia. Abrí mis ojos, posiblemente por la primera vez, a lo egoísta y egocéntrico que era. Creo que el matrimonio tiene la manera de hacernos eso. Si usted está casado, es posible que esté de acuerdo. A cualquier costo, ese fue el principio del cambio para mí. Desearía poder decir que instantáneamente dejé de ser egocéntrico y que nunca volví a lastimar los sentimientos de Margaret de nuevo, pero eso no sería cierto. No obstante, puedo decir que comenzó una travesía de cambio. Cada vez que sentía el deseo de poner ganar por delante de mi relación con Margaret, era *intencional* en ponerla a ella primero.

Eso abrió una puerta para mí, y en poco tiempo, comencé a

ver mi egocentrismo en otras áreas. Así que comencé a trabajar en ellas, también. Mi actitud mejorada comenzó a difundirse a esas otras áreas de mi vida. Como líder, comencé a pensar más en los demás, en lo que querían y necesitaban. Era la lección de Zig Ziglar una vez más. Interésese en los demás y ayúdelos a obtener lo que quieren. Hágalo, no solamente porque quieren que los ayude, sino porque es la mejor manera de marcar una diferencia en el mundo.

Honestamente ni siquiera había notado la gran diferencia que esto estaba haciendo en mi vida hasta un año en el que llegó el reporte anual por correo. En lugar de dejar todo y pasar dos días haciendo gráficas de mi avance, puse el reporte a un lado y pensé: *Lo voy a ver cuando tenga tiempo.* No fue sino hasta después que caí en cuenta de la trascendencia de ese acto. Había crecido. Todavía poseía una alta intensidad. Todavía tenía curiosidad por saber en qué lugar estaba. Pero ya no me consumía. ¿Por qué? Porque ayudar a otros y dirigirlos se había vuelto más importante. Mi enfoque había comenzado a cambiar. Estaba comenzando a preocuparme por cómo ayudar a los demás a mejorar más que en cómo mejorar mi posición personal.

Conéctese con la trascendencia

¿Qué lo impulsa cuando se levanta en la mañana? La mayoría de la gente se conforma con una de tres áreas: supervivencia, éxito o trascendencia. Si usted es como mucha gente, es probable que esté batallando con solo mantener la cabeza fuera del agua. Se encuentra en modo de supervivencia. Ya sea a causa de sus circunstancias, reveses o malas decisiones, usted tiene que poner una cantidad tremenda de esfuerzo simplemente para pasarla de un día al otro.

Si usted está trabajando duro para hacer la vida mejor para usted y su familia, entonces le aplaudo. Continúe trabajando. Pero una vez que haya llegado a un lugar de estabilidad, ¿entonces qué? ¿Por qué va a vivir? ¿Se va a servir a sí mismo o a los demás?

¿Pondrá toda su energía en el éxito tratando de ir más lejos que los demás? ¿O trabajará hacia la trascendencia? ¿Tratará de marcar una diferencia al ayudar a otros a avanzar?

Mucho de mi carrera como orador y escritor se ha enfocado en ayudar a la gente que ya ha logrado cierto nivel de éxito a encontrar verdadero significado en su vida. Para algunos esa es una transición relativamente suave. Para otros no. Muchas personas con las que me relaciono han llegado a un lugar en el que han alcanzado algunas de sus metas financieras "o las han superado" lo cual ellos pensaban que les traería cierto tipo de realización. Iniciaron su viaje pensando: Si obtengo más, seré más feliz. Pensaban que les traería satisfacción y plenitud. Pero descubrieron que todavía no estaban satisfechos. Y en algunos casos, de hecho se sentían menos plenos que cuando comenzaron su viaje. Su vida se siente hueca.

Muchas personas vinculan su trascendencia con su posición social, su puesto, su valor neto o su saldo bancario, el coche que conducen, su prestigiosa dirección, el hombre o mujer que los acompaña o algún otro símbolo de estatus. Su mentalidad es: "Si hago lo suficiente y tengo lo suficiente, aunque sea egocéntrico, me traerá realización". El problema es que el egocentrismo y la plenitud no pueden coexistir pacíficamente. Son incompatibles.

El problema es que el egocentrismo y la plenitud no pueden coexistir pacíficamente. Son incompatibles.

Algunas veces las personas que batallan con este tema no tienen la certeza de qué hacer. Con frecuencia abrazan la idea de hacer un cambio de carrera en sus cuarentas o cincuentas. Cuando encuentro a alguien en esta situación le pregunto: "¿Realmente quiere cambiar de carrera o quiere cambiar a una vida relevante?". El problema generalmente no es el trabajo o la carrera. Cuando la gente es egocéntrica, puede hacer cambios externos y no va a ser más feliz en su siguiente carrera. Sin importar adónde vayan, allí están.

En lugar de ello, necesitan cambiar a la trascendencia a través de poner a la gente primero. Su pensamiento necesita cambiar de: *¿Y yo qué gano?* A: *¿Qué puedo hacer por los demás?* Hasta que no suceda ese cambio, la felicidad, la realización y la trascendencia siempre estarán lejos de su alcance.

Las personas necesitan haberse encontrado a sí mismas, haber logrado algo y haberse hecho valiosas antes de tener algo que dar a los demás.

Eso no quiere decir que el éxito sea malo. La realidad es que las personas deben lograr cierta cantidad de éxito antes de estar listas para la trascendencia. Necesitan haberse encontrado a sí mismas, haber logrado algo y haberse hecho valiosas antes de tener algo que dar a los demás.

Vi esto en mi hermano, Larry. Para el momento en que cumplió cuarenta años, ya había ganado tanto dinero que no iba a tener que trabajar otro día de su vida. Una vez me dijo que su tentación era dejar de trabajar, pero él sabía que eso no lo haría feliz. "Así que ahora trabajo por otra razón "me dijo". No trabajo por otra casa. No trabajo por más dinero. Todo el trabajo que haga ahora me va a permitir regalar dinero. Ahora trabajo por una gran causa: trabajo para ayudar a otras personas".

Hay una lección importante aquí. Larry entendió que no debería dejar la zona en la que era talentoso para ir más allá de sí mismo. No tenía que dejar aquello en lo que era mejor—que era hacer dinero—, para que pudiera hacer algo más que no le favoreciera—como convertirse en misionero—. Siguió usando sus talentos para un mejor propósito. Su dinero trabajaría por él y se convertiría en un río de influencia para impactar positivamente a otras personas. Esa es una vida verdaderamente intencional y verdadera trascendencia. Él está viviendo una vida relevante.

Haga el cambio

Al igual que Larry, para buscar una vida relevante, tuve que aprender a ir más allá de mí mismo y pensar primero en los demás. Pero no traté de salirme de mi zona de fuerza. Me mantuve en ella. Seguí comunicando. Seguí dirigiendo una iglesia. Seguí uniendo a la gente para un propósito mayor. Seguí construyendo. La diferencia principal era que ya no lo estaba haciendo egocéntrica y egoístamente. Quizá nadie más podía notar la diferencia, ¡pero yo sí! Mis motivos habían cambiado.

Para mí, el proceso de cambiar fue lento y lució parecido a esto:

> *Quiero ganar.*
>
> *Pero con demasiada frecuencia soy egocéntrico.*
>
> *Mi inclinación hacia la competitividad y el egoísmo ha sido una de las razones por las que he sido exitoso. Y mi éxito me ha dado influencia y privilegios. Disfruto ambos inmensamente.*
>
> *Pero mi éxito no me permite tener opciones. ¿Voy por más éxito? ¿O intento ir por la trascendencia?*
>
> *Estoy en una encrucijada.*
>
> *Quiero usar mis opciones para añadirme más valor.*
>
> *Pero también quiero utilizar mis opciones para añadirle valor a los demás.*
>
> *¿Qué quiero que mi vida represente? ¿Qué quiero que signifique?*
>
> *Voy a escoger ayudar a otros.*

La primera vez que escogí pensar primero en los demás fue difícil. Pero cada vez que tomaba la decisión correcta, se volvía un poco más fácil. El egocentrismo seguía allí, pero vencerlo se volvía cada vez más natural. Y a medida que me volvía más intencional con respecto a poner primero a los demás en mi vida, mi necesidad de probar mi valía a los demás se volvió menos importante. Comencé a enfocarme en poner a los demás primero; no en llegar primero. Tenía más cosas apremiantes impulsándome y satisfaciéndome que llegaban más allá de mí.

¿Está listo para comenzar a poner a los demás primero, no solo ocasionalmente, sino como un estilo de vida? No es un cambio fácil de pensar en usted mismo primero a pensar en los demás primero. Pero es esencial para cualquiera que quiera hacer la transición del éxito a la trascendencia y vivir una vida relevante. Comencé el cambio en mis veintes, pero me tomó hasta los treintas realmente dominarlo.

Espero que no haya esperado tanto tiempo como yo para servir a los demás. Pero aun y cuando lo haya hecho, no tiene que esperar un día más para cambiar. Es posible que le tome un tiempo resolver sus dificultades, así como a mí, pero usted puede comenzar el proceso hoy.

O quizá se encuentre adelante de dónde yo estaba. Probablemente no sea tan competitivo o egoísta como yo. Puede ser que sea más parecido a la hija de seis años de un amigo mío. La madre y la hija se fueron en un viaje a México para servir con Homes of Hope, una organización que construye casas para familias en necesidad. Mientras estaban allá, el grupo del que eran parte tomó un descanso para comer. Para sorpresa de mi amiga, su hija le preguntó si podía orar antes de comer.

Esa es una petición extraordinariamente confiada para una niña de seis años en un ambiente adulto. Lo que es todavía más extraordinario es que la niña nunca había hecho una oración en voz alta antes. Pero estaba siendo tan conmovida por la experiencia que estaba teniendo al servir a otros que se sintió impulsada a preguntar.

—"Sí" dijo su mamá, "puedes orar, pero no se puede tratar de ti".

La niña dijo: "Querido Dios. Gracias por este día tan excelente. Estamos bendecidos por estar juntos con esta familia aquí en México y por darles una nueva casa dónde vivir. Esperamos que estén muy contentos en su nueva casa. Ah, y amo a mi mamá. Amén". Esta extraordinaria niña ya estaba recibiendo la visión de poner a los demás primero y servirlos.

Cuando pueda cambiar su pensamiento de: "¿Y yo que voy a ganar?" a: "¿Qué voy a dar?", su vida entera comienza a girar.

La trascendencia siempre se trata de los *demás* y servirlos intencionalmente. Cuando pueda cambiar su pensamiento de: "¿Y yo que voy a ganar?" a: "¿Qué voy a dar?", su vida entera comienza a girar. Y la gratificación y el placer que recibe se vuelven profundos y perdurables.

Si encuentra difícil escoger entre hacer lo que usted quiere para sí mismo y lo que debería hacer por los demás, no se desaliente. El proceso lleva tiempo. Considérelo como una verdadera pelea de lucha libre. La mayoría de los luchadores ganadores no terminan sus encuentros instantáneamente. No ponen a sus oponentes contra la lona de inmediato. Tienen que trabajar en ello, y finalmente, su oponente palmea la lona o se rinde. Y luego el encuentro termina.

Mientras lucha con sus "quiero", no tiene que rendirlos rápidamente. Asegúrese de que lo que rinda, lo rinda por las razones correctas y porque lo ha pensado bien. De otro modo verá hacia atrás y se lamentará; o todavía peor, volverá y tratará de recuperarlos. Es difícil avanzar con confianza si está mirando hacia atrás.

Cómo comenzar a pensar primero en los demás

Si quiere ayuda para ver más allá de sí mismo, de modo que comience a pensar primero en los demás, quiero darle un consejo práctico sobre cómo hacerlo. Pero antes de hacerlo, quiero ser abierto con respecto a lo que marcó la diferencia para mí. Fue mi fe, así que si eso le ofende, simplemente sáltese esto y continúe leyendo en mi primer punto.

Al ser una persona de fe, ver la vida de Jesús fue lo que me inspiró para poner a los demás primero. En una ocasión les preguntó a sus discípulos que estaban discutiendo por puestos y nombramientos: "¿Cuál es mayor, el que se sienta a la mesa, o el que sirve? ¿No es el que se sienta a la mesa? Mas yo estoy entre vosotros como el que sirve".[13] Jesús siempre valoraba a los demás y los ponía a ellos y a sus necesidades primero.

Poner a los demás primero se encuentra en el corazón de mi fe cristiana. Habiendo dicho el padrenuestro más veces de las que puedo contar, me he dado cuenta de que la oración está sumamente centrada en la comunidad. Me tomó años comprender que cuando decía el Padre Nuestro no se trataba de mí. El énfasis está en *nosotros*. Sí, cuando decimos el Padre Nuestro estamos orando por nosotros mismos. Pero también estamos orando por otros. Es una oración bastante incluyente. Es una oración que promueve una vida relevante, que lleva a la trascendencia. Si usted ha hecho la oración, piense en cómo empieza. Dice "Padre nuestro", y dice: "Danos", no: "Dame".

Hace unos años leí este poema de Charles Royden:

No puedes orar el Padre Nuestro y decir una sola vez "yo".
No puedes orar el Padre Nuestro y decir alguna vez "mi".
Ni puedes orar el Padre Nuestro y no orar por otro.
¡Porque al pedir el pan "nuestro" de cada día, usted incluye a su hermana y a su hermano!
Todos los hijos de Dios están incluidos en todas y cada una de las peticiones.
Desde el inicio hasta el final, nunca dice "mí" una sola vez. [14]

Si usted es una persona de fe, esto también podría hablarle. Pero no necesita ser una persona de fe para comenzar a poner a los demás primero. No importa lo que crea, usted probablemente siente que poner a los demás es lo correcto, ¿no es así? Si usted quiere ayuda para tomar pasos que lo alejen del egocentrismo hacia la trascendencia, entonces trate de hacer lo siguiente:

1. Desarrolle un mayor aprecio por otras personas

Recientemente hablé en un congreso para ATB Financial en Edmonton, Canadá. Sus trescientos líderes principales se habían reunido para un día de capacitación en liderazgo y yo era el orador principal. Tenían una pancarta fija a lo largo de la plataforma que decía: "Por qué lideramos: ¡Para sacar lo mejor de los demás con resultados extraordinarios!". Me encantó.

Durante el congreso, Lorne Rubis, el director de recursos humanos de la organización, instruyó a los asistentes a hacerse esta pregunta: "¿Quién saca lo mejor de mí?". Junto con los demás, tomé su consejo. Durante los siguientes treinta minutos reflexioné y escribí los nombres de las personas que le han añadido valor continuamente a mi vida. Cada vez que añadía otro nombre a esta lista de gratitud, sonreía y recordaba algo que cada persona había dicho o hecho por mí que le añadió valor a mi vida. Esta es la lista que hice:

Mi papá me mostró cómo vivir y liderar.

Mi mamá me hizo sentir amado cada día de mi vida.

Margaret es mi mejor amiga quien me da gran alegría.

Elmer Towns encendió en mí el sueño de construir una gran iglesia.

John Wooden me alentó a hacer de cada día mi obra maestra.

Andy Stanley me enseñó a hacer por uno lo que desearía hacer por otros.

Mark Cole me sirve todos los días con una mente brillante y un corazón dispuesto.

Les Parrott me alentó a escribir libros y a extender mi influencia.

El entrenador Neff me ayudó a jugar en mi punto óptimo.

Paul Martinelli y Scott Fay me dieron la oportunidad de dar a luz el Equipo John Maxwell.

Larry Maxwell me ayudó a comenzar en los negocios.

Tom Phillippe ha sido un amigo confiable durante cuarenta años.

David Hoyt llevó mi carrera como orador a un nivel más alto.

Gerald Brooks me dio el primer donativo para EQUIP.

Zig Ziglar me animó a poner a las demás personas primero.

Chris Hodges consistente y continuamente le añade valor a EQUIP y a mí.

Charlie Wetzel ha estado conmigo durante veinte años ayudándome a escribir libros.

Robert Morris es ejemplo de un estilo de vida generoso para mí.

Tom Mullins me dio el impulso de liderazgo que necesitaba para EQUIP.

Kevin Myers desarrolló el Centro de Liderazgo John Maxwell.

Estas son solamente algunas de las personas con las que estoy agradecido. Mi lista podría ser interminable. No hay una semana que pase que no actúe sobre algo que me haya sido dado por estas personas. Una de mis mayores motivaciones para añadirle valor a los demás es hacer por otros lo que muchos han hecho por mí.

Hacer una lista como esa me recuerda que no soy un hombre que se haya hecho a sí mismo. Ninguno de nosotros podemos *realmente* decir que hemos hecho alguna cosa solos, ¿o sí? Necesitamos a los demás. Y deberíamos valorarlos.

¿Quién saca lo mejor de usted? ¿Con quién está agradecido? ¿Alguna vez ha hecho una lista de las personas que aprecia? Si no, tómese el tiempo de elaborar una lista como la anterior. Una vez que lo haga, será difícil para usted olvidar a todas las personas que lo han ayudado a llegar donde está hoy, porque vive *con* usted y *dentro* de usted. Vive *con* usted por las cosas que la gente ha hecho con usted. Vive *con* usted gracias a la manera en que lo sostiene. Y puede inspirarlo a salir de sí mismo y a poner a los demás primero, así como otros con frecuencia lo han puesto a *usted* primero.

2. Pida escuchar las historias de otras personas

En el capítulo uno hablé acerca de la importancia de las historias y lo alenté a reconocer que su vida puede ser una gran historia de trascendencia. Espero que comparta esa creencia, y espero que lo motive personalmente. ¿Pero lo motiva a conectarse con los demás y conocer sus historias?

Debería, porque todos con los que se encuentra tienen una historia. Fácilmente podemos perder de vista esto mientras vamos por allí con nuestros días ajetreados queriendo lograr que se hagan las cosas. Así que, ¿cómo lo contrarrestamos? A través de pedirle a la gente que nos cuente sus historias. Tenemos que desacelerar y quitar la atención de nosotros mismos para hacer eso.

¿Conoce las historias de las personas en su vida? ¿Sabe de dónde vienen? ¿Está familiarizado con sus luchas y sus momentos definitorios? ¿Conoce sus esperanzas y sus sueños? ¿Les ha preguntado a qué aspiran y qué los motiva?

Se dice que Fred Rogers de *Mr. Rogers' Neighborhood* [El vecindario del Sr. Rogers], mantenía esta cita en su cartera: "No hay nadie a quien no puedas aprender a amar una vez que hayas escuchado su historia". ¿No cree que eso es cierto? Yo sí. Es difícil permanecer centrado en uno mismo cuando su enfoque está en otros. Escuchar las historias de las personas es una manera excelente para salir de sí mismo. No solamente sus historias lo inspirarán a ayudarlos, sino que también le mostrarán *maneras* en que puede ayudarlos.

> **"No hay nadie a quien no puedas aprender a amar una vez que hayas escuchado su historia".**
> ***—Fred Rogers***

3. Póngase en los zapatos de otras personas

Leí una maravillosa historia en las noticias acerca de una pareja que estaba en un restaurante de Iowa celebrando su aniversario. Pero no experimentaron la noche romántica que estaban esperando. Su mesero estaba sobrecargado de trabajo y el servicio era pésimo. Le tomó veinte minutos llevarles agua, cuarenta minutos para un entremés y más de una hora para que llegaran sus platos fuertes.

La gente a su alrededor estaba burlándose del restaurante y de lo malo que era el servicio. Después de echar una mirada alrededor, la pareja notó que el mesero estaba trabajando doce mesas solo. Era claro que al restaurante le faltaba personal y él estaba haciendo el mejor trabajo que podía bajo las circunstancias. A pesar del lento servicio, la pareja se dio cuenta de que el mesero permaneció positivo, agradable y accesible a lo largo de la cena. Era absolutamente encantador.

El esposo y la esposa, quienes ambos habían sido meseros unos años atrás, reconocieron que el mesero estaba destinado a fracasar, y estaba haciendo su mejor esfuerzo a pesar de eso. Así que le dejaron una propina de $100 dólares por una cuenta de $66, junto con una nota que simplemente decía: "Hemos estado en sus zapatos [...] estamos haciendo lo que hicieron alguna vez con nosotros, haga lo mismo después usted".

Como esta pareja había hecho un trabajo similar al del mesero, les fue relativamente fácil ponerse en sus zapatos. Pero usted no necesita haber hecho el trabajo de alguien para comprender qué está pasando en ese momento. Solamente necesita hacer el esfuerzo de ver desde el punto de vista de esa persona.

¿Con cuánta frecuencia se pone usted intencionalmente en los zapatos de otras personas? ¿Continuamente trata de ver el mundo desde el punto de vista de los demás? Se sorprenderá por lo que puede hacer por su perspectiva y su actitud.

4. Coloque los intereses de otras personas en los primeros lugares de su lista de prioridades

Si llega a conocer gente, aprécielos por quiénes son, conozca sus historias, y póngase en sus zapatos, luego comenzará a entender cuáles son sus intereses. ¿Qué va a hacer con esa información? ¿La va a almacenar para aprovecharla algún día? ¿O la va a poner en la parte frontal de sus pensamientos todos los días y la usará para servirlos?

Cuando nos despertamos todos los días, tenemos una de dos mentalidades. A medida que usted comienza su día, ¿se pregunta qué va a *cosechar*, o se está preguntando qué va a *sembrar*? ¿Está esperando que otros hagan algo *por usted*, o está ocupado buscando algo qué hacer *por otros*? La gente que va más allá de sí mismos y marca una diferencia está buscando maneras de *sembrar*. Ponen los intereses de otras personas en los primeros lugares de su lista de prioridades todos los días.

> **A medida que usted comienza su día, ¿se pregunta qué va a *cosechar*, o se está preguntando qué va a *sembrar*?**

5. Hacer de ganar una actividad grupal

Cuando comencé mi carrera, pensé que la vida era un "sprint" individual de cien metros planos. Pero la vida realmente es más parecida a una carrera de relevos. Aunque ganar una carrera individual se puede sentir excelente, cruzar la meta final con su equipo es mejor. No solamente es más divertido, sino también más trascendente.

John Wooden, quien fue mi mentor durante muchos años, dijo: "El egocentrismo es el mayor desafío para un entrenador. La mayoría de los jugadores están más preocupados con hacerse ver mejor que el equipo". ¿El resultado? Pocas veces los mejores jugadores hacen el mejor equipo. Wooden describió a un jugador generoso como el que "muestra una disposición a perderse a sí mismo dentro del grupo por la meta del equipo". Eso no solamente describe a un buen miembro del equipo, sino que también describe a una persona intencional que vive una vida relevante a través de marcar una diferencia.

Cambie usted antes de esperar el cambio en otros

Antes de que dejemos el tema de salirse de usted mismo y de poner a los demás primero, siento que debería advertirle de la trampa potencial que va a enfrentar a medida que hace este cambio: el deseo de cambiar a la gente.

Cuando primero comencé en mi carrera, pensé que ayudar a la gente quería decir tratar de cambiarlos. Así que hice de ello mi meta. Quería enseñar mensajes que pudieran llevar a la gente a un lugar más alto en su vida. Daba muchos consejos. Era joven e idealista. No llegaba a comprender que la gente no cambia porque usted quiere que cambie. Cambia porque quiere, y eso sucede solamente cuando está lista para hacerlo.

Si queremos ayudar a otros, entonces debemos primero ayudarnos a nosotros mismos. Si queremos cambiar al mundo, entonces debemos cambiar. Las personas no pueden ser agentes de cambio a menos que hayan pasado por un cambio positivo ellos mismos. Aprendí que tenía que viajar por dentro antes de viajar por fuera. En otras palabras, tenía que hacer algunos cambios en mí mismo antes de poder esperar efectuar un cambio en los demás. No podía dar lo que no tenía. Si quería ver a otros transformados, tenía que ser transformado. Tenía que hacer el trabajo duro yo mismo.

Esto finalmente contribuyó a mi cambio de maestro a líder. Me di cuenta de que si cambiaba, y luego ponía las necesidades de otros antes de las mías y me preocupaba más por sus deseos que por los míos, podría producir un impacto. Podía hablar como un amigo, como uno que hubiera estado en las trincheras, que hubiera estado donde ellos están.

También es una de las razones por las que cuando hablo hoy uso muchas ilustraciones personales. Sé que es la manera más eficaz de conectarme con la gente. Toda mi convicción y mi confianza proviene de hablar acerca de las cosas que me han sucedido. Cuando hablo acerca de mis experiencias, las personas relacionan las mías con la manera en que sus propias experiencias los han afectado.

El poder de la transformación personal para ayudar a otros se puede ver en Global Teen Challenge, una organización que ayuda a los jóvenes a dejar las drogas. Yo sirvo en su junta de consejo, y cuando escucho las historias de transformación, me sorprende y me inspira. El éxito de la organización es cercano al 70%, mientras que el de los demás que están tratando de hacer lo mismo se acerca a 18%.

Curioso por la impresionante diferencia, le pregunte al presidente de Global Teen Challenge acerca de ello en una de nuestras reuniones. Me respondió: "Casi todas las personas que dan las enseñanzas en Global Teen Challenge son exdrogadictos. No traemos a personas que hayan estudiado el problema de las drogas. No traemos educadores que le hablen a la gente. Hay un cambio tremendo que sucede en la vida de alguien cuando la persona que está tratando de ayudarlos a salir del agujero tuvo que salir del agujero ella misma".

Hay una cantidad de motivación sorprendente, esperanza y credibilidad cuando alguien ha estado allí, lo ha hecho y ha podido tener éxito. Si la persona que le está diciendo cómo dejar las drogas no ha pasado por la experiencia no existe un terreno común ni credibilidad. Si han estado en las drogas, y dejaron el hábito, están paradas en un terreno más alto y están diciendo: "Vengan conmigo a donde estoy ahora".

Recientemente conocí la historia de un hombre que pasó por un cambio dramático cuando se tomó el tiempo de salir de sí mismo y pensar en los demás en una manera que no lo había hecho antes. Descrito como uno de los financieros más poderosos y de mayor influencia en el mundo y que presuntamente estaba haciendo $100 millones de dólares al año renunció a su trabajo.[15] ¿Por qué haría eso? Por una nota que recibió de su hija.

El hombre es Mohamed El-Erian, y fue el director general de PIMCO, una firma de inversiones que administra más de $2 billones en inversiones. Un día El-Erian le pidió a su hija que hiciera una tarea, y ella no la comenzó a hacer de inmediato. Cuando la llamó para revisar su avance, ella fue a su habitación y le trajo una lista que ella tenía preparada con todos los eventos que habían sido importantes para ella a los que su papá no había podido asistir. Incluía su primer día de clases, su primer partido de fútbol de la temporada, una reunión entre padres y maestros y un desfile de Halloween; veintidós eventos en total. "Y el ciclo escolar todavía no terminaba", dice El-Erian.

Posiblemente por primera vez en la vida, estaba viendo las cosas desde el punto de vista de su hija. Dejó una impresión increíble en él. Se levantaba cada mañana antes del amanecer y trabajaba hasta tarde. Y viajaba extensamente. Pasaba muy poco tiempo con su hija. Así que tomo una decisión crucial. Pondría a su hija primero. En enero de 2014 le dijo a PIMCO que dejaría la empresa en marzo.

Después de que El-Erian hizo la transición, lo describe de esta manera:

> A principios de este año dejé atrás el privilegio y la estimulación intelectual de trabajar con colegas y amigos extremadamente talentosos en PIMCO y en lugar de ello opté por un portafolio de trabajos parciales que requirieran muchos menos viajes y que ofrecen una tonelada de mayor flexibilidad; suficiente, espero, para permitirme experimentar con mi hija esos pequeños y grandes momentos que son parte esencial de cada día.[16]

Ahora El-Erian alterna días con su esposa, levantándose con su hija, cocinándole el desayuno y llevándola a la escuela. Creo que él entiende que si no aprovecha esta oportunidad para marcar una diferencia en la vida de su hija, no la recuperará después.

Puede ser muy difícil para muchos de nosotros ir más allá de nosotros mismos y comenzar a poner a los demás primero. Sé que ha sido difícil para mí. ¿Lo encuentra difícil también usted? Creo que entre más fuerte sea el impulso de una persona y más grande sea su personalidad, puede ser más difícil. Pero si alguien como El-Erian "un hombre con un doctorado que estudió en Cambridge y en Oxford con uno de los trabajos de más alto perfil del mundo" puede hacerlo, entonces hay esperanza para todos nosotros.

El-Erian reconoce que no todos se pueden dar el lujo de renunciar a su trabajo para pasar más tiempo en casa. Pero ese no es el cambio clave. Lo que necesita cambiar es nuestro corazón. Lo que debemos transformar son nuestras actitudes. Lo que deben ser purificados son nuestros motivos. No podemos permitir que nuestra vida se trate solamente de nosotros. Esa no es la manera de hacer algo que marque una diferencia. Si queremos escoger significado, debemos poner a otras personas primero.

Aplicación intencional: Ponga a las demás personas primero

¿Quién aparece en su lista?

Tómese un poco de tiempo para pensar en quién lo ha ayudado en su vida, y luego haga una lista de gratitud. Asegúrese de incluir por lo menos a diez personas, pero no se limite a sí mismo solamente a diez si puede pensar en más (si no puede pensar en diez, esa es una clave acerca de su actitud con respecto a los demás y una posible incapacidad de salir de sí mismo). Por cada persona cuyo nombre esté en la lista, escriba la manera en que esa persona lo haya ayudado y por qué ha sido importante para usted.

Busque claves en las historias de la gente

¿Conoce las historias de las personas en su vida? ¿No solo las historias de los familiares más cercanos, sino también de sus empleados, compañeros de trabajo, clientes, vecinos y amigos? Si no, haga su meta pedirle a por lo menos una persona que le cuente su historia esta semana y cada semana hasta que las haya escuchado todas. Escuche no solamente para conocer sus historias, sino también para descubrir sus esperanzas sus sueños y sus aspiraciones. Tome nota si es necesario para ayudarlo a recordar. Y trate de identificar maneras específicas en las que usted podría hacer de sus intereses una de sus prioridades.

Aproveche su éxito para la trascendencia

En este capítulo hablé de cómo mi hermano Larry no se alejó de hacer las cosas que lo hacían exitosos con el fin de lograr la trascendencia. En lugar de ello, cambió su enfoque a utilizar sus dones y sus talentos para beneficiar a otros.

Haga una lista de sus mayores éxitos, de sus grandes victorias con base en sus mejores habilidades, talentos y oportunidades. Quizá se le ocurran una o dos cosas, o su lista podría ser bastante extensa. Luego piense en cómo podría aprovechar ese éxito para ayudar a otros. ¿Puede usarlo como un trampolín para ayudar a la gente? ¿Podría enseñarle a otros cómo tener éxito utilizando su experiencia? ¿Le ha dado recursos u oportunidades que usted podría compartir con alguien más? Sea creativo. La trascendencia viene de utilizar lo que tiene para beneficiar a otros.

6

Añádale valor a otros desde su punto óptimo

Era el peor día de mi joven vida como pastor. Benny Harris, un miembro de la junta y líder de la congregación de Hillham me llamó en Lancaster para compartir conmigo que a mi exiglesia en Hillham no le estaba yendo bien. Seis meses después de mi partida, la asistencia había caído de trescientos a menos de cien. La voz de Benny se quebró cuando me preguntó: "¿Qué salió mal?"

No tenía respuestas para él. Me sentía vacío por no saber cómo responder.

Salí y caminé alrededor tratando de aclarar mi cabeza. Me sentía terrible. Me seguía haciendo la misma pregunta: "¿Qué salió mal?".

Cuando hice la transición de la pequeña iglesia en Hillham a la iglesia más grande en Lancaster, me sentí muy satisfecho y orgulloso de mis logros en esa primera iglesia. Mi reputación en la pequeña iglesia de Hillham era como la de Supermán, saltando edificios altos y haciendo crecer la congregación desde abajo: de tres a más de trescientos.

Había trabajado muy duro para hacer crecer la congregación. Me había preocupado por esas personas tan bien como había podido. Se había construido un hermoso nuevo edificio sobre una colina, y se estaba llenando semana tras semana antes de que me fuera. ¿Por qué se estaba vaciando lentamente después de mi partida? Mi sentido de autosatisfacción orgullosa cayó golpeando el piso rápidamente. *Me pregunté:*

¿Qué sucedió?

¿Cómo pudo derrumbarse todo tan rápido?

¿Por qué se derrumbó?

¿Quién era el culpable?

Al principio de mis veintes, tenía mucha energía, pero poca experiencia práctica. Me tomó seis meses pensar bien todas las posibilidades de lo que salió mal, hasta que me golpeó como una tonelada de ladrillos. Finalmente deduje el problema. Y cuando lo hice quedé todavía más desalentado por entenderlo.

¡El problema era yo!

¿Alguna vez ha sacudido su cerebro para resolver un problema solamente para descubrir que usted era la causa? No hay nada peor que eso. Pero allí era donde me encontraba.

Lo que sucedió fue de hecho un error común que el liderazgo novato comete. Había hecho todo el trabajo yo mismo en esa pequeña iglesia. Bueno, no solo yo. Margaret y yo hicimos todo el trabajo. Ella se encargó de los jóvenes, de las misiones, de los proyectos especiales y de la hospitalidad. Yo dirigí la iglesia, prediqué, visite gente, recluté personas nuevas, desarrollé programas y manejé problemas.

A medida que la congregación crecía, me sentía como una estrella de rock local. Mi Volkswagen Beetle corría sin parar por esos caminos polvorientos haciendo "la obra de Dios" por la comunidad. La gente estaba cautivada por mi energía sin límites, preguntándose: "¿Cómo logra hacer todo eso?". A medida que mi reputación crecía, lamentablemente, también mi cabeza. Cuando los pastores me preguntaron cómo estaba desarrollando esa pequeña iglesia rural, orgullosamente decía: "Trabajo duro". Luego les explicaba a detalle sobre la importancia de trabajar un horario más largo, transpirar la camiseta y pagar el precio si es que ellos querían construir una gran iglesia.

Yo no tenía idea. Me avergüenza ahora.

Ni una sola vez invertí en la gente. Había amado a la gente, pero nunca les añadí valor. Después de que dejé Hillham muchas personas realmente no estaban mejor que como habían estado cuando llegué allá.

No había entrenado a nadie para tomar las riendas en mi ausencia. Mientras estaba ocupado construyendo mi carrera, no incluí a otras personas a lo largo del camino. Todos a mi alrededor estaban felices de dejarme hacerlo todo. Más que eso, me *amaban* por ello. Y yo felizmente aceptaba el aplauso porque pensaba que eso era lo que debía hacer un buen líder: trabajar más duro que nadie más y aceptar las felicitaciones.

Sí que estaba equivocado. Había construido todo alrededor de *mí mismo*, así que cuando me fui se derrumbó. También fue una caída rápida. No me había dado cuenta de lo que había hecho hasta que recibí noticias de Benny. Era resultado de mi inexperiencia e ingenuidad.

Después de lamer las heridas de mi ego durante unas semanas, tuve que dilucidar como comenzar a arreglar lo que estaba roto en mí. No quería continuar cometiendo los mismos errores al avanzar. Cualquier cosa de trascendencia verdadera es perdurable. No se derrumba rápidamente una vez que ya no tiene tu atención. Eso es especialmente cierto si eres un líder. La verdadera medida del éxito es la sucesión; lo que pasa después de que te vas.

Comencé a pensar en lo que necesitaba hacer. Mi primer paso en mi recuperación era claro. Tenía que reconocer delante de mí mismo que no era indispensable. Y tenía que dejar de hacer las cosas que me hacían *sentir* indispensable. Necesitaba cambiar mi enfoque. En lugar de marcar una diferencia *para* la gente, tendría que trabajar para marcar una diferencia *con* la gente. En lugar de hacer cosas para enfatizar mi valor, podría enfocarme en hacer que otros fueran más valiosos.

El sendero me parecía claro. Comenzaría a equipar personas para que sin importar lo que me sucediera, pudieran seguir adelante y marcar una diferencia. Podía pedirles a otros que se me unieran para hacer la obra y liderar, y yo les añadiría valor a ellos.

Eso no solamente les mostraría que me preocupaba por ellos, ayudaría a desarrollarlos como individuos, mejoraría su calidad de vida y les daría nuevas habilidades que los beneficiarían a ellos, a la organización y a otros.

Aunque el cambio de marcar una diferencia *para* la gente a marcar una diferencia *con* la gente pueda sonar como un cambio sutil en el comportamiento, de hecho fue un cambio radical en mi acercamiento. Mientas arrogantemente pensara que yo era el panorama, jamás podría ver todo el panorama. Como dijo John Holmes: "Es bueno recordar que todo el universo, con una nimia excepción, está compuesto por los demás". Pero una vez que me di cuenta de que mi enfoque necesitaba estar en los demás y en añadirles valor, pude multiplicar mi efecto, afinar mi propósito y trabajar dentro de mis mejores dones.

Sea intencional para añadir valor

Si quiere ser trascendente y vivir una vida relevante, debe añadirle valor a los demás. Sé que me estoy repitiendo a mí mismo, pero tengo que repetirlo: la trascendencia y el egoísmo no van bien juntos. Usted no puede ser una persona egoísta y egocéntrica y vivir una vida relevante. Tiene que quitar el enfoque de sí mismo y ponerlo en mejorar la vida de los demás.

Si quiere ser trascendente y vivir una vida relevante, debe añadirle valor a los demás.

Lo que debe hacer para ser trascendente es ser consistente con todos. Usted debe añadir valor. *Cómo* lo haga es tan único como usted es. Comienza con conocer su *porqué.* Pero continúa con sus dones y talentos, oportunidades y recursos únicos. Mis dos mayores talentos son comunicación y liderazgo. Donde intersecan los dos es donde añado más valor. Es mi punto óptimo. ¿Por qué comunico? Para añadirle valor a la gente. ¿Por qué lidero? Para añadirle valor a la gente. Así es como marco una diferencia.

Cuando alguien se me acerca y me dice que quiere llegar a ser un líder o un comunicador, una de las primeras preguntas que le hago es ¿por qué? ¿Por qué quiere llegar a ser un líder? ¿Es porque quiere una oficina importante? ¿Es por el mejor lugar de estacionamiento o el salario más alto? ¿Es por las amenidades y el reconocimiento? ¿Por qué quiere llegar a ser un comunicador? ¿Es para que pueda estar en la plataforma y tener admiradores? Todos estos son motivos incorrectos. Si alguien quiere convertirse en un líder o un comunicador por cualquier otra razón que añadir valor está fuera de base.

Para la mayoría de las personas que no le añaden valor a los demás, sus acciones no están motivadas por el odio o incluso por el egocentrismo; suelen estar causadas por la *indiferencia*. No obstante, nadie puede ser indiferente y vivir una vida de trascendencia. Tenemos que *querer* hacer que la vida sea mejor para los demás.

Muchas personas hacen eso causalmente. Son instados por las circunstancias. Ven a una persona en problemas y se detienen a ayudar. O un amigo que necesita ayuda los llama y ellos responden. Eso es bueno. Pero hay otro nivel más alto de añadir valor que las personas de trascendencia abrazan. Es intencional. Toman la iniciativa. Es un estilo de vida.

La gente de trascendencia intencional hacen de su meta diaria añadirle valor a la gente a través de utilizar sus mejores dones, habilidades y recursos. Es parte de su *propósito*. Siempre están buscando activamente maneras de mejorar la vida de las demás personas.

Muchos de mis amigos hacen esto. La corredora de bienes raíces Dianna Kokoszka establece alertas en su teléfono dos veces al día. En la mañana, una alerta aparece con esta pregunta: "¿A quién le añadirás valor hoy?". A las 8:00 p.m. la alerta pregunta: "¿Cómo le añadiste valor a otros hoy?". Si ella siente que no le ha añadido valor a alguien ese día, no se va a dormir hasta haberlo hecho.

El emprendedor y autor, Chris Estes, envía un mensaje telefónico de aliento a cinco personas todos los días. El hombre de negocios y miembro de la junta de EQUIP, Colin Sewell, escribe notas personales todos los días. Usted no tiene que ser una superestrella o una persona que no para de trabajar para añadirle valor a las personas. Usted necesita interesarse y comenzar a hacer algo al respecto.

El novelista inglés George Eliot dijo: "Trate de interesarse en algo en este vasto mundo más allá de la gratificación de los pequeños deseos egoístas. Trate de interesarse en lo que es mejor en pensamiento y en acción; algo que sea bueno más allá de los accidentes de su propia suerte. Observe otras vidas aparte de la suya. Vea cuáles son sus problemas y cómo se generaron". Sin duda Eliot estaba procurando vivir una vida de trascendencia.

Los cinco valores esenciales para añadirle valor a los demás

¿Tiene el deseo de ayudar a otras personas y añadirles valor? Si es así, ¿es intencional y estratégico? ¿Está dispuesto a cultivar el deseo para tomar la iniciativa con más frecuencia? Si es así, hay cinco perspectivas importantes acerca de añadirle valor a los demás que le ayudarán. Me ayudaron a fortalecer mi compromiso y mi voluntad de servir a os demás, y creo que harán lo mismo por usted.

1. Para añadirle valor a los demás primero debo valorarme a mí mismo

Como padres, Margaret y yo nos dimos cuenta, cuando nuestros hijos estaban chicos, que no les podíamos enseñar todo, así que ideamos cinco principios esenciales que les queríamos pasar que los pudieran ayudar a tener éxito y sentirse bien con quienes eran. Queríamos cimentarlos en fe, responsabilidad, amor incondicional (para que supieran lo que es prosperar y florecer), gratitud y valía propia.

Incluimos valía propia porque entendimos que es imposible comportarse continuamente en una manera que es incongruente con la forma en que pensamos de nosotros mismos en el interior. La autoimagen dicta el comportamiento diario. Cómo nos veamos a nosotros mismos regula lo que hacemos consistentemente, y nuestro comportamiento regular es lo que nos define, no lo que podamos hacer en alguna ocasión extraña.

La habilidad de añadirle valor a los demás tiene que estar basada en más que solamente decir: "Valoro a la gente". Debe estar construida en el terreno sólido de creer en nosotros mismos. La única manera en que podemos ser consistentes y auténticos en valorar a los demás es ver valor en nosotros mismos.

Explico este principio en mi libro *Cómo ganarse a la gente* usando el Principio de la Lente. Dice que quiénes somos determina cómo vemos a los demás. En otras palabras, no vemos a las personas como son *ellos*; vemos a la gente como *somos* nosotros. El orador y autor, Brian Tracy, lo dijo de esta manera: "Hay una relación directa entre su propio nivel de autoestima y la salud de su personalidad. Entre más le guste como es usted mismo y se respete, más le agradará la gente y la respetará. Entre más se considere a sí mismo como una persona valiosa y digna, más considerara a los demás valiosos y dignos. Entre más se acepte usted como es, más aceptará a los demás como son".

Los observadores del comportamiento humano han aprendido que las personas con baja autoestima son siempre egocéntricas y preocupadas por sus propios pensamientos y acciones. En contraste, las personas que ayudan a los demás tienden a sentirse bien con respecto a las personas a las que ayudan y se sienten bien consigo mismas. Cuando usted le añade valor a los demás, hay un retorno instantáneo de emociones positivas que lo lleva a sentirse mejor por quién es usted. ¿No ha experimentado esos sentimientos positivos cuando ha ayudado a alguien en necesidad?

El pensamiento positivo no desarrolla su autoimagen. Los actos positivos sí. No hay nada malo con pensar positivamente, pero la manera más eficaz para pasar a vivir intencionalmente es tener pensamientos positivos que finalmente se conviertan en acciones positivas. Si lleva a cabo actos positivos, su autoestima no solamente comenzará a elevarse, usted se encontrará viviendo una vida más trascendente que sea relevante.

Cuando nuestros hijos eran chicos, Margaret y yo teníamos un proyecto navideño anual. Buscábamos una causa y nos entregábamos a ella. O buscábamos una familia en necesidad y les brindábamos una linda Navidad. Cuando terminábamos, nuestros hijos siempre querían saber cuándo podían hacer este tipo de cosa de nuevo, y comenzaban a preguntar qué íbamos a hacer el año siguiente. Invariablemente, estos esfuerzos eran siempre lo más destacado de nuestra temporada navideña. ¿Por qué? Porque éramos intencionales en añadirle valor a los demás, y la acción positiva no solamente edificaba su autoestima, sino también nos añadía valor.

Si usted solamente coloca un pequeño valor sobre sí, tenga la seguridad de que el resto del mundo no elevará ese precio. Como resultado de su baja autoestima y pobre sentido de valía propia, fracasará en marcar una diferencia positiva en la vida de otros porque usted pensará que tiene poco que ofrecer.

Usted sabe que se valora a sí mismo verdaderamente cuando cada día afirma silenciosamente que usted es el tipo de persona con la que le gustaría pasar el resto de su vida.

Si se está preguntando si se valora lo suficiente como para añadirle valor a los demás, entonces piense en esto. Usted sabe que se valora a sí mismo verdaderamente cuando cada día afirma silenciosamente que usted es el tipo de persona con la que le gustaría pasar el resto de su vida. Si no se siente en esa manera, entonces todavía tiene un poco de trabajo que hacer dentro de usted para estar en la mejor posición de ayudar a otros.

2. Para añadirle valor a los demás primero debo valorarme a mí mismo

La Madre Teresa dijo: "Una de las mayores enfermedades es ser nadie para todos". Como pastor, pasé mucho tiempo visitando a las personas en los albergues y asilos a lo largo de los años. Algo que me rompía el corazón eran las personas que veía que su familia nunca las visitaba. *¿Sabe alguien siquiera que están aquí?* Me preguntaba. *¿Le importa a alguien?*

Cuando hacia visitas semanales al hospital, con frecuencia revisaba en recepción para ver si había personas que no las hubieran ido a ver desde mi última visita. Y hacía mi mejor esfuerzo por ver a los que no habían tenido visitas. No siempre podía ir con todos, pero sí que lo intentaba.

Recientemente mientras estaba hablando en San Diego, un amigo me dio una copia de un poema que ha dado vueltas en la internet. Fue escrito originalmente en 1966 por una enfermera llamada Phyllis McCormack, quien trabajaba con pacientes geriátricos. Cuando leí las palabras me habló a causa de mi experiencia en los hospitales y asilos:

¿Qué ve enfermera, qué ve?
¿En qué piensa cuando me ve?
Una anciana cascarrabias, no muy sabia,
Renuente a seguir la rutina con la mirada perdida,
Quien deja caer de sus labios la comida y no dice nada,
Cuando usted me dice en alta voz: "Me gustaría que se esforzara".
Quien no parece notar las cosas que hace,
Y quien siempre está perdiendo una calceta o un zapato,
Quien, sin ofrecer resistencia, le permite hacer como quiera
Con el baño y la comida, para llenar todo el día.
¿Es lo que está pensando, es lo que ve?
Entonces abra los ojos, no me está viendo a mí.
Le diré quien soy mientras me quedo quieta sentada,
Mientras me muevo siguiendo su guía, mientras como a su voluntad,
Soy una pequeña niña de diez años con un padre y una madre,
Y hermanos y hermanas que se aman entre sí,
Una niña de dieciséis con alas en los pies,
Soñando que pronto encontrará a su amado;
Una novia pronto a los veinte, mi corazón da un vuelco,

Recordando los votos que cumplir prometí;
A los veinticinco ahora tengo niños propios,
Que necesitan que les construya un hogar seguro y feliz;
Una mujer de treinta, mis hijos ahora rápido crecen,
Unidos con lazos que deberán perdurar,
A los cuarenta, mis jóvenes hijos han crecido y se han ido;
Pero mi hombre a mi lado se ha quedado para que no los llore;
A los cincuenta más bebés juegan alrededor de mis rodillas;
Nuevamente tenemos niños mi amado y yo.
Días oscuros están sobre mí, ha muerto mi esposo.
Miro al futuro, tiemblo de espanto.
Porque mis hijos están todos ocupados, con sus propios hijos.
Y pienso en los años y en el amor que he conocido.
Soy una anciana ahora y la naturaleza es cruel,
Es su chanza hacer a los ancianos lucir como tontos.
El cuerpo se desmorona, la gracia y el vigor se van,
Hay una piedra donde alguna vez tuve un corazón.
Pero dentro de esta vieja osamenta, todavía mora una niña pequeña,
Y ahora y de nuevo mi golpeado corazón se inflama.
Recuerdo las alegrías, recuerdo el dolor.
Y estoy amando y viviéndolo todo de nuevo otra vez.
Pienso en los años, demasiado pocos y veloces se van,
Y acepto la cruda realidad de que nada puede perdurar.
Así que abra los ojos, enfermera, ábralos y vea,
Más que una anciana cascarrabias, mire más de cerca, míreme a mí.[17]

¿Con cuanta frecuencia vemos a las personas sin ver realmente quienes son, sin llegar a conocerlas ni valorarlas como individuos? Cada persona tiene valor, y para ser personas que vivan vidas relevantes, necesitamos valorar intencionalmente a los demás y expresar que los valoramos. No es opcional si deseamos ser trascendentes.

3. Para añadirle valor a los demás debo valorar lo que los demás han hecho por mí

Un Día de Acción de Gracias hace unos años cuando nuestros nietos eran chicos, Margaret y yo decidimos ayudarlos a montar una obra de teatro del Día de Acción de Gracias para toda la familia. Margaret estaba a cargo de los disfraces, yo era el productor y el director (¡le apuesto que esa fue una sorpresa para usted!), y los niños eran el talento. Al dirigirlos en los ensayos practicaron sus canciones y se memorizaron varias citas inspiradoras acerca del Día de Acción de Gracias. Nuestro nieto, el pequeño John, tenía cinco años en ese tiempo. Su única línea era: "Todos deberíamos tener una actitud de gratitud".

La mañana de la obra vino conmigo a practicar su línea. Seguía diciendo "gratitud" antes de "actitud". Después de algunas veces de tratar de decirlo bien, estaba aturdido y cansado. Se tiró al suelo y desde allí me miró y me dijo: "Esta cosa de la gratitud es agotadora".

Me reí de su cómico comentario, y luego de inmediato reescribí su parte para incluir su declaración con el drama de caerse. Más tarde pensé: *No se supone que la gratitud sea agotadora. ¡Se supone que debe ser vigorizante!* Pero por supuesto cuando ponemos la gratitud antes que la actitud puede ser agotador.

Si no tiene una actitud de gratitud el Día de Acción de Gracias, entonces va a ser difícil apreciar cualquier día del año. La gratitud es la motivación para hacer cosas por los demás, y una actitud positiva es lo que impulsa esa acción. La gratitud nos impulsa a querer hacer cosas buenas por los demás.

¿Alguna vez ha conocido personas que no piensan que les pasa nada bueno a ellas? Es como si caminaran con nubes oscuras sobre su cabeza, y siempre dicen cosas como: "Nunca me dan una oportunidad. Nunca tengo la ocasión. ¿Por qué nadie me escoge?". Tales personas viven vidas sumamente egoístas que los consumen a ellos mismos. ¿Cómo pueden siquiera experimentar la trascendencia?

Todos hemos escuchado la expresión: "Cuente sus bendiciones". ¿Pero alguna vez se ha detenido a preguntarse lo que significa realmente? Cuando contamos nuestras bendiciones y nos damos cuenta de lo que los demás han hecho por nosotros, nos estimula a decir: "Quiero hacer algo por alguien más". Usted tiene que contar sus bendiciones antes de poder ser una bendición.

4. Para añadirle valor a los demás debo conocer lo que los demás valoran y relacionarme con ello.

En este mundo, creo que todos tenemos *una* cosa en la que somos realmente mejores. Para mí, es la comunicación. Creo que mi fuerza en la comunicación es estar enfocado en la otra persona, no estar enfocado en mí mismo. Por eso es que siempre hago mi mejor esfuerzo por conectarme con mi audiencia.

Cuando la mayoría de los oradores terminan quieren saber cómo les fue. Se preguntan: *¿Le habré simpatizado a la audiencia? ¿Cómo me fue?* Eso no es como pienso yo. Cuando termino de hablar, solamente estoy interesado en saber una cosa. ¿Ayudé a la gente? La mejor manera y la más eficaz en la que puedo servir a otros a través de mis conferencias es si el mensaje les ayudó.

A principios de mi carrera, llegué a la conclusión de que los grandes oradores se pierden en la audiencia. Tienen solo un deseo y es conectarse con la gente. No puede conectarse con una audiencia si está sobre ella. Si usted ve a la gente hacia abajo, no va a querer levantarla. Pero esa verdad psicológica también entra en juego físicamente. Me gusta estar donde está la gente, así que siempre que es posible, me bajo de la plataforma. Dejo el escenario y camino entre la gente. Eso quita las barreras. Si usted avanza hacia la gente, ellos se acercan a usted. Si se aleja de las personas, ellos también se echan para atrás.

Si quiere impresionar a la gente, hable acerca de sus éxitos. Pero si quiere impactar a la gente, hable de sus fracasos. Contar historias que revelan mis dificultades y defectos en un estilo coloquial me ayuda a llegar a un lugar en el que me puedo comunicar con la gente en una manera que los hace sentir cómodos, sin que yo aparezca como alguien autoritario. Y es allí cuando tengo la mejor oportunidad de añadirles valor. Todo lo que hago cuando hablo es intencional. Pero estoy seguro de que eso ya no le sorprende. Porque para este momento la intencionalidad es un estilo de vida que he practicado durante muchos años.

En 2010 escribí un libro llamado *El poder de las relaciones*. En él describo prácticas para conectarse que se pueden utilizar para conectar mejor con los demás. El primer principio para conectarse es encontrar algo en común. Cuando primero conocemos a alguien hay una brecha relacional entre nosotros. No los conocemos, no nos conocen. ¿Quién será el primero en cerrar esa brecha? El que encuentre algo en común. ¿Cómo hace eso? A través de abrazar estas siete cualidades y prácticas:

- Disponibilidad: Yo escojo pasar tiempo con los demás.
- Escuchar: Voy a escuchar hasta encontrar algo en común.
- Preguntas: Me voy a interesar lo suficiente en los demás para hacer preguntas.
- Consideración: Voy a pensar en los demás y en cómo conectarme con ellos.
- Apertura: Voy a permitir personas en mi vida.
- Simpatía: Voy a interesarme en las personas.
- Humildad: Pienso menos en mí mismo para poder pensar más en los demás.

Hace años tome la decisión consciente de ser la persona que iniciara la conexión intencionalmente con otros y que encontrara algo en común. Pero algunas veces realmente tengo que pelear por ello. Algunas personas me ven como una celebridad, y piensan que soy diferente a ellos. Yo lo llamo la brecha del éxito. Puede suceder siempre que una persona es vista como exitosa o famosa. Otros creen que hay una brecha entre ese individuo y ellos mismos.

Al principio reconocí que la gente me estaba viendo en una

manera distinta cuando comenzaban a pedirme mi autógrafo o a querer sacarse una fotografía conmigo. Al principio estaba fascinado con tener admiradores. Pero pronto comencé a ver la brecha, la cual me di cuenta evitaría que le añadiera valor a la gente. Así que hago lo que puedo para mantenerme conectado con la gente y ayudarlos a darse cuenta de que solo soy una persona con defectos haciendo su mejor esfuerzo, al igual que todos los demás.

En 2013 cuando estaba hablando en Guatemala sobre el tema de los valores, el equipo de seguridad y otras personas importantes trataban de mantenerme lejos de la gente antes y después de hablar. Pero yo quería estar entre las personas que habían venido a verme hablar. Quería estrechar su mano, responder preguntas y tomarme fotografías con quien quisiera buscarme. A menos que alguien me dijera que estaba en peligro, también tenía planeado sentarme entre la multitud cuando otros estuvieran haciendo su presentación. No quería que nadie allí se quedara con la impresión de que yo pensaba que era mejor que ellos; porque no lo soy. No solamente necesitaba conectarme con la gente guatemalteca para hacer que mi viaje fuera un éxito, también *quería* conectarme con ellos. Hacer esto les añadía valor a ellos, y les mostraba lo profundamente que me preocupo por lo que ellos valoran. También me añadía valor a mí porque conocí muchas personas maravillosas. Nunca he sido el tipo de orador que está interesado en admiradores. Quiero amigos.

¿Conoce lo que los demás valoran y se relaciona con ello? ¿Sale de su camino para conectarse con los demás? No tiene que ser algo grande. Usted puede conectarse con la gente en maneras sencillas. Conozca a sus vecinos y haga algo lindo por ellos. Apréndase el nombre de su mesera y déjele una buena propina. Hable con los niños para descubrir qué es importante para ellos y luego alábelos y aliéntelos. Haga lo que pueda dondequiera que esté.

5. Para añadirle valor a los demás debo hacerme más valioso

La idea de añadirle valor a la gente depende del hecho de que usted tiene algo de valor que darles. Añadirle valor a alguien es relativamente fácil de hacer una vez. Pero, ¿y si quiere añadirle valor a los demás todos los días de su vida mientras viva? Para hacerlo, usted debe crecer continuamente y volverse más valioso. Y para añadir el mayor valor posible, usted debería tratar de mantenerse en su punto óptimo.

Cada uno de nosotros en este momento tiene una tapa sobre su potencial. La única manera de levantar esa tapa es desarrollarse y crecer intencionalmente. Al hacer esto usted realizará un maravilloso descubrimiento: usted también puede levantar las tapas de los demás. Siempre me he considerado a mí mismo un levantador de tapas; alguien que ve el mayor potencial en los demás y luego les da lo que necesitan para levantarse y volar.

Encontré que esto era cierto en Lancaster. A medida que entrenaba y capacitaba personas para hacer tareas específicas, comencé a obtener oportunidades adicionales de añadirles valor en otras maneras. Los ayudé a volverse mejores líderes. Los desafié a esforzarse por la excelencia en otras áreas de su vida. Los ayudé a mejorar las relaciones importantes de su vida. Y los apoyé a medida que luchaban por fortalecer su carácter. Cada vez que yo aprendía una nueva habilidad o peleaba una batalla personal tenía más para dar. Al mejorar yo, ayudaba a otros a mejorar también.

Al estar escribiendo estas palabras, me detuve lo suficiente como para enviarle un mensaje de texto a una empresa donde estamos entrenando a setecientos de sus líderes. Estamos ayudándolos a "levantar su tapa" para que puedan hacer lo mismo por los demás. Esto es lo que les escribí:

> Durante cuarenta años he liderado a la gente a través del programa de crecimiento que ustedes comenzarán

esta noche. Estas son las lecciones que he aprendido a lo largo de estos años.

1. **Nada de atajos.** Usted solamente se engaña a sí mismo y a todos los que está dirigiendo.
2. **En cada ejercicio utilice A-C-E.** Escriba las cosas que usted debería *Aplicar*, *Cambiar y Enseñar* a otros. Practicar lo que está aprendiendo es la única manera en que crecerá mientras está aprendiendo.
3. **Piense a largo plazo.** Esta no es una empresa de "solución rápida". Los líderes se desarrollan a diario, no en un día.
4. **Piense más allá de sí mismo.** Su meta es mejorar para que pueda ayudar a su equipo a mejorar. Si usted quiere sumar, hágalo usted mismo. Si quiere multiplicar, lleve a otros con usted.
5. **Diviértase.** Yo defino el crecimiento como felicidad. ¡Mi equipo promete darles lo que necesiten para ayudarlos a convertirse en lo que quieren ser! Estamos 100% con ustedes. Sin excusas. ¡Juntos podemos marcar una diferencia! Esta es su oportunidad de hacer algo que será una fuerte inspiración para miles. ¡Métase en su historia! ¡Usted es la historia!

Aunque les envié esas palabras a otras personas, también se le aplican a usted. Crece usted: crecen los demás. Aprenda para usted mismo: luego páselo. ¡Levante su tapa para que pueda levantar a otros!

Conozca cómo puede añadir valor

¿Cree que añadir valor a la gente tiene un alto valor? ¿Puede ver que ser intencional con respecto a ello es clave para vivir una vida de trascendencia y tener una vida relevante? Si es así, entonces probablemente se esté preguntando *cómo* debería tratar de añadir valor. Para conocer la respuesta, hágase estar tres preguntas:

¿Qué me ha sido dado? (Ver en retrospectiva)

Me he beneficiado de muchas cosas en mi vida. Una de ellas fue ver el excelente modelo de trascendencia de mis padres. Cada día los vi ayudando a otros. También otros a lo largo del camino me alentaron en una manera extraordinaria para ayudar a la gente. Como resultado, quería venir al lado de otros y ayudarlos a ir a niveles más altos en su vida. Cada vez que fui capaz de hacer esto, estaba poniendo victorias de trascendencia bajo mi cinto. Cada victoria desarrollaba mi confianza y mi convicción; confianza de vivir una vida significativa y convicción de que otros también podían hacerlo. Entre más desarrollaba ambas, más me inspiraba en seguir haciendo la obra y en vivir una vida intencional.

¿Qué experiencias ha tenido que lo han equipado en una manera única para añadirle valor a los demás? Esas experiencias podrían ser positivas, como las mías, o podrían ser circunstancias difíciles o negativas que usted haya vencido. Conozco a personas que han tenido desórdenes alimenticios que han tenido la oportunidad de ir al lado de otros que están lidiado con el mismo problema y ayudarlos. He conocido a personas que hicieron fortunas y que usaron su dinero para construir aldeas, rescatar huérfanos y construir hospitales. Conozco personas que tienen talento natural para los negocios que han ayudado a emprendedores en ciernes en países en desarrollo.

¿De qué logros, recursos y experiencias puede tomar? ¿Qué sabiduría ha obtenido a través del crisol de la pérdida personal o la tragedia? ¿A qué puede recurrir para ayudar a otros y añadirles valor?

¿Que tengo para dar? (Ver al interior)

Todos tienen cualidades, talentos y habilidades que tienen el potencial de añadir valor a los demás. Una de las cosas que poseo es energía ilimitada. Mi vida está llena de gran pasión "incluso al final de mis sesentas" y me encanta alentar a la gente. El ánimo es algo que le doy a todos los que puedo todos los días de mi vida. Lo aprendí de mi padre. Una vez le pedí que me ayudara a saber y a entender a quién debía animar.

"Hijo "me dijo con una sonrisa", si están respirando, necesitan ser alentados".

Así que yo lo vi modelado delante de mí, pero también está profundamente dentro de mí. Yo naturalmente pongo un "diez" en la cabeza de la gente, con lo que quiero decir que los veo en su máximo. Creo que todos pueden llegar a ser alguien. Todos pueden vivir con trascendencia.

También tengo la capacidad de comunicar. He hablado mucho de esto. Y puedo liderar. Estas son cosas que hago naturalmente todos los días. No son trabajo para mí. No me mal entienda, todavía trabajo en ellas. Pero es un placer.

¿Qué hay dentro de usted que puede ayudar a hacer a los demás mejores? ¿Qué habilidades posee? ¿Qué talentos le han sido dados? ¿Qué rasgos de personalidad tiene que puedan ser usados para añadirle valor a los demás? *Lo que* usted tenga y *todo* lo que usted tenga se puede usar para ayudar a los demás si usted hace de añadirle valor a la gente su prioridad y lo hace en una manera intencional.

¿Qué puedo hacer? (Ver hacia afuera)

Todos los días puedo ser intencional en añadirle valor a la vida de las personas. Todos los días puedo ver mi agenda y preguntarme: "¿A quién puedo ayudar hoy? ¿Cómo los puedo ayudar? ¿Cuándo debo hacerlo?". Usted puede hacer lo mismo.

Ver hacia afuera con expectativa para añadirle valor a los demás influencia la manera en que verá a la gente. Solemos ver solamente aquello para lo que estamos preparados ver en los demás y en el mundo. Por eso es que dos personas pueden estar en el mismo lugar, en las mismas circunstancias, rodeados por las mismas personas y ver lo mismo completamente distinto.

No necesita darle media vuelta al mundo para añadirle valor a la gente. No necesita comenzar una organización sin fines de lucro. No necesita obtener un título de estudios avanzados. Solamente necesita mantener sus ojos abiertos y ser intencional al respecto.

En Lancaster, comencé donde estaba con las personas que tenía, enseñándoles lo que sabía. De inmediato comencé a prepararlos para que hicieran las cosas que querían hacer. Eso se volvió mi enfoque principal. Y desarrollé un proceso que todavía uso hasta el día de hoy:

Modelo—Lo hago. Antes de tratar de enseñarle a alguien más, trabajo para volverme bueno en ello para saber lo que estoy haciendo.

Soy mentor—Lo hago y usted observa. El aprendizaje comienza cuando le muestro a alguien cómo hago lo que hago. Aprendí en Lancaster a nunca trabajar solo. Sin importar la tarea que estuviera realizando, siempre trataba de llevar conmigo a alguien que quisiera aprender.

Monitoreo—Usted lo hace y yo observo. Nadie aprende cómo hacer algo bien a la primera. La gente necesitar ser entrenada. Cuando los demás llevan a cabo la tarea estoy allí para ver, los puedo ayudar a resolver problemas y mejorar.

Motivo—Usted lo hace. Siempre trato de entregar las tareas tan pronto como es posible y aliento a las personas que he entrenado. Me convierto en su más grande animador.

Multiplico—Usted lo hace y alguien más está con usted. Este es el paso final. No quiero que el ciclo de capacitación termine conmigo. Quiero que continúe. Cuando entreno a alguien a hacer algo, quiero que se volteen y entrenen a alguien más, así como yo lo hice con ellos.

¿Quién ya está en su vida a quien puede añadirle valor? ¿Qué puede hacer para ayudarlos? Hay oportunidades a su alrededor. Esa es una de las razones por las que la trascendencia está a su alcance hoy, en este momento. Todo lo que tiene que hacer es estar dispuesto a actuar. ¿Que tiene para dar? ¿A qué puede ayudar a alguien más a aprender? ¿Cómo puede hacer la vida mejor para los demás? Lo que usted tiene que dar es único. ¿Cuál es su punto óptimo? Nadie más puede dar lo que usted puede dar.

Encontrar para lo que fue creado

Hay un fotógrafo profesional de Gran Bretaña llamado Giles Duley cuya historia conocí apenas recientemente. Duley comenzó su carrera como fotógrafo tomando fotografías de músicos. Pronto añadió modelos y celebridades a su portafolio. Durante diez años viajo a lo largo de Europa y Estados Unidos tomando fotografías, y su trabajo apareció con regularidad en *GQ*, *Esquire* y *Vogue*. No obstante, aunque era altamente exitoso, sentía que estaba desperdiciando su vida. Quería hacer algo más, algo trascendente. Quería marcar una diferencia.

¿Entonces qué hizo Duley? Dejó la fotografía y tomó un puesto como cuidador a tiempo completo: alguien cuyo trabajo es cuidar de una persona con discapacidades todo el tiempo. Su cliente era un joven con autismo severo llamado Nick, a quien cuidó varios años.

Era un desafío para Duley. Nick describía su vida como si viviera en el sótano de un lugar donde había una fiesta; desde allí podía escuchar a la gente y percibir que estaban pasando bien el rato en la cocina, pero estaba atrapado en el sótano y nunca podía ir al piso superior y unirse a la fiesta.

Duley le comenzó a tomar fotografías a Nick para documentar su vida. Él realmente no planeaba hacer nada con las fotografías. Pero hubo un incidente con Nick que cambió eso. Nick solía lastimarse a sí mismo. Cuando se frustraba, se golpeaba en la cara hasta quedar moreteado, herido y sangrante. Cuando Duley trató de obtener ayuda para Nick, sus preocupaciones fueron desestimadas. No fue hasta que Duley le tomó una fotografía a la cara hecha pedazos de Nick que servicios sociales finalmente estuvo dispuesto a ayudarlo.

Fue entonces que Duley se dio cuenta de que tenía la habilidad de contar la historia de alguien más con sus fotografías. Y lo inspiró a salir y hacer exactamente eso. Comenzó a viajar de nuevo con su cámara. Se fue a Kutupalong en Bangladesh cerca de la frontera con Mianmar, donde miles de personas estaban viviendo en campamentos de refugiados y alrededor de estos. Vivió un tiempo breve con niños de la calle de Odessa, Ucrania. Fue a Sudán del Sur y a Angola.

Queda cautivado por las historias de las personas y quiere capturar y recontar esas historias utilizando fotografías. Dice que quiere contar las historias desconocidas de personas olvidadas cuyas vidas son relevantes. Un reportero del *Observer* dice que Duley se enfoca en lo universal y que su verdadero don es la empatía.[18]

Los viajes de Duley también lo llevaron a Afganistán porque quería contar la historia de lo que la guerra les hace a los soldados. Pasó semanas con una unidad estadounidense del ejército y sintió que no estaba obteniendo la historia que esperaba contar. Entonces un día cuando estaba patrullando con los soldados pisó una bomba caminera que le voló un brazo y ambas piernas. Los soldados, que eran veteranos en combate, heroicamente se las arreglaron para salvar su vida. Aunque sobrevivió lo devastó y pensó que su trabajo había terminado. Pero a medida que su recuperación avanzaba, entendió algo.

"Fui a esos lugares" dice Duley, "porque quería hacer algún tipo de cambio y la fotografía era mi herramienta. Entonces me volví consciente de que mi cuerpo era un ejemplo viviente de lo que la guerra le hace a alguien. En otras palabras, puedo usar mi propia experiencia, mi cuerpo para contar esa historia".[19]

No solamente hizo eso, sino que regresó a tomar fotografías, incluyendo Afganistán. Esta vez quería capturar la historia de cómo afectaba la guerra a los civiles, incluyendo a los que habían perdido miembros. Duley incluso desarrolló un aparato que podía colocarse en lo que quedaba de su brazo izquierdo para sostener su cámara. "A mis amigos les encanta esta idea de mí como medio hombre, media cámara", bromea Duley.[20]

La capacidad de reconstituirse de Duley y su humor son admirables, estoy seguro de que estará de acuerdo. Pero es vital no perder el detalle más importante de su historia. Está marcando una diferencia desde su punto óptimo "la fotografía" no en alguna otra manera. No abandonó su fortaleza para marcar una diferencia. Volvió a ella.

Duley explica: "Fui afortunado hace diez años cuando me senté y traté de dilucidar qué podía hacer para marcar una diferencia en este mundo. Me di cuenta de que mi fotografía era una herramienta y una manera de hacerlo. Creo que lo que es realmente la clave es que todos podemos ser... piñones en una rueda dentada de cambio. Todos podemos marcar una diferencia. Todos tienen la habilidad para usar algo para marcar una diferencia en el mundo".

Todos les podemos añadir valor a las personas. Y la mayor diferencia que podemos hacer provendrá de nuestro punto óptimo. No debemos dejar lo que hacemos mejor. Debemos quedarnos con lo mejor que tenemos para dar lo mejor y producir el mayor impacto.

Hay un pasaje en el libro *Souls on Fire* [Almas en fuego] por Elie Wiesel en el que escribe que cuando muera y se encuentre con su Creador, no se le va a preguntar por qué no se convirtió en Mesías o encontró la cura para el cáncer. Todo lo que se le va a preguntar es: "¿Por qué no se volvió usted? ¿Por qué no se convirtió en todo lo que usted es?". Para convertirse en todo lo que usted es, debe usar lo mejor que tiene para añadirle valor a las personas.

Leo Buscaglia escribió: "Escoja el camino de la vida. Escoja el camino del amor. Escoja el camino de interesarse en los demás.

Escoja el camino de la esperanza. Escoja el camino de creer en el mañana. Escoja el camino de confiar. Escoja el camino de la bondad. Depende de usted".

Cómo encontrar mi punto óptimo

Una de las mayores ironías de la vida es que si pierde su vida, la hallará. Si usted ayuda a los demás, usted se beneficia. Si se pierde a sí mismo, se encuentra a sí mismo.

Cuando comencé a liderar para el beneficio de los demás y a añadirles valor en lugar de ser egoísta, se me abrió todo un mundo distinto. Y puedo decirle el lugar exacto y el momento justo en el que sucedió.

Fue mientras estaba hablando en un rally al aire libre el 4 de julio de 1976. Yo estaba liderando una celebración de bicentenario para un grupo de unas tres mil personas. Mientras estaba hablando, experimenté un sentimiento abrumador, un llamado interno a no solo liderar a los demás, sino a entrenar líderes. Era como si Dios me hubiera susurrado en el oído. Sé que suena un poco místico, pero era tan claro como cualquier cosa que hubiera experimentado toda mi vida.

Camino a casa le describí la experiencia a Margaret y ella me preguntó: "¿Qué vas a hacer al respecto?".

Mi confianza interna de que sucedería era tan fuerte que respondí: "Nada, voy a esperar a ver cómo sucede".

A unas semanas del evento comencé a recibir llamadas de líderes pidiéndome que los entrenara en liderazgo.

Había llegado a amar el liderazgo y liderar, pero *entrenar* nuevos líderes estaba fuera de mi puente. Después de todo, yo era pastor. Mi preparación académica era en teología. Eso significaría un nuevo mundo completamente para mí. Tendría que crecer a un nuevo nivel, adquirir nuevas habilidades y planificar mi vida en una manera distinta. Sabía que tendría que reinventarme. Así que comencé.

Invertí mucho tiempo pensando en lo que los líderes necesitaban y dónde batallaban. Comencé a pensar en términos de principios y prácticas de liderazgo que les podría enseñar a otros. Comencé creando sistemas de liderazgo. Estudié diferentes tipos de comunicadores y la manera en que abordaban la capacitación de personas en diferentes escenarios. Comencé a desarrollar un nuevo estilo de comunicación que era distinta de predicar.

Puedo decirle ahora que reinventarme es algo que he tenido que hacer varias veces en mi vida al sentirme llamado a tareas mayores. Siempre es un desafío, pero uno muy agradable. Me encanta aprender y desarrollar nuevas habilidades. Pero no importa qué nueva montaña enfrente, siempre me mantengo cerca de lo que hago mejor: comunicar. Esa es mi clave en ser capaz de continuar añadiéndole valor a las personas. Me mantengo en mi zona de fortaleza al dejar mi zona de comodidad. Esta es una de las maneras en que se afina su punto óptimo.

En su libro *Geeks & Geezers* [Frikis & Abuelos], Warren Bennis escribe: "Cada líder, sin importar su edad, pasó por lo menos por una experiencia de transformación intensa". Y esta fue definitivamente la primera grande. Cuarenta años después, puedo mirar hacia atrás y decir que esa celebración bicentenaria fue verdaderamente un día cardinal en mi vida.

¿Por qué?

Cada vez que entreno líderes pienso: *Esto es para lo que fui hecho.*

Cómo identificar su punto óptimo

¿Para qué fue hecho?

Todo lo que he dicho acerca del liderazgo y de la comunicación quizá le haya hecho pensar que le estoy diciendo que debe convertirse en un líder o en un orador público. Espero que no se haya quedado con esa impresión. No le cuento mi historia para tratar de hacerlo pensar que debe ser más como yo. ¡Al contrario, usted necesita ser más como *usted*!

> **¡Usted necesita ser más como *usted*!**

¿Dónde está su punto óptimo por ayudar a los demás y añadirles valor? ¿Qué es lo que puede hacer que hará una diferencia en el mundo? ¿Qué es lo que más lo apasiona? ¿Qué puede hacer que resuene en su alma tan profundamente que cuando lo hace usted *sabe* que su vida es significativa?

Si todavía no sabe qué es, entonces siga los pasos que ya he definido en este libro para comenzar a descubrirlo:

- **Métase en su historia.** Decida que usted *puede* marcar una diferencia y convertirse en el héroe de su propia vida.
- **Vuélvase altamente intencional.** Sea determinado para hacer que cada día cuente al tomar la iniciativa en marcar una diferencia.
- **Comience en pequeño pero crea en grande.** Tome acción como Carrie Rich lo hizo con su Global Good Fund. Aproveche una pequeña oportunidad que parezca adecuada para usted.
- **Encuentre su porqué.** Escuche su corazón, conéctese con su pasión y encuentre su propósito.
- **Ponga a los demás primero.** Dese cuenta de que la trascendencia proviene de ayudar a los demás y mejorar sus vidas.
- **Añádale valor a otros desde su punto óptimo.** Comience a añadirle valor a los demás utilizando las cosas que hace bien naturalmente, y siga afinando sus esfuerzos hasta que se alineen con su punto óptimo.

Si hace esas cosas, entonces estará listo para tomar el siguiente paso importante que es comenzar a trabajar junto con otras personas que piensen semejante y que tengan valores semejantes a los suyos y que también quieran marcar una diferencia. Y ese es el tema de la siguiente sección del libro.

Aplicación intencional: Añádale valor a otros desde su punto óptimo

¿Qué tiene que ofrecer?

Examine su vida desde las perspectivas delineadas en el capítulo:

- *Vea en retrospectiva: ¿Qué me ha sido dado?* ¿Qué experiencias únicas y perspectivas resultantes puede utilizar para añadirle valor a los demás?
- *Vea el interior: ¿Qué es lo que tengo para dar?* ¿Qué talentos, fortalezas y habilidades posee que puede utilizar para añadirle valor a los demás?
- *Vea hacia afuera: ¿Qué puedo hacer?* ¿Qué puede hacer *diariamente* para añadirle valor a los demás?

Escriba sus respuestas a estas preguntas. Entonces vuélvase determinado a aprovechar lo que tiene para otros *todos los días.*

¿Para qué *cree* que fue hecho?

Otra manera de encontrar su punto óptimo para añadirle valor a los demás es prestarle atención a lo que siente. Cuando le añado valor a la gente a través de comunicarme con ellos, especialmente sobre el tema de liderazgo, toca mi interior.

¿Qué lo toca por dentro? ¿Cuándo siente que usted fue hecho para algo en particular? Si usted conoce la respuesta a esa pregunta, fantástico. No obstante, si no puede responder de inmediato, entonces necesita explorar un poco.

Tome tiempo para pensar en todos y cada uno de los momentos de su vida cuando *sintió* que estaba haciendo aquello para lo que fue creado. Escriba cada uno de esos momentos, lo que estaba haciendo, y qué exactamente sentía en su interior. Luego pase tiempo reflexionando en ellos hasta que pueda ver un patrón o de otro modo le encuentre sentido.

CON PERSONAS QUE MARQUEN UNA DIFERENCIA

7

Conéctese con personas que piensen como usted

Es un hecho que ninguna persona puede lograr la trascendencia solo. Nunca se ha hecho, ni se hará. Lo aprendí en Lancaster, pero la idea no tomó forma completa hasta que escribí acerca de ella en *Las 17 leyes incuestionables del trabajo en equipo*. Fue en ese libro que identifiqué la Ley de lo Trascendental, que establece que uno es un número demasiado pequeño para lograr la grandeza.

La gente trata de lograr grandes cosas por sí mismos principalmente por el tamaño de su ego, su nivel de inseguridad, su temperamento o simple ingenuidad. Pero no se puede hacer. Esa fue una lección dolorosa que solamente me tuvo que ser enseñada una sola vez cuando era un joven líder. Quizá quiera ser capaz de lograr cierto grado de éxito por usted mismo, aunque incluso eso es difícil. Pero es imposible vivir una vida relevante para encontrar trascendencia sin otras personas.

Cómo atraer personas a una causa

Siempre he estado completamente al tanto de que tengo el tipo de personalidad que atrae a la gente hacia mí y hacia lo que sea por lo que estoy emocionado. El autor de *Conozca sus fortalezas* le llama a esto "cortejo". Mientras estaba en Lancaster, utilicé esta habilidad pesadamente. De hecho, tan pronto me di cuenta de que necesitaba marcar una diferencia *con* las personas para lograr la trascendencia—en lugar de tratar de marcar una diferencia *para* la gente" comencé a reclutar a todos los que pudieran colaborar conmigo. De inmediato comencé a pedirles a otros que se unieran a mi equipo. Me convertí en el Tío Sam de la trascendencia. Adondequiera que iba, señalaba a todo el que veía y le decía "Te quiero a ti".

En esos días, soñaba con ser una influencia positiva en nuestro pequeño pueblo de Lancaster, Ohio. Quería construir un gran auditorio para albergar nuestra creciente congregación. Necesitaba comenzar programas sociales para ayudar a la gente en necesidad. Tenía el gran deseo de organizar congresos de liderazgo para ayudar a otros a liderar con más éxito. Mis sueños eran más grandes que yo, pero ciertamente no estaban fuera de nuestro alcance. La verdadera trascendencia siempre será mayor que la persona con el sueño. Por eso se requiere un equipo de personas trabajando juntas para lograrlo.

Comencé a compartir mi sueño con todos y cada uno para ver lo que hacía en ellos. Cada vez que hablaba, mencionaba mi sueño. Si alguien me detenía en la calle o en el centro comercial, escuchaba acerca de mi sueño. Si alguien me pasaba en un pasillo, escuchaba mi sueño. Estaba buscando personas con un corazón para marcar una diferencia y que pudieran hacer que las cosas sucedieran. Estaba desarrollando una pista de liderazgo, creyendo que la gente que podría producir resultados siempre lograría hacer el trabajo. Eso no quiere decir que yo solamente reclutaba líderes, sino que yo sentía la certeza de que si las personas hicieran que suceder cosas buenas para sí mismos, podrían hacer que sucedieran cosas positivas para los demás. Creía que si uno tiene el corazón de marcar una diferencia, siempre hay una respuesta, pero que si uno tiene un corazón indiferente, nunca hay una respuesta.

Creía que si uno tiene el corazón de marcar una diferencia, siempre hay una respuesta, pero que si uno tiene un corazón indiferente, nunca hay una respuesta.

Al difundir las noticias de lo que quería hacer y cómo quería incluir a otros, muchas personas se me unieron. Yo era apasionado, y la pasión es contagiosa. Y eso es bueno porque se requiere mucha más energía para hacer algo por otras personas que por nosotros mismos. Las buenas noticias son que durante este tiempo me estaba mudando de *mí* a *nosotros*. Pero todavía tenía mucho que aprender.

Muchas personas se subieron entusiasmados al tren Maxwell. Pensé que eso era éxito. Me tomó un par de años descubrir que las personas que se me estaban uniendo al principio solamente querían disfrutar el paseo. Les gustaba mi entusiasmo y mi energía y querían estar cerca de mí, pero no compartían la misma pasión necesariamente que yo tenía por trascendencia, por marcar una diferencia con otros. Solamente querían pasarla bien. Les faltaba la pasión para marcar una diferencia, lo cual significaba que no tenían la misma meta o propósito que yo tenía. Estábamos en el mismo tren pero querían ir en direcciones distintas.

Al principio pensé que el problema era que ellos estaban en el tren *equivocado*. En lugar de preguntar: "¿Qué podemos hacer por los demás?", se estaban preguntando: "¿Qué puede hacer por mí?". Pero entonces me amaneció: ellos no estaban en el tren equivocado. Simplemente había reclutado a las personas equivocadas para abordar el tren que yo quería tomar: el tren de la trascendencia. Debería haber revisado sus boletos. Debería haber compartido el propósito del viaje que estaba tomando antes de decir: "¡Todos abordo!".

Esto requería otro cambio en mi manera de pensar. Tenía que detener el tren proverbial y permitir que todos los que no tenían un boleto de trascendencia descendieran. Luego tenía que tener la iniciativa de salir y atraer a las personas *correctas* y comenzar el viaje de nuevo.

Así que, ¿quiénes eran las personas correctas? Eran personas que estaban marcando una diferencia en la vida de otros, no solamente personas que querían pasar el tiempo con los que estaban marcando una diferencia. Hay una gran diferencia entre los dos.

Cuando usted se rodea de personas que realmente quieren marcar una diferencia, personas que anhelan y están dispuestas a trabajar hacia la trascendencia, siempre hay una manera de marcar una diferencia, sin importar los obstáculos.

¿Cómo me iba a conectar con estas personas? Me di cuenta de que necesitaba una imagen más clara de lo que estaba tratando de lograr. Necesitaba obtener claridad para mí mismo y para mi causa. Una vez que lo hiciera, podría declarárselo a otros y ver cómo responderían.

Articular un sueño

Así que tomé los siguientes seis meses para construir cuidadosamente un enunciado que describiera lo que estaba buscando. Se convirtió en mi propia versión de "Tengo un sueño" inspirado por el discurso del gran Martin Luther King Jr. Ciertamente mi versión no era tan buena como la suya; ¿cómo podría serlo? Pero era lo mejor que la podía hacer. Me tomó *por lo menos* cincuenta borradores antes de finalmente obtener lo que sería una versión con la que pudiera vivir. Fue mi primer intento de escribir una visión que yo pensaba atraería al tipo de personas adecuado a mi mundo, personas que compartían mi pasión por marcar una diferencia para otros, y permaneció durante mucho tiempo.

En la siguiente página está lo que escribí:

Tengo un sueño

La historia nos dice que en cada época llega un tiempo en el que los líderes deben levantarse para satisfacer las necesidades del momento. Por lo tanto, no existe un líder potencial que no tenga la oportunidad de mejorar a la humanidad. Aquellos a su alrededor también tienen el mismo privilegio. Afortunadamente, creo que Dios me ha rodeado de aquellos que aceptarán el desafío de esta hora.

Mi sueño me permite:

1. Dejar en cualquier momento todo lo que soy con el fin de recibir todo en lo que me puedo convertir.
2. Sentir lo invisible para que pueda hacer lo imposible.
3. Confiar en los recursos de Dios ya que el sueño es mayor que todas mis habilidades y relaciones.
4. Continuar cuando esté desalentado, porque donde no hay fe en el futuro, no hay poder en el presente.
5. Atraer ganadores porque los grandes sueños atraen grandes personas.
6. Verme a mí mismo y a mi gente en el futuro. Nuestro sueño es la promesa de lo que un día será.

Sí, tengo un sueño. Es mayor que cualquiera de mis dones. Es tan grande como el mundo, pero comienza con uno. ¿Se uniría a mí?

Llevé lo que había escrito a un impresor y lo imprimí y lo laminé en tarjetas de cinco por siete pulgadas [12,7 x 17,78 cm] para poder entregarlas. Le entregué cientos de tarjetas a la gente. En cualquier momento que sentía que alguien podría estar buscando trascendencia le entregaba una tarjeta.

Cuando se la daba a la gente no los presionaba, no los comprometía con nada ni les daba una presentación para convencerlos como si fuera una secta. Todo lo que hacía era entregarles una tarjeta y decirles: "Lee esto. Si quieres unirte, déjame saber". Si me hacían preguntas, no me tomaba más que un par de minutos compartirles mi sueño de trascendencia. Cada vez que alguien estiraba la mano, sin darse cuenta, estaba recibiendo un pequeño pedazo de mí en su vida; y ese solo acto era otro pequeño paso hacia vivir intencionalmente. Cientos y con el tiempo miles de personas se me unieron.

Resulto que mi tarjeta "Tengo un sueño" fue una pieza importante de mi travesía de trascendencia porque le decía a la gente quién era yo, lo que yo hacía y lo que quería lograr. Era una manera tangible de expresar lo que sentía, de difundir mis ideas y de identificar personas que pensaran en una manera similar que quisieran unírseme.

Recuerde, después que descubrí que necesitaba considerar a quién estaba reclutando, no le di la tarjeta a cualquier persona. Solamente se las entregaba a los que sentía que tenían una mentalidad de trascendencia. La usé selectivamente, y al hacerlo, fue una manera sencilla de decir: "El balón está en su cancha". Los que no estaban listos para entrar al juego conmigo podían seguir sentados en las gradas, observando la vida desde la banda. Sin embargo, felizmente a la mayoría a los que decidía darles la tarjeta tomaban el balón, me veían directo a os ojos y me decían: "¡Cuenta conmigo!". Ahora eso es lo que yo llamó meterse al juego.

Yo sabía intuitivamente que la manera en que escribí mi tarjeta de Tengo un Sueño apelaría a las personas adecuadas porque la manera en que estaba escrita era deliberada y tenía el propósito de ser un eliminador intencional. ¿Por qué? Porque mi "Tengo un sueño" era realmente un desafío. Quiero decir que una gran visión es un separador: La gente que se acercaba a la visión quería trascendencia. Los que se alejaban de ella querían algo más, lo cual estaba bien. Yo no quería colaborar con personas que estuvieran decidiendo vivir sin pasión, sin trascendencia y sin intencionalidad.

Seguí imprimiendo estas tarjetas y entregándolas durante dos años. Y pronto la visión comenzó a encenderse. Sabía que algo especial estaba sucediendo cuando las reacciones comenzaron a cambiar de: "Muy bien, voy a tomar esta tarjeta", a: "¿Le parece bien si me quedo con esto?". Nunca le pedí a nadie que se me uniera. Solamente entregaba las tarjetas y decía: "Piénsalo. Comunícate conmigo". Dejaba la decisión en sus manos. Y estaba atrayendo exactamente a las personas que estaba buscando.

Como soy una persona de fe, creo que debería decirle que fue durante esta temporada que también comencé a pedirle a Dios todos los días que me enviara personas que quisieran marcar una diferencia. Y respondió esas oraciones. Cuando la gente llegaba y se presentaba conmigo, yo me decía a mí mismo: "Me trajo uno más". Conocía personas agudas que iban a marcar una diferencia y yo estaba agradecido.

Es difícil expresar mi gratitud hacia Dios por estas personas y lo mucho que las aprecio. Pero para ayudarlo a entender, voy a adelantarme en mi propia historia personal y a contarle algo que hice en 1995 después de que renuncié a Skyline, mi iglesia en California.

Después de que hice el anuncio de que me iba, pero antes del día en que iba entregar el timón, envié invitaciones a seiscientas personas pidiéndoles que me acompañaran para un banquete de cierre. Estoy seguro de que todos pensaron que iba a ser una cena de despedida para mí. No les dije por qué estaban siendo invitados realmente esa noche. Sin importar la razón casi todos asistieron.

Esa noche les expliqué por qué quería que estuvieran allí. "Ninguno de ustedes sabe esto "dijo", pero durante años he estado orando que Dios me diera personas que quisieran marcar una diferencia conmigo. Y Él me dio a cada uno de ustedes".

Un silencio cayó en todo el lugar que nunca voy a olvidar.

Visité cada mesa individual esa noche y pasé horas recordándole a cada persona donde la había conocido por primera vez. Fue una de esas extrañas ocasiones en la vida en las que sabía lo especial del momento mientras estaba sucediendo. Y de algún modo entendí que nunca volvería a suceder para muchos de los que estábamos allí.

Las palabras apenas pueden honrar la profundidad de la emoción que embargaba el lugar. Llenó mi corazón con una bendita alegría. Casi cada uno de nosotros lloramos porque todos entendimos que Dios había puesto en marcha un plan mucho más grande que todos nosotros. Fue la culminación final de mi búsqueda de décadas de duración buscando personas que se unieran a mí en la búsqueda de trascendencia.

Déjeme detenerme un momento y decirle algo importante. Usted no necesita ser un líder de clase mundial para conectarse con personas que piensen en manera semejante para marcar una diferencia. Usted no tiene que ser un Martin Luther King Jr. o una Madre Teresa o un Nelson Mandela para ser parte de algo trascendente. Espero que sepa eso. De hecho ni siquiera tiene que ser un líder. La mayoría de las personas que marcan una diferencia no tienen un puesto de liderazgo formal. Solamente son intencionales; sin importar si están liderando el equipo, trabajando como parte del equipo o apoyando al equipo.

Si usted quiere marcar una diferencia con la gente, necesita encontrar personas que piensen en una manera semejante que compartan metas comunes para hacer algo trascendente. ¡Usted simplemente necesita querer marcar una diferencia juntos y luego hacerlo!

Factores que conectan a las personas de trascendencia

Mi deseo para usted es que algún día experimente el mismo sentimiento que sentí en ese banquete de clausura. Quiero que usted se conecte con personas que vayan con usted en su viaje de trascendencia. Quiero que usted trabaje con personas que piensen en una manera semejante. Y creo que usted puede hacerlo.

Para ayudarlo con eso, permítame mostrarle nueve factores que atraigan personas de trascendencia entre sí. Estas observaciones están basadas en mi versión de "Tengo un Sueño". Para explicar cómo funciona, separaré lo que escribí en mi tarjeta en secciones y a su vez explicaré cada una de ellas. Lo ayudarán en su búsqueda de personas con una mentalidad semejante en pos de la trascendencia.

1. El factor oportunidad

La historia nos dice que en cada época llega un tiempo en el que los líderes deben levantarse para satisfacer las necesidades del momento. Por lo tanto, no existe un líder potencial que no tenga la oportunidad de mejorar a la humanidad. Aquellos a su alrededor también tienen el mismo privilegio.

Los actos trascendentes siempre suceden como respuesta a las oportunidades. Ese fue el caso en 2013 cuando los líderes de EQUIP y yo tuvimos la oportunidad de procurar una iniciativa de transformación en el país de Guatemala a través de enseñarle valores a la gente. Después de conectarnos con líderes a lo largo del país, incluyendo el gobierno, se nos pidió que entrenáramos a diecinueve mil personas en una semana.

Qué causa. Qué oportunidad. ¡Qué desafío! Sería una tarea monumental para cualquiera que la quisiera realizar.

¿Cómo podríamos siquiera tomar tal oportunidad? Nos uniríamos con otras personas que pensaran en una manera semejante. Recurrí a entrenadores del Equipo John Maxwell y casi doscientos de ellos ofrecieron su tiempo como voluntarios, volaron a la ciudad de Guatemala y pagaron sus propios gastos para entrenar a líderes guatemaltecos en cómo dirigir mesas redondas.

Estos entrenadores realmente aprovecharon el momento e hicieron una diferencia en la vida de muchas personas, ya que las diecinueve mil personas que entrenaron lideraron a casi doscientas mil personas en mesas redondas de valores. Pero la mayor diferencia sucedió *dentro de ellos*. Fueron a Guatemala a cambiar a otros, pero volvieron cambiados. Probaron la trascendencia, y una vez que uno prueba la trascendencia, el éxito jamás lo volverá a satisfacer.

Algunas veces el paso más pequeño en la dirección correcta termina siendo el mayor paso en su vida.

¿Qué oportunidades ve? ¿Ve una manera de conectar a los demás con la trascendencia? ¿O alguien lo está invitando a hacer algo trascendente? Si lo ve, aprovéchelo. A lo que le diga que sí moldea su vida. Algunas veces el paso más pequeño en la dirección correcta termina siendo el mayor paso en su vida. Hágalo de puntillas si debe hacerlo, pero dé ese primer paso.

Pregunta: ¿Qué oportunidad ve usted en este momento para marcar una diferencia?

2. El factor creer

Afortunadamente, creo que Dios me ha rodeado de aquellos que aceptarán el desafío de esta hora.

Como ya le he dicho, si usted no cree en Dios, yo no tengo ningún deseo de imponerle mis creencias o mi fe personal. No juzgo a nadie. Dicho lo cual, sé sin duda que todos los días desde que comencé a pedirle a Dios que me trajera personas que deseaban trascendencia, los ha estado enviando a mi vida para que pudiéramos marcar una diferencia juntos. Y Dios continúa enviándolos.

Hace unas semanas yo estaba en una tienda de artículos de oficina hablando con el dependiente. Un caballero se me acercó y me dijo: "Reconozco esa voz". Sonreí e invertí tres minutos en conocer a este amable extraño, cuyo nombre era Troy. Al final de nuestra breve conversación, nos invitó a Margaret y a mí a cenar a la noche siguiente.

A la mañana siguiente recibí este mensaje de Troy:

> Sé que estás ocupado con tu libro. Pero sentí que necesitaba decirte esto antes de la cena de esta noche. El Señor me despertó anoche y le pregunté si quería decirme algo. Me pidió que te dijera que yo soy la persona por la que has estado orando. No tengo idea qué quiere decir y no voy a especular. Solamente tenía que ser obediente en compartírtelo.

Incluso antes de que me enviara el mensaje, yo ya lo sabía. Él era alguien que quería marcar una diferencia, y Dios lo había puesto en mi camino.

Esa noche Margaret y yo nos encontramos con Troy y a su esposa, Randi, para cenar. Tomé una decisión consciente de antemano de que llevaría la conversación tan lejos como él quisiera ir. No quería ser especulativo o presionarlo. Quería que Troy supiera que nuestra reunión no era una coincidencia. Le dije que este tipo de reuniones me suceden con frecuencia. ¿Por qué? Porque se las pido a Dios.

Cada vez que Dios me envía a otra persona que quiere marcar una diferencia, y él o ella quiere reunirse conmigo, yo no acudo esperando algo. No estoy tratando de dirigir la vida de nadie o de tomar el control. No trato de aprovechar mi posición espiritual sobre ellos. Sé que solamente estoy allí para escuchar y compartir mi historia de intencionalidad y trascendencia. Rara vez paso más de quince minutos hablando de esas cosas antes de sugerir que cambiemos de tema.

Esa noche los cuatro tuvimos una linda cena. Troy y yo hemos estado en contacto esporádicamente desde entonces. Él está emocionado de formar parte de la obra que estoy haciendo. Él se ve a sí mismo como un aprendiz en nuestro programa de liderazgo para poder aprender cómo hacer crecer su negocio. También quiere avanzar hacia un papel como mentor algún día. Como resultado de un encuentro "casual" en una tienda de artículos para oficina que realmente no fue casual, Troy ahora está caminando en su propio camino de trascendencia.

Uno no tiene que creer en Dios para creer que personas con una mentalidad semejante vendrán a su vida cuando tiene en su corazón hacer algo trascendente. ¿Lo cree? ¿Cree que otros quieren conectarse con usted para marcar una diferencia? Cuando alguien que quiere marcar una diferencia se cruza en su camino, ¿lo reconoce? ¿Cree lo suficiente en esa persona como para conectarse con él o ella y empezar a pensar en lo que podrían hacer juntos para marcar una diferencia? Creer es esencial para la trascendencia. Sin creer, usted tendrá dificultades en vivir intencionalmente y esforzarse por la trascendencia.

Pregunta; ¿Cree que la gente está viniendo a usted para ayudarlo a marcar una diferencia?

3. El factor posibilidad

Mi sueño me permite dejar en cualquier momento todo lo que soy con el fin de recibir todo en lo que me puedo convertir.

Si usted quiere vivir una vida de trascendencia, usted tendrá que renunciar a algunas cosas. El sendero de la posibilidad está lleno de intercambios. ¿Por qué? Porque no hay trascendencia sin sacrificio. Pero las buenas noticias son que a medida que usted intercambia una cosa por otra, estará avanzando a un estilo de vida mejor y más pleno, sin importar que marcar una diferencia signifique tomar la decisión de iniciar una familia o de realizar cambios radicales a su vida diaria.

Cada uno de nosotros enfrenta momentos en la vida en los que somos forzados a detenernos, reflexionar y considerar nuestras opciones. Casi cada decisión es un intercambio, y comenzamos a hacerlos desde el inicio de nuestra vida. ¿Veremos la televisión o jugaremos afuera? ¿Nos divertiremos en la escuela media-superior o trabajaremos para obtener buenas notas? ¿Tomaremos un trabajo al terminar la escuela media-superior para tener un poco de dinero, o estudiaremos la universidad? Cuando nos graduemos, ¿tomaremos el trabajo que pague más dinero o escogeremos el que nos dé una mejor experiencia?

Los intercambios que hagamos producirán un impacto en, bueno, todo. Y sepa esto: entre más exitoso sea, mayores y más desafiantes serán los intercambios que tendrá que hacer.

Al observar mi larga carrera, lo único que veo es una larga serie de intercambios. La mayoría de las veces que cambié de posición, recibí un recorte en mi salario. Pero cada vez hice la transición a una situación en la que tenía mayores oportunidades. Después de hacer la mayor transición en mi carrera, de la que le contaré en el capítulo siguiente, miré hacia atrás a todos los intercambios que hice y escribí una lección acerca de ello. La usé para alentar a los líderes a alcanzar sus más grandes posibilidades. Estos son los intercambios que les recomendé hacer:

- Cambie la afirmación por el logro.
- Cambie la seguridad por la trascendencia.
- Cambie la ganancia financiera por el futuro potencial.
- Cambie el placer inmediato por el crecimiento personal.
- Cambie la exploración por el enfoque.
- Cambie cantidad de vida por calidad de vida.
- Cambie aceptable por excelente.
- Cambie la adición por la multiplicación.
- Cambie la primera mitad por la segunda mitad.

Si quiere vivir una vida relevante, tendrá que hacer intercambios. Son necesarios en nuestro viaje de trascendencia. Como ya dije, se vuelven más difíciles a medida que nos volvemos más exitosos. Pero sepa esto: los intercambios nunca lo dejarán siendo el mismo. Y si cambia servirse a sí mismo por la trascendencia, esos cambios siempre serán para mejorar.

Pregunta: ¿Qué está dispuesto a dejar para marcar una diferencia?

4. El factor fe

Mi sueño me permite sentir lo invisible para que pueda hacer lo imposible. Confiar en los recursos de Dios.

Nuevamente, enmarco esto en el contexto de mi fe, pero el asunto aquí realmente es el temor. Casi cualquier cosa que usted y yo queremos está del otro lado del temor. ¿Cómo manejarlo? ¿Cómo ir más allá de sus temores?

Para mí es un asunto de fe. Yo trato de dejar todo en manos de Dios, y suelo ver la mano de Dios en todo. No creo que Dios me dé un sueño para frustrarme. Me da un sueño para ser realizado.

¿Quiere saber algo sorprendente? El temor es la razón más prevaleciente por la que la gente se detiene. La fe es lo que hace que la gente inicie. El temor es la llave que cierra la puerta de los recursos. La fe es la llave que abre esa puerta.

El temor es la razón más prevaleciente por la que la gente se detiene. La fe es lo que hace que la gente inicie.

Cuando su sueño de trascendencia es correcto, debería incrementar su fe. Usted debería creer que su sueño se puede realizar. La fe debería ayudarlo a ver lo invisible y hacer lo imposible. Debería ayudarlo a soltar los recursos que necesita. Incluso si usted tiene un tipo de sueño diferente al mío, yo creo que puede confiar en los recursos de Dios.

El factor fe me alienta a comenzar a caminar y a creer que los recursos vendrán a mí a medida que camino. Sé que no vendrán si me quedo quieto. Si me detengo los recursos se detienen. Los recursos vienen a nosotros cuando estamos en nuestra misión, cuando estamos cumpliendo con nuestro llamado.

La lección que enseño con más frecuencia sobre la fe es esta: alimente su fe y mate de hambre su temor. Para hacer esto usted le debe dar a su fe más energía que a su temor. No puede reducir el temor a través de pensar en ello. Lo reduce quitándole las acciones. ¿Cómo? Avanzando hacia la fe.

Antes de seguir, déjeme decirle esto en caso de que sea una

persona de fe. La mayoría de la gente le pide a Dios conocimiento y luego avanzan. Dios quiere que primero avancemos y luego nos da conocimiento. Dios le pidió a Moisés que regresara a Egipto. Moisés no entendía por qué. Y no quería ir. Pero una vez que regresó a Egipto, entendió lo que estaba haciendo Dios. El mayor error que comete la gente de fe es sentir que Dios les debe una explicación. Dios no nos debe nada.

El libro de Job es una gran pieza de literatura y un ejemplo fabuloso del factor fe. Si está familiarizado con la historia, entiende que Job sufre una tragedia terrible, pierde a sus hijos, sus posesiones y su salud. Job continuamente pregunta: "¿Por qué?", sin embargo, Dios nunca responde su pregunta. En lugar de ello Dios lo lleva por el proceso. ¿Por qué? Porque todo se trata del proceso. Philip Yancey dice: "Estamos preocupados por cómo resultarán las cosas; Dios parece estar más preocupado por como resultaremos nosotros". Nuestro actuar en fe es con frecuencia la manera en que Dios nos hace crecer.

La fe no facilita las cosas, pero hace las cosas posibles porque pone todo, incluyendo al temor, en la perspectiva correcta. Así que si quiere aprender, crecer, lograr sus sueños de trascendencia y marcar una diferencia, tenga fe.

Pregunta: ¿Es mi fe mayor que mi temor?

5. El factor desafío

...el sueño es mayor que todas mis habilidades y relaciones.

Algunas veces creo que no hay grandes hombres o mujeres. Solamente hay grandes desafíos que las personas ordinarias como usted y yo estamos dispuestos a enfrentar. ¿Por qué lo digo? Porque nada separa a las personas apasionadas de las pasivas como un llamado a tomar un desafío. Cada vez que invito a otros a acompañarme a hacer algo por medio de presentarles una visión de trascendencia, me doy cuenta de que algunas personas responden positivamente a ello y otras huyen de ello.

Eso debe haber sido así cuando Cristóbal Colón estaba buscando marineros en preparación para su primer viaje al occidente. Hace unos años me topé con las palabras que supuestamente publicó al estar buscando a su tripulación. Estoy seguro de que es apócrifo, pero igualmente me gusta:

Se buscan

Almas audaces, valientes y aventureras para acompañarme en un viaje emocionante.

¿Destino final? El hogar.

¿Primeras paradas? Inciertas, pero probablemente no aparezcan en los mapas y cartas de navegación.

¿Duración del viaje? Desconocida.

¿Peligros y riesgos? Muchos.

¿Costo para usted? Su tiempo, su dinero y probablemente su vida misma.

¿Recompensas? Solo Dios sabe, pero solo Dios decide.

¿Oportunidad? ¡Una en la vida!

¿Vendrá conmigo?

—Cristóbal Colón, escrito en 1491

A los sesenta y ocho años me siento más desafiado para marcar una diferencia que en cualquier otra época de mi vida. Mi pasión es impulsar personas como líderes intencionales para que se levanten y se conviertan en líderes de transformación. A medida que he estudiado los movimientos de transformación me he propuesto definir cómo luce un líder de transformación. Creo que los líderes de transformación influencian a las personas para pensar, hablar y actuar de tal manera que hagan una diferencia positiva en su vida y en la vida de otros. Es mi sueño "y mi desafío" desarrollar líderes de transformación. Es mucho más fácil definirlo que desarrollarlo. No obstante, he aceptado el desafío.

Mi esperanza es que este libro lo ayude a avanzar en esta dirección; para volverse intencional en marcar una diferencia y ayudar a llevar a otros allí también. Si usted y yo hacemos eso y ayudamos a otros a hacer lo mismo, podemos transformar individuos y comunidades.

Pregunta: ¿Se siente desafiado a crecer hacia la trascendencia?

6. El factor actitud

Mi sueño me permite continuar cuando esté desalentado, porque donde no hay fe en el futuro, no hay poder en el presente.

Siempre he quedado impresionado por el liderazgo de Martin Luther King Jr. Él fue capaz de inspirar a muchas personas a realizar acciones trascendentes durante su vida relativamente breve. Esto llevó a un movimiento que generó un cambio positivo para Estados Unidos. King dijo una vez: "El trabajo más grande para que despegue cualquier movimiento es mantener unida a la gente que lo forma". Creo que gran parte de su éxito en hacer eso provino de su actitud. Al parecer nunca perdió la esperanza. Siguió creyendo en el cambio para el que estaba trabajando, hasta el último día de su vida.

Cuando viví en Atlanta, tuve el privilegio de conocer a numerosas personas que marcharon con el Dr. King y que fueron encarceladas con él. Vencieron muchas cosas para marcar una diferencia para los que venían detrás. Y mientras King estaba vivo, los mantuvo unidos. Ayudó a la gente a mantener una actitud como la suya.

Con frecuencia me he preguntado por qué tantas personas buenas dejan de hacer cosas buenas en su vida. He llegado a la conclusión de que la gente pierde la energía no porque el trabajo que hacen sea demasiado duro, sino porque olvidan por qué comenzaron a hacerlo en primer lugar. Pierden su *porqué* y como resultado, pierden su camino. Cuando sus actitudes se deslizan, también sus esfuerzos.

Creo que la mayoría de la gente que trata de marcar una diferencia comienza con los motivos y las actitudes correctas. Como resultado, la gente a la que ayudan obtiene una tremenda cantidad de ellos. Pero lo que comienza a suceder con frecuencia es un cambio de mentalidad de: *Quiero ayudar a la gente*, a: *Quiero que la gente me ayude*. Esto es especialmente destructivo cuando este cambio sucede en los líderes. El momento en que la transición de actitud se lleva a cabo, los motivos de los líderes cambian. En lugar de reclutar personas a las que les puedan añadir valor y que se unan a ellos en añadirle valor a otros, los líderes quieren atraer personas que les puedan añadir valor a ellos *mismos*.

Cuando la gente está motivada por el avance personal, han perdido su camino. Como resultado, se descarrilan y ya no pueden marcar una diferencia. Cuando usted deja de amar a la gente, usted deja de servirlos bien. Si se está preguntando: *¿Por qué los demás no me están sirviendo?*, se vuelve una fuente de descontento. Y si usted es líder, usted renuncia a su eficacia como líder.

La actitud con mucha frecuencia es lo que marca la diferencia. Tuve un amigo que una vez me dijo: "Cuando la vida sea dulce, agradezca y celebre. Cuando la vida sea amarga, agradezca y crezca". Esa es una actitud excelente. Y es el tipo de actitud necesaria para marcar una diferencia y conectarse con otros que estén marcando una diferencia.

Y permítame decir algo más acerca de la actitud. Es fácil tener una buena actitud cuando la vida es buena. El momento en el que la actitud positiva realmente cuenta es cuando las cosas van mal. No siempre escogemos lo que nos sucede, pero siempre podemos determinar cómo respondemos. Cuando escogemos la actitud correcta incluso cuando las cosas van mal, eso es altamente atractivo y llamativo para las personas que colaboran con nosotros.

Pregunta: ¿Es su actitud un activo o un pasivo?

7. El factor ganador

Mi sueño me permite atraer ganadores porque los grandes sueños atraen grandes personas.

Cuando escribí la frase anterior para mi tarjeta "Tengo un sueño", puedo recordar cómo me sentía. El sueño que tenía me emocionaba, pero no había atraído muchas personas todavía que me pudieran ayudar a lograrlo. Quería conectarme con personas motivadas por la trascendencia que pudieran hacer que las cosas sucedieran. Pero también me preguntaba cómo podrían reaccionar esas personas a mi invitación.

¿Entenderían mi sueño?

¿Mi sueño ampliaría la brecha entre ellos y yo?

¿Lo criticarían?

Cuando vi a la gente que conocía, me sentí tentado a guardarme mi sueño para mí mismo. Compartir un sueño de trascendencia es un riesgo. Puede invitar al ridículo o al rechazo. Pero también sabía que si quería lograr la meta de marcar una diferencia, tenía que conectarme con buenas personas para que pudiéramos trabajar juntos. Así que me hice de valor, di un salto de fe y tomé la decisión de decírselo a otros.

Las respuestas que recibí fueron variadas e interesantes. La mayoría de la gente cae en una de tres categorías: supervivencia, éxito y trascendencia. La gente interesada solamente en sobrevivir se escondía. No querían participar en mi visión. Algunas personas que estaban buscando éxito se subieron al barco. Pero los que se conectaron con más disposición fueron los que querían trascendencia. Los grandes sueños atraen a personas con potencial que quieren zambullirse en lo profundo, más allá de su cabeza y aprender a nadar.

Otro descubrimiento que hice al compartir mi sueño fue sorprendentemente agradable. Los sueños a menudo vienen en un tamaño tan grande para que podamos crecer en ellos. Es como cuando era chico y mis padres siempre me compraban zapatos medio número más grandes. Me decían: "John, estás creciendo. Te estas convirtiendo en un joven. Vas a poder llenarlos en poco tiempo".

Los sueños a menudo vienen en un tamaño tan grande para que podamos crecer en ellos.

Eso es lo que ahora le digo a la gente cuando se ponen sus

zapatos de trascendencia por primera vez. Quizá le quede un poco demasiado grande para usted en el momento, pero no se preocupe. A medida que vaya dando pasos, usted crecerá en ellos y se convertirá en la persona trascendente que Dios creó.

¿Está tomando el riesgo de compartir sus sueños de trascendencia con otros? ¿Se están conectando con usted personas talentosas, exitosas y motivadas para que puedan tratar de realizar esos sueños juntos? Usted necesita ese tipo de personas ganadoras para marcar una diferencia. ¡Y usted necesita ser uno de esos ganadores usted mismo!

Cuando se trata de trascendencia, sigo sintiendo como si estuviera llevando zapatos demasiado grandes y que necesito crecer en ellos. Todavía sigo sumergido por completo y tratando de nadar. Y eso es bueno. Estoy envejeciendo en años, pero rejuveneciendo en mis sueños. Eso es lo que me hace amar este viaje en el que voy.

Pregunta: ¿Se está conectando con ganadores para lograr trascendencia?

8. El factor promesa

Mi sueño me permite verme a mí mismo y a mi gente en el futuro. Nuestro sueño es la promesa de lo que un día será.

Cuando escribí esa frase, verdaderamente creía que un sueño digno contenía la promesa de su cumplimiento. Pero era un error ingenuo. Había cometido el mismo error que muchas personas cometen acera de sus sueños. Pensé: *Si lo creo, puedo lograrlo.* Pero eso no siempre es cierto. Un sueño requiere un compañero: compromiso.

Los sueños son gratuitos. No obstante, el viaje hacia su cumplimiento no lo es. Usted tiene que trabajar por su sueño. Su sueño no trabaja para usted. Usted tiene que trabajar con el sueño y para el sueño. El sueño es una promesa de lo que usted puede ser, pero el compromiso es la realidad de lo que usted llegará a ser. Lo que comienza como una promesa termina como un compromiso.

Pregunta: ¿Se ha comprometido a un sendero con gran promesa para usted y otros?

9. El factor invitación

Sí, tengo un sueño. Es mayor que cualquiera de mis dones. Es tan grande como el mundo, pero comienza con uno. ¿Se uniría a mí?

Todos tenemos cierta cantidad de suerte en nuestra vida, pero la mejor suerte es lo que me gusta llamar la "suerte quién". ¿Por qué? Porque quién se conecte con usted es lo que más importa. La "suerte quién" en su vida puede ser buena o mala dependiendo de quién se una a usted. Estoy seguro de que lo sabe instintivamente. ¿No ha conocido personas que han trabajado con usted que facilitaron que ambos pudieran marcar una diferencia? ¿Y no se ha conectado con personas que más tarde desearía jamás haber conocido porque obstaculizaron su capacidad para marcar una diferencia? Yo sí.

Toda mi vida he buscado maneras de conectarme con otras personas, como líder de una iglesia, como líder de una empresa y como comunicador. Pero no tiene que ser un líder para invitar a las personas a hacer algo trascendente. Usted necesita estar comprometido con su causa y estar abierto a trabajar con otros para lograrlo. De hecho, si usted piensa que el liderazgo es lograr que la gente lo siga, usted quizá sea un buen líder. Pero si usted piensa que el liderazgo es lograr que la gente siga una gran causa, usted tiene el potencial de ser un gran líder. Si su porqué es lo suficientemente grande para emocionarlo, entonces, al compartirlo emocionará a otros; especialmente a aquellos con quienes comparta su pasión y su sueño. El tamaño de su *porqué* determinará el tamaño de su respuesta.

Pregunta: ¿Está listo para comenzar a invitar a otros a unírsele a vivir una vida relevante?

Un corazón por los veteranos

Recientemente leí una historia con respecto a alguien que comenzó a marcar una diferencia en la vida de otros una vez que se sintió atraído a hacer lo que él pensaba que estaba bien. Su acción lo llevó por un sendero de trascendencia que no esperaba. Su nombre es Zach Fike. Es oficial de la Guardia Nacional del Ejército y coleccionista de antigüedades. Su viaje comenzó cuando su madre, Joyce, le compró un regalo para Navidad en 2009. Era una Medalla Corazón Púrpura que había encontrado en una tienda de antigüedades. Joyce pensó que su hijo añadiría la medalla a su colección.

Pero en el momento en que Zach la vio y leyó el nombre grabado en ella, Corrado Piccoli, algo se movió dentro de él. El servicio militar corría en la sangre de la familia de Zach. Joyce era instructora de ejercicios militares. El padre de Zach había servido como sargento mayor (o de brigada) al mando. Tenía parientes que habían servido en la Guerra de Independencia, la Guerra de 1812, la Guerra Civil, la Primera Guerra Mundial, la Segunda Guerra Mundial y Vietnam.

"Yo sabía que esa medalla no me pertenecía" dijo Zach. "Y me envió en un viaje para encontrar a la familia".[21]

Resultó que no pudo hacerlo de inmediato, porque fue desplegado en Afganistán. Pero después de que volvió rastreó a los familiares de Piccoli, quien había muerto en acción en Francia durante la Segunda Guerra Mundial. En una ceremonia en honor de Piccoli, Zach le devolvió la medalla a la hermana de Piccoli, Adeline Rockko, quien tenía ochenta y siete años.[22]

"Vi que sucedió algo sumamente especial alrededor de esa devolución" dice Zach. "Después de la muerte del militar, la familia de algún modo se separó. Todos se fueron por su propio camino. Gracias a la devolución de esta medalla vi a la familia reunirse nuevamente. Y tuvieron su primera reunión familiar en sesenta y cinco años [después de la muerte de Piccoli]".[23]

Eso inspiró a Zach a comenzar a buscar otros Corazones

Púrpura perdidos o robados que les pudiera devolver a sus propietarios legítimos o a sus familiares sobrevivientes. Cuando encontraba uno, lo mandaba montar profesionalmente en una vitrina, a menudo con otras medallas que hubiera ganado el veterano y se los entregaba en una ceremonia. Se comenzó a pasar la voz de lo que estaba haciendo. La gente comenzó a enviarle Corazones Púrpura que hubieran encontrado. Y otros le decían que estaban buscando Corazones Púrpura que habían perdido. Finalmente, Zach comenzó una organización sin fines de lucro llamada Purple Hearts Reunited [Corazones Púrpura Reunidos] para facilitar que la gente financiara el esfuerzo y que fuera parte de él. A la fecha, Zach ha devuelto más de doscientas medallas.

Después de que Zach comenzó a hacer esto recibió él mismo un Corazón Púrpura después de haber sido herido en un ataque con cohetes. Pero eso no es lo que lo motiva. Quiere marcar una diferencia.

"[Para] muchas de estas familias, es el cierre de un ciclo—dice acerca de las Medallas Corazón Púrpura que devuelve". Es lo único tangible que las familias recibieron después de que su ser querido falleció. Es algo que uno puede tocar, que puede tener en la mano y que puede mirar. Y eso es todo lo que tienen de ellos. Es probablemente lo más importante en su vida".[24]

Generar un movimiento

En este momento, ¿está solamente soñando en marcar una diferencia o de hecho está llevando a cabo cosas para conectarse con personas que se puedan unir a usted en la travesía a la trascendencia? Los movimientos no comienzan con las masas; siempre comienzan con uno, y luego ellos atraen a otros a sí mismos y a sus causas. Ese fue el caso en el movimiento del antiapartheid en Sudáfrica. En 1941, esto fue lo que el activista sudafricano antiapartheid, Walter Sisulu, escribió acerca de Nelson Mandela: "Queríamos que fuera un movimiento de masas y entonces un día un líder de masas entró a la oficina".

Cualquiera en el planeta actualmente puede comenzar un movimiento. Usted puede, yo puedo e incluso la persona sentada junto a usted en el avión, el autobús o el subterráneo puede hacerlo. Los movimientos se tratan de movilizar a la gente para respaldar un propósito compartido. Hay un gran poder en comenzar movimientos porque pueden cambiar la manera en que la gente piensa, cree e incluso vive. Pueden comenzar con solo un pequeño grupo de personas que cree en algo apasionadamente, y pueden terminar cambiando la cultura, si no es que al mundo.

Hoy yo tengo otro sueño. Quiero ver que las personas se vuelvan intencionales en su vivir. Quiero verlos convertirse en líderes de transformación que influencien a otros a pensar y actuar de tal manera que hagan una diferencia positiva. ¿Llegará a ser un movimiento? No lo sé. No tengo control sobre ello. Solamente tengo control sobre mí mismo. Sé que tiene que comenzar conmigo y me siento movido a compartirlo con usted.

Este libro es mi invitación a que usted se me una. Quiero que abrace estas ideas y que la historia de su vida cambie como ha cambiado la mía. Quiero que actúe para marcar una diferencia positiva en las vidas de otros. Quiero que se conecte con otros y que logre la trascendencia. Y mi esperanza algún día es escuchar un millón de historias de vidas cambiadas porque personas como usted y yo tratamos de marcar una diferencia para otros.

Si usted se me une en mi sueño, probablemente juntos podamos ayudar a crear un mundo que viva intencionalmente donde las personas piensen en los demás antes de en sí mismos, donde añadirle valor a los demás sea una prioridad, donde la ganancia financiera sea secundaria a un potencial futuro, y donde su valía propia sea fortalecida por actos de trascendencia todos los días. Es mi sueño. Espero que un día se vuelva nuestra realidad. Pero puede llegar a ser solamente si nos conectamos con otros y trabajamos juntos.

Aplicación intencional: Conéctese con personas que piensen como usted

¿Cuál es su sueño?

La mayoría de la gente a la que le gustaría hacer algo trascendente tiene ideas e intenciones, pero pocas veces tienen imágenes específicas y vívidas de sus sueños escritas. La falta de claridad hace que sea más difícil para ellos lograr sus sueños; y conectarse con otras personas que piensen como ellos que estarían interesadas en asociarse con ellos para lograr esos sueños.

Tómese un poco de tiempo para escribir su sueño. Puede contener sus principios, como el mío. Puede contener detalles, como el de Martin Luther King Jr. Puede ser un poema, una historia, una lista. Haga el suyo propio, pero asegúrese de *escribirlo*. Quizá lo pueda escribir en una sentada. O posiblemente le tome meses como me sucedió a mí. Eso no es importante. El proceso de escribirlo lo fuerza a clarificar sus pensamientos y a saber lo que quiere. Y tenerlo por escrito le da un registro de sus esperanzar y aspiraciones. Una vez redactado, puede decidir con quién compartirlo.

Comience a conectarse con otros para encontrar personas que piensen en una manera semejante a la suya

Sé que puede parecer arriesgado y probablemente lo haga sentir vulnerable, pero necesita comenzar a decirle a los demás acerca de su sueño de marcar una diferencia. Empiece a compartirlo con personas que lo vayan a alentar, sin importar si existe la posibilidad de que se unan a usted. Entonces amplíe su círculo. Comience a decirle a la gente que usted crea que piense como usted, y vea adónde lo lleva.

8

Asóciese con personas que tengan valores semejantes a los suyos

En 1987, cumplí cuarenta años. Vi este cumpleaños como una marca importante, así que la abordé como un atleta aprovecha el medio tiempo. Lo vi como una oportunidad para revisar el tablero de puntuación de mi vida, evaluar mi desempeño, analizar mis deficiencias y comenzar a hacer ajustes antes de regresar al campo para jugar mi segunda mitad. A los ojos de los demás había realizado algunos logros importantes. Pero cuando me detuve a examinar mi vida, no estaba satisfecho. Sentí que había algo mayor que yo no estaba haciendo.

Los siguientes pasos en mi viaje

Para ayudarlo a entender esto, necesito ponerlo al día con mi historia y decirle lo que estaba haciendo durante los diez años anteriores a mi cuadragésimo cumpleaños. Margaret y yo dejamos Lancaster en 1979. ¿Por qué habríamos dejado a la gente que amábamos, a la iglesia en la que estábamos marcando una diferencia y el área donde nos sentíamos en casa? Es una pregunta justa.

Fuimos altamente exitosos en Lancaster, pero comencé a querer hacer más. Y empecé a preguntarme si los principios de liderazgo que estaba desarrollando y los valores que estaba abrazando podían ser utilizados en otras organizaciones que yo no estuviera liderando. En otras palabras, me preguntaba si pudiera marcar una diferencia más allá de mi alcance, a través de otros líderes que entrenara en otras partes del país. ¿Podría hacer un impacto más trascendente?

Tuve la oportunidad de probar la idea cuando se me ofreció un puesto con otra organización ministerial en su oficina nacional. El nuevo puesto me permitiría invertir todo mi tiempo entrenando pastores en iglesias alrededor del país que fueran parte de esa organización. Margaret y yo empacamos a Elizabeth y Joel, nuestros dos niños pequeños, y nos mudamos al centro de Indiana.

Las buenas noticias fueron que descubrí que las ideas de liderazgo que había desarrollado en Hillham y en Lancaster *sí* se podían transferir. Realmente funcionaban para cualquiera que valorara el liderazgo y estuviera dispuesto a convertirse en un mejor líder. Cada líder con el que trabajé que puso mis principios en práctica era más exitoso. Pero también había un lado negativo. Estaba limitado a quién podía ayudar ya que solamente se me permitía trabajar con personas en esa única organización. Yo quería alcanzar a más personas, y eso me hizo darme cuenta de que el mejor lugar para que pudiera hacer eso era como pastor de una iglesia local. Cuando recibí la invitación de liderar Skyline, una iglesia en el área de San Diego, la acepté gustoso y nuestra familia se mudó de Indiana a California. Eso fue en 1981.

Lo primero que comencé a hacer cuando llegué allá fue hacer que la iglesia "la cual había llegado a una meseta" creciera nuevamente. La tarea de construir una gran iglesia era un territorio familiar para mí. Entendía ese mundo y sabía lo que requeriría. Reconstruí el personal, cambié la manera en que hacíamos las cosas y encontré maneras creativas de alcanzar a la comunidad. No pasó mucho tiempo para que Skyline fuera reconocida como una de las iglesias de mayor influencia en Estados Unidos por Elmer Towns, un experto en crecimiento de las iglesias y profesor universitario al que yo admiraba y que se convirtió en un buen amigo.

Al principio de la década de 1980 comencé a enseñar en congresos de liderazgo fuera de la iglesia. Cuando tomé el puesto en Skyline la junta entendió que yo quería añadirle valor a otros líderes, y estuvieron de acuerdo con darme la flexibilidad de hacerlo. Cuando comencé a ser invitado a hablar para una organización de entrenamiento, escogí enseñar R-E-A-L: las cuatro cosas que toda persona necesita para ser exitoso: relaciones, equipamiento, actitud y liderazgo.

Poco tiempo después, me di cuenta de que quería enfatizar el liderazgo más en mi comunicación, así que fundé una empresa llamada INJOY y comencé a organizar mis propios congresos. Decir que creía en grande pero que comencé en pequeño sería un eufemismo. El primer congreso de liderazgo que organicé yo mismo fue en Kansas City, Misuri. Solamente se inscribieron catorce personas, y yo tuve que contemplar perder un par de miles de dólares si seguía adelante. Un amigo me dijo que llevarlo a cabo sería una mala decisión de negocios. Pero pude ver que sería una buena decisión de trascendencia, así que lo hice de todos modos.

Ese fue el primero de lo que llegaron a ser docenas de congresos que terminé organizando. Finalmente cientos y luego miles asistían y aprendían cómo convertirse en mejores líderes. Yo no lo habría descrito en esta manera en ese tiempo, pero lo que realmente le estaba enseñando a los líderes era vivir intencionalmente.

En un pequeño congreso en un Holiday Inn en Jackson, Misisipi, un grupo de líderes me dijo que estaban agradecidos por lo que les había enseñado durante el congreso, pero que querían entrenamiento continuo. No estaba seguro de qué hacer, pero quería ayudarlos. Podía ver que ellos querían marcar una diferencia. ¿Alguna vez ha estado en una situación como esa, en la que se sintió atraído a hacer algo, pero no estaba seguro de cómo hacerlo suceder?

Entonces tuve un pensamiento. Les pregunté: "Si yo grabara una cinta de entrenamiento mensual, ¿se anotarían como una suscripción?". Me dijeron que sí, así que les pasé un bloc de notas a todos para obtener sus datos. Los treinta y cinco asistentes se suscribieron. Así fue cómo nació mi cinta de liderazgo mensual. Esa pequeña lista de personas con el tiempo explotó en más de mil quinientos suscriptores, con cada cinta siendo escuchada por un promedio de cinco personas. Yo estaba emocionado porque les estaba añadiendo valor a los líderes, y ellos estaban multiplicando ese valor a otros.

La clave para subir al siguiente nivel

Así que para el momento que cumplí cuarenta ya había hecho mucho. Cuando miré cada una de las cosas que había logrado me sentía feliz con ellas. Sentí que lo que había hecho había marcado una diferencia. ¿Entonces por qué me estaba sintiendo insatisfecho? ¿Por qué no estaba complacido? ¿Por qué no era suficiente lo que había hecho? ¿Qué se me había pasado?

Y fue en ese momento que lo entendí. No había desarrollado un equipo. No había manera en que pudiera ser más productivo como individuo. Durante veinte años había encontrado nuevas y mejores maneras de hacer más. Pero estaba al límite. Si pudiera desarrollar un equipo nosotros seríamos más productivos. No solo eso, sino que podríamos hacer las cosas *mejor* de lo que yo podría hacer solo. Estaba en el mundo de *mí* y necesitaba estar viviendo en el mundo de *nosotros.*

¿Había estado entrenando líderes? Sí. ¿Había estado incluyendo a otros en mi viaje de trascendencia? Sí. ¿Pero había estado desarrollando verdaderamente a mi equipo y teniendo compañerismo con ellos? No.

Este se convirtió en el cumpleaños que me desafió a realizar cambios importantes en la manera en que hacía las cosas. El cambio en mi manera de pensar fue inmenso. Se encuentra entre la media docena de decisiones *más* importantes que he tomado alguna vez. Y fue la decisión de negocios más importante de mi vida. Finalmente entendí que la vida no está hecha de lo que usted puede lograr. Está hecha de lo que puede lograr con otros.

> **La vida no está hecha de lo que usted puede lograr. Está hecha de lo que puede lograr con otros.**

Desde este momento en adelante en mi vida, cada decisión que tomé estaba enfocada en desarrollar a otros. Y en poco tiempo comenzó a multiplicarse. No solamente logré más, sino que mi equipo logró más. Los observé desarrollarse como personas. Y descubrí que de hecho encontré mayor gozo en verlos tener éxito que en tener éxito yo mismo. ¡Qué increíble! Qué cambio fue ese para mí.

Ya mencioné que regularmente le pedía a Dios que me enviara personas que quisieran marcar una diferencia, y que le agradecí a un grupo de seiscientos de ellos antes de dejar Skyline en 1995. Este descubrimiento cuando cumplí cuarenta fue lo que impulsó la inclusión de estas personas en mi mundo. Me hizo volverme más estratégico e intencional en invitar personas a unírseme para marcar una diferencia. Entre esos voluntarios estaba Linda Eggers. Hubo muchos días en los que colaboró conmigo trabajando como voluntaria para enviar por correo cintas para nuestros líderes o empacar cajas para los congresos. A mediados de los noventa, se convirtió en mi asistente ejecutiva, y ella todavía trabaja en esa capacidad para mí hoy. No puedo imaginar estar marcando una diferencia sin ella.

También comencé a desarrollar a mi personal en nuevas maneras. ¿Cómo podría viajar para entrenar y desarrollar a otros líderes y al mismo tiempo liderar la iglesia eficazmente? Desarrollando líderes excelentes que pudieran liderar sin mí. Hice equipo con Dan Reiland, quien se convirtió en mi pastor ejecutivo; con Steve Babby, quien supervisaba las finanzas; y con Tim Elmore, quien investigaba y desarrollaba bosquejos de sermones que él y yo enseñábamos. Cada persona con la que hice equipo compartía los mismos valores que yo. Pero cada uno tenía su propia personalidad y habilidades que contribuían con la visión más grande de marcar una diferencia.

A partir de este descubrimiento surgió lo que más tarde se convertiría en la *Ley del Círculo Íntimo de Las 21 leyes irrefutables del liderazgo*. Establece: "El potencial de un líder es determinado por los que están más cerca de él". La razón por la que he sido exitoso en los veintiocho años desde mi cuadragésimo cumpleaños es que entiendo esta ley, y cada decisión que he tomado desde entonces ha estado basada en encontrar personas con valores semejantes, desarrollar su potencial y hacer equipo con ellos para lograr una visión compartida.

El poder de las alianzas

Hacer equipo con personas que tengan valores semejantes es poderoso. Probablemente la mejor manera de explicarlo para mí es relatar una conversación que tuve no hace mucho con un grupo de líderes de América Latina. Los dieciocho hombres y mujeres con los que estaba reunido tenían colectivamente entre cuarenta y cinco y cincuenta millones de personas bajo su liderazgo. Aunque cada uno de ellos era extremadamente exitoso, ninguno estaba llegando al 100% de su capacidad. Según mis cálculos casi cada persona en el lugar estaba promediando entre 75 y 80%. Mi meta ese día era mostrarles cómo avanzar al siguiente nivel de impacto.

Cuando le pedí al grupo su opinión sobre cómo hacer que eso sucediera, cada respuesta hubiera rendido solamente un incremento modesto en su eficacia; su mejor idea añadiendo posiblemente a lo mucho 5% de incremento.

Este era un sofisticado grupo de personas con logros, no obstante no me dieron la respuesta que yo sabía era la clave. Yo creía que si hubieran estado al tanto de la respuesta, ya la habrían estado practicando. Podía sentir que se estaban poniendo inquietos, así que finalmente les di la solución. "Alianzas", les dije.

El lugar se quedó en silencio. No era para nada lo que estaban esperando. Pero lo entendieron de inmediato. Seguimos adelante con una gran discusión sobre hacer equipo y luego intercambiamos ideas sobre alianzas potenciales.

Esto es lo más importante que tiene que saber acerca de las asociaciones y las alianzas: para ser eficaces deben realizarse con personas que piensen en manera semejante, pero sobre todo, que tengan *valores semejantes*. Si no se está conectando y haciendo equipo con personas que comparten su sueño *y* sus valores, no tiene oportunidad de que estas alianzas funcionen.

Tener los compañeros adecuados lo ayudará a ganar impulso y desarrollar su sueño en algo más grande. Hay una gran fuerza en los números. Como dice el viejo adagio: dos cabezas piensan mejor que una. Aliarse con una comunidad de personas con los mismos valores lo ayudará a multiplicar el sueño que usted tenga de marcar una diferencia.

Una comunidad nos ayuda a ir más lejos, y cuando es una comunidad de personas talentosas, con valores semejantes, que se complementan entre sí, de hecho también podemos ir más rápido. Las grandes asociaciones lo hacen ser mejor de lo que es usted, multiplican su valor, lo habilitan para hacer lo que usted hace mejor, le permiten ayudar a otros a hacer su mejor esfuerzo, a dar más de su tiempo, le brindan compañerismo, lo ayudan a cumplir los deseos de su corazón y multiplican su visión y su esfuerzo.

El momento en el que usted se asocia con alguien más, se conecta con algo a lo que nunca hubiera tenido acceso antes. Usted obtiene su conocimiento, experiencia, influencia y potencial. Cuando ya está teniendo logros en un nivel altamente eficaz, no obtiene un gran incremento por mejorarse a sí mismo significativamente. Lo obtiene al hacer equipo o conectarse con otras buenas personas que traigan algo diferente a la mesa. Y eso lo hace mejor. ¡Si las alianzas que haga son con personas que tengan valores semejantes, no hay límite para la diferencia que puede marcar!

La mayoría de la gente pierde oportunidades en la vida, no porque la oportunidad no haya estado allí, sino porque no tenían idea de cómo lucía cuando llegó.

Muchas cosas pueden unir a las personas en el corto plazo: pasión, oportunidad, urgencia, conveniencia. No obstante, si una sociedad va a durar a largo plazo, tienen que haber valores compartidos. Cuando los valores de las personas son diferentes, inevitablemente habrá una separación.

Es importante saber qué está buscando cuando se trata de

valores compartidos. La mayoría de la gente pierde oportunidades en la vida, no porque la oportunidad no haya estado allí, sino porque no tenían idea de cómo lucía cuando llegó. Nunca se tomaron el tiempo de dilucidar lo que estaban buscando. Todo se trata de intencionalidad. Usted tiene que saber lo que está buscando si lo quiere encontrar.

Cómo encontrar a los compañeros adecuados

Al principio de mi carrera no tenía una idea clara de a quién estaba buscando; ni cuando entré al pastorado; ni cuando entré al mundo de los negocios. Cuando comencé en mi vida empresarial tome algunas decisiones de contratar personas que no eran las adecuadas. Yo tenía un punto ciego con respecto a las personas. Pensaba lo mejor de todos y no siempre podía ver a la gente por quienes eran realmente. A pesar de que los de mi círculo íntimo me advertían y me prevenían, siempre quería darle a la gente el beneficio de la duda. Eso me metió en problemas más de una vez.

Como la imagen de las personas que yo necesitaba no era clara permití que ellos pintaran la imagen por mí. Invariablemente ellos siempre pintaban *sus* imágenes. Entonces descubrí que las imágenes que habían hecho de sí mismos habían sido grandemente mejoradas. Eran como las tomas glamurosas que la gente se toma y luego modifica en Photoshop.

¿Cómo compenso esto ahora? Calculo un factor de 10% de exageración.

La manera en que esto funciona me quedó claro en el campo de golf. Siga conmigo un momento y va a entender lo que quiero decir. Como sabe, la mayoría de los golfistas exageran sus habilidades. Todo empieza cuando informan sobre su hándicap. A menos que estén protegiéndose para tratar de ganar una apuesta, típicamente sobrestiman su capacidad. Su mejor momento es en la primera salida cuando comparten su hándicap. Entonces golpean la pelota y se muestra su verdadera habilidad.

Los golfistas cometen el mismo error cuando seleccionan un

palo durante una ronda. La mayoría de los golfistas revisan la distancia, luego seleccionan su palo con base en qué tan lejos llegaría la bola si hicieran un buen tiro con ese palo 100% del tiempo. Probablemente en una ocasión usaron su acero 8 para avanzar 150 yardas con puro swing. El resto del tiempo avanzan 135 yardas. Su pelota se encuentra a 150 yardas, así que ¿qué palo escogen? El acero 8; el palo con el que piensan que *deberían* avanzar las 150 yardas, no el palo con el que de hecho *sí* avanzan 150 yardas la mayor parte del tiempo.

Cuando selecciono un palo para un tiro, le resto 10% de la distancia de un tiro perfecto. En una ronda es probable que haga un tiro perfecto al 100%, pero haré veinticinco tiros al 90%. Selecciono mis palos con base en lo que hago con mayor frecuencia, no con base en lo que he logrado una o dos veces en toda mi vida. La selección incorrecta de un palo es el error número uno de los golfistas aficionados que se quedan cortos del hoyo en un tiro.

Al hacer equipo con las personas, no las escoja con base en lo que dicen que pueden hacer, o con base en lo que hicieron *una vez*. Escójalos con base en sus comportamientos regulares. Eso es lo que le dice cuáles son sus valores. Con mucha frecuencia tomamos nuestras decisiones por lo que pensamos que *podríamos* o *deberíamos* hacer más que en lo que *solemos* hacer. Todos somos humanos, así que deberíamos darles a todos el beneficio de la duda. Pero también necesitamos ser realistas. Necesitamos tener una imagen de a qué le tiramos.

Las doce cualidades de personas con valores semejantes que buscan trascendencia

Cuando escribí *Las 21 cualidades indispensables de un líder*, elaboré una imagen clara de cómo luce un líder. Si está buscando líderes, busque esas veintiún cualidades. En una manera similar, en *Las 17 cualidades esenciales de un jugador de equipo* esbocé una imagen de cómo luce un buen jugador en equipo. Si usted está buscando jugadores para el equipo, busque esas diecisiete cualidades en otros.

Pero usted está buscando personas que lo acompañen en el camino a su trascendencia. Para encontrarlos, ¿qué debe buscar? Las cualidades de una persona con valores semejantes. Usted quiere asegurarse de que las personas que se le unan compartan los mismos valores de querer hacer que sus vidas sean relevantes al realizar acciones trascendentes por los demás. Para ayudarlo a reconocer esas cualidades, me he tomado el tiempo de identificar lo que busco en las personas cuando estoy buscando hacer equipo con ellos. Creo que esta lista lo ayudará a medida que viaja por su travesía de trascendencia.

1. Las personas con valores semejantes piensan en otros antes que en sí mismos

Mi descripción favorita de la humildad es esta: la gente humilde no piensa menos de sí misma; solamente piensa menos en sí misma. La madurez no es envejecer, ni volverse más sabio. Es desarrollar la capacidad de ver las cosas desde el punto de vista de otra persona. Cuando usted combina la humildad con la madurez usted tiene a la persona ideal con la que quiero aliarme, y probablemente la persona con valores semejantes que usted también quiere buscar. Soy atraído a las personas que entienden que "con una muy pequeña excepción" el mundo está compuesto por los demás.

2. Las personas con valores semejantes piensan más allá de sí mismas

Las personas que quieren marcar una diferencia han expandido sus mundos a lo largo de los años de *mí* a *nosotros*. Han quebrado su mentalidad egoísta de "qué voy a ganar" y se han estirado más allá de sus propias necesidades primero. Sus sueños ahora incluyen ayudar a los demás y pasar a través de cercas para mostrar que son los guardas de sus hermanos. Están agradecidos por la oportunidad de servir a sus comunidades. Siempre se acercan a los demás con una mentalidad ganar/ganar y siempre cruzan la línea de meta como miembros del equipo de relevo, no como velocistas solitarios.

3. Las personas con valores semejantes tienen una pasión que es contagiosa

Las personas con quienes me quiero asociar tienen un amor por la gente y por la vida que se puede sentir fácilmente por todos a su alrededor. Cuando entran en una habitación, su presencia es palpablemente positiva. Otros son energizados por su espíritu, levantados por su amor y valorados por sus acciones. Conocerlos es querer estar alrededor de ellos. Su presencia marca a otros y pronto, todos son inspirados a vivir en un nivel más alto para que ellos también puedan pasar a otros las alegrías de una vida significativa.

4. Las personas con valores semejantes tienen dones complementarios

La Madre Teresa dijo: "Yo no puedo hacer lo que usted puede hacer. Usted no puede hacer lo que yo puedo hacer. Juntos podemos hacer grandes cosas". Nada es más gratificante que una misión en común siendo lograda por personas con dones complementarios trabajando juntos en armonía. Durante años, los miembros de mi círculo interno me han hecho ser mejor porque tienen dones distintos a los míos. Cada persona trae algo único a la mesa, y no tienen temor de compartir su conocimiento o su perspectiva. Su presencia le añade valor a todo lo que hago. Ninguno es el "todo en uno". Pero si usted pone al grupo de personas correcto juntas, puede crear el todo en uno.

> **"Yo no puedo hacer lo que usted puede hacer. Usted no puede hacer lo que yo puedo hacer. Juntos podemos hacer grandes cosas".**
> ***—Madre Teresa***

Cuando escribí *Las 21 leyes irrefutables del liderazgo,*

rápidamente se volvió obvio que ningún líder podría poner en práctica las veintiún leyes con excelencia. Pero pronto los líderes comenzaron a desarrollar equipos que juntos pudieran destacarse en las veintiún leyes. Allí fue cuando descubrieron que el trabajo en equipo realiza el trabajo soñado. Hay un proverbio africano que lo dice mejor: "Si usted quiere ir rápido, vaya solo. Si quiere ir lejos, vayan juntos". Eso es lo que hacen los compañeros con una manera de pensar semejante con respecto a la trascendencia: se ayudan entre sí para llegar lejos juntos.

5. Las personas con valores semejantes se conectan y se apoyan grandemente

En la década de 1960 cuando comencé a tratar de marcar una diferencia, los líderes experimentados me aconsejaron como un joven líder que no permitiera que nadie se me acercara demasiado. "Mantén tu distancia", me dijeron. Pronto aprendí que eso era un error. No se puede hacer equipo genuinamente con las personas cuando no se ha conectado con ellas. Además, hoy vivimos en un mundo de conexiones. Hubo un tiempo en el que la gente se retiraba a sus propios castillos, cada uno rodeado por un foso para proteger su privacidad y tratar de vivir aislados. Hoy, los fosos se han secado.

Los compañeros necesitan conectarse y necesitan apoyarse mutuamente. Algunos de mis amigos más cercanos son aquellos que me ayudaron a llevar a cabo mi misión todos los días. Nuestros mundos están vinculados para siempre. Con frecuencia me pregunto: "¿Qué haría sin ellos?". La respuesta es: "No mucho".

6. Las personas que tienen valores semejantes muestran un espíritu creativo yo-sí-puedo con respecto a los desafíos

Si queremos cumplir con nuestros sueños y vivir nuestros *porqué*, necesitamos asociarnos con personas que tengan un espíritu yo-sí-puedo. No todos lo poseen. Cuando enfrentan obstáculos, la gente tiene respuestas diferentes. Son:

- **Personas "yo no puedo":** Están convencidas de que no pueden, así que no van a poder, y no pueden.
- **Personas "no creo que pueda":** Estas personas podrían, pero se convencen de no hacerlo. Como resultado cumplen la predicción de sus palabras al no intentarlo.
- **Personas "¿podré?":** Estos individuos permiten que sus dudas controlen sus acciones, lo que los puede llevar al fracaso.
- **Personas "¿cómo puedo hacerlo?":** Estas personas ya tomaron la decisión de enfrentar sus propias asignaciones. La única pregunta sustancial con la que batallan es cómo van a hacerlo.

Este último grupo son mi tipo de personas. ¿Por qué? Porque cuando trabajan juntas, *todo* es posible. Quizá tome un tiempo, pero la visión se logrará.

7. Las personas con valores semejantes expanden nuestra influencia

Durante más de cuarenta años he enseñado que el liderazgo es influencia. Durante esos años he expandido intencionalmente mi influencia con otros porque sé que me permite marcar una mayor diferencia en el mundo. No obstante, hace veinte años hice un gran descubrimiento. Cuando me asocio con personas con valores semejantes paso de incrementar a multiplicar mi influencia.

Las personas exitosas entienden que trabajar duro para conectarse con otras personas es un tiempo bien invertido. Es la manera más rápida de encontrar compañeros y oportunidades para expandir nuestra influencia.

8. Las personas con valores semejantes tienen mentalidad de activistas

Las personas que están dispuestas a defender lo que creen tienen una tendencia inherente hacia la acción. No existe el "preparen, apunten, apunten, apunten... fuego" en su vida. Si erran es del lado de "preparen, fuego, apunten".

Los activistas no solo aceptan sus vidas como son; ellos lideran su vida. Llevan las cosas adonde quieren que vayan. Viven sus historias: 100%. Nada menos es suficientemente bueno para ellos. Todos los días maximizan la oportunidad y aprovechan la ocasión para hacer de su día una obra maestra.

9. Las personas con valores semejantes son constructores de escaleras, no escaladores de escaleras

Mi amigo Sam Chand, el orador y consultor, me enseñó la diferencia entre los que suben por la escalera y los que la construyen. Él dice: "Todos comenzamos en la vida subiendo por nuestras propias escaleras y viviendo para nosotros mismos. Con el tiempo algunas personas comienzan a cambiar de escalar su propio éxito a construir escaleras para que otros suban por ellas".

Sam ha construido muchas escaleras para otros, incluyéndome. Él es mi tipo de persona preferida porque ha dedicado su vida a escalar con otros hacia una vida de trascendencia. Si usted quiere marcar una diferencia busque personas como él.

10. Las personas que comparten valores se destacan en medio de la multitud

El tipo de personas con las que disfruto asociarme para trascendencia son fáciles de encontrar. ¿Por qué lo digo? Porque se destacan de otros. Toman acción cuando otros no. Le añaden valor a los demás todos los días. Y su crecimiento como seres humanos es dramático como resultado de marcar una diferencia intencionalmente en la vida de los demás. El único momento en que no los puede ver es cuando se están agachando para ayudar a alguien más.

Mi tipo de persona quiere que los demás lo hagan mejor que ellos mismos, para que también se puedan levantar juntos y lograr más. Metafóricamente, permiten que otros se paren en sus hombros. Son personas que rompen récords que quieren ayudar a otros a romper sus propios récords. Al buscar compañeros que lo ayuden a marcar una diferencia, procure a los que se destacan en medio de una multitud.

11. Las personas con valores semejantes crean sinergia que produce un alto retorno

Cuando se asocia con la persona correcta es como 1 + 1 = 3. Hay una sinergia que viene cuando las personas correctas están trabajando juntas. Es similar a lo que sucede cuando un grupo de caballos trabajan juntos. Probablemente haya escuchado acerca de ello. Por ejemplo, dos caballos juntos pueden arrastrar unas nueve mil libras [cuatro toneladas métricas]. ¿Cuánto peso pueden arrastrar cuatro caballos? Sin sinergia usted puede hacer los cálculos y suponer que la respuesta es dieciocho mil libras [ocho toneladas métricas]. Eso sería razonable, pero estaría equivocado. Cuatro caballos trabajando juntos pueden de hecho tirar de más de treinta mil libras [más de trece y media toneladas métricas].

La sinergia hace que el todo sea mayor que la simple suma de sus partes. Su verdadero significado proviene de la palabra griega "*synergia*", que significa "trabajar juntos". Piense en todas las posibilidades positivas cuando dos o más cosas trabajan juntas. Imagínese tocar el violín con solo una mano. Si añade su otra mano tiene el potencial de convertirse en un virtuoso. ¿Qué puede crear con solo harina? No mucho. Pero si usted añade agua y levadura, y luego lo hornea, puede crear pan.

Cuando se trata de las alianzas, la sinergia habilita al grupo a desempeñarse más allá de sus miembros individuales. El trabajo en equipo produce un resultado general que es mejor que si cada persona dentro del grupo estuviera trabajando hacia la misma meta individualmente. ¿Qué no se puede lograr cuando hay sinergia y compromiso involucrado? ¡Unidos pueden hacer mucho, mucho más!

12. Las personas con valores semejantes pueden marcar una diferencia en nosotros

Cuando comencé a asociarme con otras personas, era mi propósito que juntas pudiéramos marcar una diferencia para los demás. Lo que me sorprendió fue que las alianzas también marcaron una gran diferencia en mí. Descubrí que es mucho más divertido hacer cosas juntos. Pero más importante, me convertí en una mejor persona gracias a aquellos que vinieron a mi lado.

A medida que busque personas con valores semejantes con quienes desarrollar compañerismo, necesito dejarle saber que el mejor fundamento para desarrollar una buena alianza es tener una capacidad similar. Los equipos son desintegrados más por capacidad desigual que por cualquier otra cosa. Una sociedad sólida sucede porque dos personas tienen algo que ofrecerse entre sí, y lo que se dan y reciben es valorado igualmente. Funciona como una balanza. Si una persona está dando más que la otra, entonces la alianza se desequilibra y se tensa. Para que la sociedad dure, tiene que volver a cierto tipo de equilibrio en el que los dos sientan que el toma y daca funciona para ambos. Y si la sociedad va a durar, a medida que avanza y crece, se adapta y evoluciona, ambos miembros deben ser capaces de cambiar y ajustarse. Si no, terminará. Siempre y cuando cada socio siga añadiendo valor al otro y siempre que haya capacidad en ambos lados, la sociedad puede florecer.

La mayoría de las veces cuando se entra en una alianza, uno no sabe por adelantado cómo irá o si durará. Para que tenga oportunidad, usted tiene que invertir mucho tiempo de conexión con su compañero, nutriendo la relación como cualquier otra. Si no nutre esa relación, sucede como con cualquier otra cosa viviente que usted ignore: se muere. Las sociedades comienzan encontrando algo en común y metas comunes. A partir de allí se desarrollará de lo relacional a lo inspirador.

Y usted tiene que recordar que las asociaciones son más parecidas a las películas que a las fotografías. Cambian de un momento a otro. Solamente el tiempo dirá lo que viene. La capacidad no se puede predecir más allá que la confianza. Pero si comparten intencionalidad, si comparten visión, si tienen metas comunes y un propósito común, si están avanzando en la misma dirección, y si tienen una manera de pensar y valores semejantes, tienen una buena oportunidad de hacer que la sociedad funcione. Una fuerte alianza divide el esfuerzo y multiplica el efecto. Y si ambos siguen dando, tiene la oportunidad de durar.

Sé que quizá usted tenga una causa o un proyecto que le apasiona en el que ya está involucrado activamente. O posiblemente ya tiene el deseo de comenzar a hacer algo bueno en su comunidad. Mientras que mi misión diaria es marcar una diferencia a través de añadirle valor a los líderes, la suya podría ser recaudar dinero para el albergue de personas sin hogar local o rescatar animales. Probablemente su sueño sea ayudar a las familias por medio de trabajar como voluntario en un banco de alimentos. Pudiera ser que quisiera ser tutor de niños con necesidades especiales. Cuál sea su pasión piense en la manera en que su eficacia se multiplicaría si comenzara a conectarse y a asociarse con las personas *correctas*. Sin importar la diferencia que pueda hacer, se multiplicará.

Una fuerte alianza divide el esfuerzo y multiplica el efecto.

Otra transición

Pasé catorce años liderando Skyline, de 1981 a 1995. Y me encantó. Hicimos un impacto positivo en nuestra comunidad. Donamos cantidades significativas de dinero al condado para proyectos cada año. Y lideramos a muchas personas a que tuvieran vidas de trascendencia. Además, venían personas de todos lados a visitar la iglesia, asistir a los servicios y adorar entre los miles de congregantes. Adondequiera que viajaba la gente me presentaba como: "Es uno de los pastores de mayor influencia en el país". A los ojos de muchos yo había alcanzado el pináculo del éxito como pastor.

Aunque apreciaba las oportunidades que se me habían dado a lo largo de los años y estaba agradecido por ser incluido en la compañía de líderes que yo consideraba mejores, más rápidos y más listos que yo, tenía un sentir de que podría hacer un impacto todavía mayor. Sentía que podía ser más trascendente a través de servir y añadirle valor a las personas fuera de la iglesia que lo que podría lograr si permanecía en el pastorado.

Sabía que eso quería decir hacer otra transición. Fue entonces que comencé a luchar con el concepto "mayor que". ¿Qué debemos dejar con el fin de hacer algo mayor que lo que estamos haciendo ahora?

Reconocí que ya no podía aferrarme a todo lo que tenía si quería avanzar, servir a más personas y hacer cosas mayores. Sabía que sería imposible seguir liderando Skyline y ayudar a todavía más personas fuera de la iglesia al mismo tiempo. No podría hacer ambas con excelencia.

Esta no sería una decisión sencilla. Toda mi vida había sido capaz de señalar algo tangible como símbolo de mi éxito. Me preocupaba que si dejaba la iglesia, no podría seguir teniendo eso, y la pérdida de este aspecto de mi identidad personal me daba gran reticencia a renunciar. No obstante, sabía que era momento de reinventarme y de perseguir mi llamado más alto, donde sabía que podía servir a otros y marcar una diferencia.

Cada vez que tome una decisión grande que tenga el potencial de alterar su vida va a haber cierto tipo de intercambio. Entre más exitoso sea, más difíciles los intercambios. Si iba a dejar la iglesia y todo por lo que había trabajado tan duro para lograr, sabía que necesitaba poner mi energía y mi enfoque en algo grande; algo que me importara y que valorara todavía más.

Nuevas alianzas

Así que presenté mi renuncia a Skyline y comencé a enfocar mi atención en marcar una diferencia más ampliamente. Sabía que seguiría entrenando líderes. Durante los catorce años en los que había dirigido congresos de liderazgo, más y más empresarios habían empezado a asistir para aprender de mí, aunque los congresos estaban diseñados principalmente para los líderes de la iglesia. Así que sabía que seguiría enseñando liderazgo.

En este tiempo también puse más enfoque en escribir libros. Quería marcar una diferencia en la vida de la gente que nunca conocería o que jamás asistiría a mis congresos. Comencé a hacer equipo con Charlie Wetzel como mi escritor. Desde entonces, él y yo hemos escrito cerca de setenta libros juntos.

La segunda área en la que puse más energía fue en ayudar a los líderes de la iglesia a recaudar dinero para desarrollar proyectos. Una de las cosas que había hecho no solamente en Skyline sino también en Lancaster y en Hillham era recaudar dinero para construir nuevos edificios y reubicar nuestras congregaciones en crecimiento. Recuerdo haber pensado para mí mismo: *Si puedo recaudar millones de dólares para mi iglesia, ¿qué pasaría si comenzara una empresa que pudiera ayudar a las iglesias y a los pastores de todo Estados Unidos a hacerlo?* Comencé otra empresa y contrate algunos buenos líderes que conocía para que se convirtieran en consultores de iglesias. Hice equipo con los consultores, quienes colaboraban con las iglesias. Juntos, ayudamos a las iglesias a recaudar $3 millardos de dólares.

Pero posiblemente el mayor esfuerzo de asociación que hice vino cuando mi hermano Larry y yo fundamos la organización sin fines de lucro EQUIP. La semilla de la idea fue plantada en 1985, cuando tenía treinta y ocho años. Iba de regreso a casa de un viaje a Perú donde había pasado una semana hablando a un grupo de traductores estadounidenses. Era un grupo de personas sumamente inteligentes y talentosas, pero estaban consumidas por su trabajo. Estaban en puestos de liderazgo, y hablé con ellos con respecto a mejorar sus habilidades de liderazgo, pero no eran especialmente sensibles a mi mensaje, y, francamente, estaba disgustado con su falta de interés en la ayuda que estaba tratando de ofrecerles. No podían ver más allá de sus apremiantes responsabilidades para aprender algo nuevo que los pudiera ayudar a mejorar sus habilidades de liderazgo.

En el vuelo de regreso a casa me volví a Margaret y le dije: "No quiero hablar más en otros países. En Estados Unidos puedo usar todas mis herramientas para impartir lo que he aprendido. Puedo recurrir a mi sentido del humor para enseñar mis principios de liderazgo y obtener una respuesta de casi toda la audiencia. Cada vez que habló internacionalmente, la respuesta es lenta, en el mejor de los casos, porque hay diferencias culturales. Es mucho trabajo. ¡No necesito trabajar tanto! Creo que me quedaré en casa".

Margaret respondió preguntándome: "¿Hay necesidad de levantar líderes sólidos alrededor del mundo?"

"Por supuesto" respondí.

"¿Crees que puedas ayudarlos a volverse mejores líderes?"

"Sí" respondí. "Pero es un proceso lento y laborioso y no es lo que me gusta hacer".

—"John, Dios no te dio sus dones para agradarte a ti mismo. Te los dio para ayudar a otros."

¡Qué cosa! Esas palabras me golpearon en el estómago. En el momento que lo dijo, sabía que tenía razón. Cambié el tema de nuestra conversación, pero no podía deshacerme de ello en mi mente. Durante varios días después estuve batallando mental y espiritualmente con el egoísmo de mi corazón. Sabía lo que *debería* hacer, y, sí que estaba en competencia con lo que *quería* hacer.

Esta no iba a ser una situación donde pudiera hacer una lista de pros y contras y actuar sobre la columna que tuviera más artículos en la lista. Sabía que la importancia de los pros individuales tendrían mayor peso que una gran cantidad de contras. Sin importar cuanto quisiera mantenerme en mi zona de comodidad, mantenerme lejos de comida poco familiar, depender de mi humor estadounidense y mantenerme en la facilidad relativa de viajar dentro de mi propio país, tuve que enfrentar una decisión.

Cuando me senté con un bloc de notas en mi sillón favorito para pensar, anoté en la lista de los contras más de una docena de razones por las que no quería enseñar internacionalmente. En el lado de los pros, solamente había dos:

1. Era lo correcto.
2. No podía ignorar mi verdadero llamado.

Al final, sabía que si no lo hacía, el perdedor sería yo. ¿Por qué? Porque no estaría haciendo aquello para lo que me había comprometido de añadirle valor a la vida de los demás. Nunca había puesto condiciones sobre dónde tendría que vivir la gente cuando hice ese compromiso. Si quería alcanzar mi potencial de trascendencia, necesitaba estar dispuesto para poner a los demás primero.

Desde ese tiempo, comencé a aceptar más invitaciones para enseñar liderazgo fuera de Estados Unidos. Pero el poder de las alianzas en esta área no fue al siguiente nivel hasta que Larry y yo fundamos EQUIP. Lo hicimos específicamente para asociarnos con otras organizaciones. Al principio, nos acercamos a doscientas organizaciones sin fines de lucro y les ofrecimos entrenar a sus líderes. Teníamos altas esperanzas, pero solamente dos grupos estadounidense respondieron positivamente. Así que comenzamos con ellos e hicimos nuestro mejor esfuerzo para añadirles valor y entrenar líderes.

Con el tiempo comenzamos a hacer equipo con organizaciones fuera de los Estados Unidos. Nuestra estrategia era simple. Ofrecimos añadirle valor a las organizaciones que ya estaban haciendo trabajo trascendente a través de entrenar líderes. A medida que los líderes crecían y se volvían más eficaces para marcar una diferencia, las organizaciones se volvían más eficaces. Si quiere hacer crecer cualquier organización, enfóquese en hacer crecer a los líderes.

Ahora, dos décadas después, tenemos asociados en cada nación del mundo. Y hemos entrenado cinco millones de líderes. Es una imagen hermosa que ilustra cómo encontrar personas con una manera de pensar y valores semejantes, y el sorprendente efecto compuesto que tiene cuando vive intencionalmente.

Recuerde, todos empiezan en pequeño

Una de mis preocupaciones al contarle mi historia es que podría sonar más grande y mejor que lo que es en realidad. No olvide que comencé en Hillham, y pasé veintiséis años trabajando para añadirle valor a la gente antes de que Larry y yo comenzáramos EQUIP. ¿Es verdad que EQUIP ha entrenado más de cinco millones de personas? Sí. ¿Larry y yo merecemos el crédito por eso? No. Es verdaderamente el resultado de muchas alianzas para poder nombrarlas: con la junta de directores original quienes financiaron la organización entera; con los miembros subsiguientes de la junta quienes soportaron la visión mental, emocional, espiritual y financieramente; con Doug Carter, quien recaudó los fondos para EQUIP durante veinte años; con literalmente *cientos* de organizaciones quienes se asociaron con nosotros; con traductores; con voluntarios.

Cada persona que se ha asociado conmigo a lo largo de los años en este viaje de trascendencia "sea en una iglesia con EQUIP, o en alguna de mis empresas" merece el crédito, así como todos los que se alíen con usted lo merecerán. A medida que busque personas con valores semejantes con quienes asociarse asegúrese de que posean lo que yo llamo "los grandes separadores". Todos mis compañeros más eficaces compartían estas cualidades que hacían una diferencia. Poseían compromiso. Siempre pedía eso por adelantado, porque el compromiso separa a los jugadores de los que aparentan. Pensaban más allá de sí mismos, porque para marcar una diferencia, las personas tienen que poner a los demás primero. Tenían la capacidad de soñar grandes sueños. Querían asociarse con personas que pensaran sin limitaciones. Y poseían pasión. Esto era lo más importante, porque la pasión es contagiosa e influencia a otros. Invita la energía y genera movimiento.

Posiblemente en esa época yo no le podría haber dicho que esas eran exactamente las cosas que yo estaba buscando, porque no tenía la suficiente experiencia para pronunciarlas. Pero seguía mi intuición. Sentía que se requería mucha más energía para hacer algo trascendente. Y sabía que necesitaba un grupo de personas que tuvieran valores semejantes a los míos a mi alrededor; personas que quisieran marcar una diferencia.

No puedo exagerar la importancia de aprender la lección de hacer equipo con otras personas que quieran marcar una diferencia. Este es el factor de multiplicación que hace posible que un individuo cambie una familia, una comunidad, una ciudad, un país: el mundo. Si usted tiene una visión de trascendencia que promete ayudar a otras personas, y se asocia con otros que comparten la misma visión, no hay límite a lo que se puede lograr. El único otro factor que necesita entrar en juego es la oportunidad, la cual abordo en los dos capítulos finales de este libro.

El autor y conferenciante, Brian Tracy, escribió: "Usted es un imán viviente. Usted está invariablemente atrayendo personas a su vida y a sus situaciones en armonía con sus pensamientos dominantes". O para ponerlo como decía mi madre cuando era niño: "Dios los crea y ellos se juntan". Puede sonar trillado, pero es verdad.

En *Las 21 leyes irrefutables del liderazgo*, escribí acerca de la Ley del Magnetismo, que dice que usted atrae a quienes son como usted. Este principio aparece en todo lo que hace, en todo lo que dice, en cómo se presenta a sí mismo y adónde va. Si usted está apasionado por la trascendencia, usted tenderá a atraer personas que quieren ser trascendentes. Su energía y su entusiasmo serán tan contagiosos que las personas querrán estar a su alrededor. La gente querrá lo que tiene. Encontrará que las personas serán atraídas a usted pidiendo una probada de su vaso de trascendencia. Y una vez que hayan sorbido de ese vaso, créame, querrán más.

Con compañeros con valores semejantes, el impacto puede crecer

Cuando se alía con personas con valores semejantes, no hay manera de decir qué tipo de resultado positivo puede surgir de ello. Recientemente me volví consciente de un gran ejemplo de esto cuando era el orador principal en la convención nacional de Defender, una empresa de servicios con sede en Indiana. Dave Lindsey, el director general de la empresa, dijo que cuando inicio la empresa, tuvo el deseo de tener una empresa que fuera generosa en dar a los demás.

"Una de las razones por las que creo que damos como corporaciones es porque sabemos que es importante trabajar en una empresa que da", dijo Lindsey.

Pero Lindsey dice que muchas organizaciones se equivocan porque no piensan en términos de una verdadera sociedad. Le piden a los empleados que adopten sus valores en lugar de encontrar lugares en los que sus valores se alinean.

Lindsay explica: "Decimos: 'Muy bien, la empresa va a dar aquí, así que emociónese', en lugar de ir con el empleado y preguntarle: '¿Qué le emociona? ¿Dónde está su corazón? ¿Qué organización sin fines de lucro es importante para usted? Y daremos allí'. De alguna manera hemos volteado el libreto [...] Ahora estamos impulsando su pasión en lugar de tratar de crear pasión donde no existía".

¿Cómo hace eso Lindsey? Les pide primero a los empleados que declaren lo que les importa, para escoger donde les gustaría servir y dar. Luego Defender los apoya. ¿El resultado? La participación se fue al cielo.

Lindsey llama a esto el esfuerzo del Súper Desafío de Servicio [Super Service Challenge]. Así es como funciona: Les da a sus empleados tiempo libre para servir a organizaciones sin fines de lucro. La única estipulación es que las organizaciones siendo servidas tienen que ser organizaciones sin fines de lucro reconocidas como 501(c)(3) para que los empleados tengan licencia con goce de sueldo por parte de Defender. Defender también ayuda a estos voluntarios a recaudar dinero para darle a las organizaciones sin fines de lucro a las que sirven.

El proceso ideado por Defender fue sencillo. Ellos sugirieron:

1. **Consiga compañeros de trabajo.** Sugerimos tres personas o más.
2. **Escoja una organización sin fines de lucro.** Seleccione cualquier organización sin fines de lucro registrada como 501(c)(3).
3. **Vayan y sirvan.** Sirvan a la organización sin fines de lucro como un equipo.
4. **Compartan su historia.** Genere un video donde compartan su experiencia. ¡Su video puede ganar dinero para la organización sin fines de lucro a la que hayan servido![25]

Lo que comenzó en Defender creció. En 2011, ochenta equipos de Indianapolis participaron y juntos dieron $200 000 para sus causas. Pronto otros comenzaron a notarlo, incluyendo al mariscal de campo de la NFL, Drew Brees. Al siguiente año Brees se volvió uno de los participantes y tomó el Desafío para Nueva Orleans. Participaron más de 250 equipos y regalaron más de $1 millón de dólares.

En 2013, se esparció a cuarenta y dos estados, donde más de setecientas empresas enviaron al campo más de 250 equipos sirviendo personas y regalando $1,6 millones de dólares.[26]

Aunque el desafío comenzó dentro de la empresa de Dave Lindsey como parte de la cultura de su centro de trabajo, se está difundiendo rápidamente. Y sigue creciendo. Su siguiente meta es hacer del Súper Desafío de Servicio un esfuerzo internacional.

En nuestra vida ajetreada y frenética algunas veces es fácil para nosotros pasar por alto el poder del compañerismo, las asociaciones y las alianzas. No obstante, cuando usted vive con trascendencia intencional, su inclusión de otros también se vuelve intencional. A medida que usted haga planes, debe involucrar a otras personas e invitarlas a hacer equipo. Para recibir su participación completa, usted debe estar listo para comprometerse, ceder, sacrificar y conectarse con ellos. Usted no obtiene más de lo que da. Pero cuando dé esas cosas, es probable que sean recíprocos con usted. Y hay un efecto multiplicador sorprendente y poderoso que sucede.

Aplicación intencional: Asóciese con personas que tengan valores semejantes a los suyos

¿Cuáles son sus valores?

Para encontrar personas que compartan sus valores, es útil conocer qué está buscando. Tómese un poco de tiempo para pensar en los valores más importantes para usted con el fin de marcar una diferencia en la vida de los demás. Como punto de inicio, considere las doce cosas que yo busco:

Piensa en otros antes que en sí mismo
Piensa más allá de sí mismo
Tiene una pasión que es contagiosa
Tiene dones complementarios
Apoya grandemente
Muestra un espíritu creativo yo-sí-puedo
Expande la influencia
Tiene mentalidad de activista
Es constructor de escaleras
Se destaca en medio de la multitud
Crea sinergia
Marca una diferencia en mí

¿Cuál de esas es importante para usted? Revíselas. ¿Qué cualidades o características adicionales que no están en la lista son importantes para usted? Escríbalas. Esto se convertirá en su lista de inicio para encontrar personas con valores semejantes.

¿Quién comparte sus valores?

Como viajo mucho, con frecuencia conozco personas en los aeropuertos que me van a recoger que no me conocen. Algunos elaboran un letrero con mi nombre y lo levantan. Depende de mí encontrarlos. Otros tienen un método completamente distinto.

Obtienen una fotografía mía de uno de mis libros para saber cómo luzco y toman la responsabilidad de encontrarme.

Si realizó el ejercicio anterior de Aplicación Intencional, usted ahora sabe cómo son las personas que tienen valores semejantes a los suyos. ¡Tome la responsabilidad de encontrarlos! ¿Quién en su vida desea trascendencia y comparte sus valores? Cuando los encuentre, conéctese con ellos. Comience a desarrollar sus relaciones con ellos para que esté listo para tomar el siguiente paso:

Encuentre un lugar para asociarse con ellos *hoy*

Una vez que haya hecho una conexión relacional con alguien es tiempo de encontrar su conexión de trascendencia. Ya sea que usted tenga un sueño que puede compartir con la esperanza de que él o ella se le una, o que esa persona tenga un sueño que usted necesita escuchar con la esperanza de poder unirse a él.

Quien inicie con el sueño no es importante. Algunas personas descubren el sueño y luego al equipo. Otros se unen al equipo para descubrir el sueño. Lo que importa es que usted se asocie con personas que piensen en una manera semejante para marcar una diferencia para otros. Así es cómo usted logra una vida relevante.

EN UN MOMENTO QUE MARQUE UNA DIFERENCIA

9

Viva con un sentir de expectación

Estamos entrando en la recta final de nuestra discusión sobre vivir intencionalmente, y ahora quiero que nos enfoquemos en ayudarlo a marcar una diferencia en un momento que marque la diferencia. ¿Cuándo es ese tiempo? Bueno, es *ahora* por supuesto. Pero simplemente decir "hazlo ahora" no lo equipa para sacar el mayor provecho de cada día, ¿o sí? Así que lo que quiero hacer es ayudarlo a desarrollar el tipo de mentalidad para realizar actos de trascendencia y lo primero que necesito hacer es guiarlo a vivir con un sentido de anticipación. Para ayudarlo a entender eso, le contaré la parte siguiente de mi historia.

Algo que no anticipaba

Cuando renuncié a Skyline para enfocarme en marcar una diferencia en la vida de más personas a través de EQUIP y mis empresas tenía un gran sentido de expectación. En ese momento, me estaba acercando a los cincuenta años, estaba trabajando todos los días en mi punto óptimo, le estaba añadiendo valor a la gente y estaba comenzando a experimentar el efecto compuesto de casi tres décadas de vivir intencionalmente.

Pero también estaba empezando a sentirme frustrado por la cantidad de tiempo que me tomaba a mí y a los miembros de mi equipo viajar de San Diego a varias ciudades alrededor del país para congresos, consultorías y ocasiones para hablar. Así que le pedí a mi asistente Linda Eggers que hiciera un análisis tiempo-costo de mis viajes durante los doce meses anteriores. Lo que descubrió me dejó perplejo. En un año, había pasado el equivalente a veintiocho días volando desde San Diego a ciudades nodales, solamente para hacer conexiones aéreas. *¡Veintiocho días!* ¿Se puede imaginar perder todo un mes de su vida en esa manera?

Como ya le dije, soy altamente estratégico sobre la manera en que invierto mi tiempo. Había invertido décadas en descubrir cómo sacar el máximo provecho de mis días. Y ahora estaba descubriendo que estaba pasando 8% de mi año en aviones solamente para ir del punto A al B. Y eso quería decir que los consultores que trabajaban para mis empresas estaban gastando un porcentaje similar de tiempo tomando vuelos adicionales porque la mayoría de nuestros clientes se encontraban al este del Misisipi.

Me gustaba todo de San Diego. Me encantaba la topografía. Me encantaba estar cerca del océano. Me encantaba el clima perfecto. Es un hermoso lugar. Pero ese fue el día en que supe que necesitábamos mudar la empresa. Si quería lograr que mi trascendencia fuera compuesta y sacar el máximo provecho de todos los días, tenía que mudar al equipo y a las empresas lejos de la Costa Oeste. Para prepararse en hacer actos trascendentes, debe *posicionarse* con el fin de actuar de inmediato. No puede actuar si está invirtiendo demasiado de su tiempo tratando de llegar a la línea del frente. Necesita *estar* en el frente.

No puede actuar si está invirtiendo demasiado de su tiempo tratando de llegar a la línea del frente. Necesita *estar* en el frente.

¿Adónde iríamos? Me encantaba Nueva York, pero no era lo suficientemente central. Además es un lugar caro para vivir y yo tenía que tomar en cuenta el costo de vivir ahí para todas las personas que trabajaban con nosotros. Las únicas tres ciudades que consideraba que eran nodos aéreos localizados en el centro del país eran Chicago, Dallas y Atlanta. Cuando examiné los beneficios de volar desde esas tres ciudades para alcanzar nuestros destinos de trabajo más comunes, todas las ciudades quedaban a la par. Lo siguiente que consideré fue el costo de vida. Eso eliminó Chicago. Además crecí en un lugar en el que tenía que palear nieve cada invierno y no tenía un gran deseo de volver a ello. ¡Me gusta el calor! Eso quería decir que estaba escogiendo entre Dallas y Atlanta.

Finalmente escogí Atlanta porque pensamos que nos ponía en la posición de marcar una diferencia en una mejor manera. El costo de vida era asequible para todos. El clima era bueno. Y la ubicación era fantástica. Alrededor del 80% de la población de Estados Unidos se encuentra a un vuelo de dos horas desde el aeropuerto de Atlanta.

¿Quién hará el viaje de trascendencia?

Una vez que se tomó la decisión de la ubicación, la siguiente consideración fue el equipo mismo. Me senté y elaboré una lista de todas las personas en la empresa. Eran sesenta y cinco personas trabajando en mis tres organizaciones quienes sentíamos eran jugadores esenciales en el equipo. Habíamos trabajado duro para desarrollar estos equipos de personas con una mentalidad y valores semejantes. La pregunta era quién decidiría mudarse. La mitad de las familias eran nativos de California y les gustaba mucho donde vivían. Esa región era todo lo que conocían así que mudarse del otro lado del país sería un cambio drástico para ellos. ¿Qué harían? Calculé que alrededor de la mitad de las personas en esa lista se mudarían conmigo.

Cuando reuní al equipo para decirles a todos que íbamos a mudar las oficinas centrales de las empresas a Atlanta supe que las noticias provocarían un impacto. Les presenté todo el asunto; las oportunidades que estábamos perdiendo por estar en California. La expectativa que sentía por mayor trascendencia si nos mudábamos a un nodo central de las aerolíneas. Las investigaciones que habíamos hecho para asegurarnos de que la calidad de vida allí pudiera ser buena para todos. Tengo que admitir, que fue sumamente emotivo.

Cuando terminé de hablar, la gente no tenía que decir una palabra. Yo sentía que estaban conmigo. No les pedí que levantaran la mano o que dieran alguna señal de apoyo. De hecho, cuando terminé de hablar, me levanté y salí de la habitación antes de que hubiera alguna discusión real porque le quería dar a todos tiempo para procesarlo. No quería vendérselos. Quería que ellos tomaran la decisión que fuera mejor para ellos.

Un miembro del equipo de hecho me siguió y me dijo: "Puedes contar conmigo".

Lo que me sorprendió fue que todos se sentían en esa manera.

Finalmente, solo dos personas decidieron quedarse en San Diego y se quedaron por razones familiares. No solo las otras sesenta y tres personas nos mudamos a Atlanta, sino cinco años después solamente una familia se ha mudado de regreso a California.

Todas estas personas estaban comprometidas con la misión de trascendencia en la que ahora estábamos caminando claramente. Mi visión personal se había convertido en una visión colectiva: mi sueño, su sueño. Querían añadirle valor a las personas tanto como yo. No, fueron más allá de un deseo por marcar una diferencia. ¡Fueron conmigo porque tenían la *expectativa* de marcar una diferencia!

Expectativa intencional

He notado que muchas personas quieren marcar una diferencia cuando son confrontadas con una crisis o tragedia. Levantan su teléfono y donan dinero a Haití o a Japón después de un terrible y devastador terremoto. Donan ropa o provisiones para la recuperación después del tsunami. Ofrecen su tiempo como voluntarios después de una crisis inesperada en nuestro país, tal como un huracán destructivo o el secuestro de un niño.

Cuando suceden cosas urgentes, los estadounidenses generalmente tenemos el corazón de responder en ese momento, como lo hicimos después del 11 de septiembre. Este tipo de llamado a realizar acciones trascendentes ocurre de vez en vez. Y aunque levantarse para este llamado es bueno, y ciertamente lo alentaría a servir en estos tipos de situaciones, quiero hablar de un tipo de urgencia distinta en este capítulo. No es un sentido de urgencia momentáneo que viene durante una crisis. No, este es un tipo de urgencia que toma la iniciativa. Está basada en expectación.

Para mí, *expectación* es una palabra maravillosa con iniciativa e intencional para *buscar* trascendencia. La gente con expectativa *planea* ser trascendente. Ellos *esperan* vivir una vida relevante todos los días. Se *preparan* para hacer actos significativos. Se colocan en una posición física, mental, emocional y financiera para marcar una diferencia en la vida de otros. Su sentido de expectación por trascendencia los atrae a avanzar.

> ***Expectación*** **es una palabra maravillosa con iniciativa e intencional para** ***buscar*** **trascendencia.**

¿Qué hace por nosotros un fuerte sentido de expectación? Hace cinco cosas:

1. La expectativa nos lleva a valorar el hoy

Cada día espero que encontraré una oportunidad por realizar un acto trascendente a través de añadirle valor a alguien. Veo mi agenda diaria y pienso en los momentos y lugares potenciales en los que puedo hacer esto. La expectativa lleva a mi mente a considerar nuevos momentos trascendentes y, cuando es posible, crearlos. Esto se ha vuelto una disciplina mía. Y se puede volver la suya.

Cuando usted vive con intencionalidad, usted *sabe* y *entiende* que cada día es su momento para marcar una diferencia. No es algún día, un día o quizá mañana. Es *hoy*. Usted tendrá el tiempo de marcar una diferencia si quiere, así que se trata de vivir con el entendimiento de que puede actuar y luego hacerlo.

> **Cuando usted vive con intencionalidad, usted** ***sabe*** **y** ***entiende*** **que cada día es su momento para marcar una diferencia.**

Este sentido de expectación ya era fuerte en mí cuando me mudé a Atlanta, pero subió a otro nivel un año más tarde después de mi experiencia en la fiesta de Navidad de la empresa. Estaba bailando esa noche cuando de pronto no me sentí muy bien. Una de los miembros de mi equipo que se estaba despidiendo, cuando sintió la parte de atrás de mi cuello, me señaló que estaba sudando frío.

Rápidamente fui de sentirme mal a peor. De pronto sentí un terrible dolor en mi pecho. Sabía que estaba teniendo un ataque cardiaco, así que me recosté en el piso mientras llamaban a una ambulancia.

Mientras esperaba, le dije a todos lo mucho que los amaba y apreciaba. Quería que supieran lo importantes que eran para mí y cuánto los valoraba.

Cuando llegó la ambulancia, me llevaron al Hospital Grady en el centro de Atlanta. Si uno ha sido herido de bala o arma blanca, Grady es adonde le gustaría estar. Pero no si está teniendo un ataque cardiaco. Al parecer no tenían las instalaciones o el personal para hacer las pruebas necesarias para mi problema cardiaco. Las cosas no se veían bien para mí.

Fue cuando mi asistente, Linda, recordó que seis meses antes le había dado la tarjeta de uno de los mejores cardiólogos de Nashville. Había conocido al hombre cuando comí con Sam Moore, quien era mi editor en ese tiempo. El Dr. John Bright Cage me había entregado su tarjeta y me había dicho: "Como médico, quiero hablar con usted. Usted está en problemas. Tiene sobrepeso y es candidato para un ataque cardiaco".

Yo en buena parte no lo tomé en cuenta. No me gustó su mensaje. Le dije que yo manejaba el estrés bastante bien y que no había nada de qué preocuparse.

"Dios me llamó a cuidar de usted "me dijo". Tome mi tarjeta, John. No la pierda, porque va a necesitarla. Y cuando llegue el momento, llámeme".

Podía ver que las intenciones de este doctor eran buenas, así que recibí su tarjeta. No le di mucho crédito a lo que dijo, ni valoré la tarjeta. ¿Por qué lo haría? Recientemente había tenido un examen físico y me habían dicho que mi corazón estaba saludable.

Además, él vivía en Nashville, a cinco horas de mi casa en Atlanta. La probabilidad de que nuestros caminos se volvieran a cruzar era relativamente pequeña. A pesar de todo esto, le di la tarjeta a Linda, y nunca volví a pensar en ello.

Pero Linda sí. Ella es el tipo de mujer que siempre está preparada. En ese entonces, antes de los teléfonos inteligentes, ella solía cargar con el directorio de la empresa en el asiento trasero del coche. Gracias a Dios que lo llevaba esa noche. Es probable que su pensamiento rápido y su preparación me hayan salvado la vida.

Linda llamó al Dr. Cage a las 2:00 a.m. para hablarle de la situación. Él sabía exactamente lo que se necesitaba hacer. Era como si de algún modo hubiera estado esperando la llamada. El Dr. Cage hizo arreglos rápidos para transferirme al Hospital Emory. De alguna manera, en quince minutos, encontró a un cardiólogo para que fuera en la ambulancia conmigo, sin el cual no lo hubiera contado. Cuando llegamos a Emory, el Dr. Jeff Marshall, jefe de cardiología allí, y su brillante equipo me estaban esperando.

"No sé quién sea usted" dijo el Dr. Marshall al recibir la ambulancia, "pero los cuatro de nosotros fuimos despertados por el Dr. Cage para encontrarlo aquí".

Inmediatamente me llevaron a la sala de urgencias.

Durante algunas horas bastante largas y atemorizantes, mi condición era inestable. Cuando había entrado al primer hospital había tres enfermeras y un doctor cuidándome. En Emory un par de horas más tarde, había de pronto cuatro de los mejores doctores del país supervisando mi situación. Aunque no tenía claro todo lo que estaba sucediendo, una cosa era cierta: *más* médicos en la habitación no era una buena señal.

Uno no sabe realmente si va a tener miedo de morir hasta estar lo suficientemente cerca para tocar, probar y oler la muerte.

Durante este tiempo estaba físicamente muy incómodo. Pero *espiritualmente* estaba en paz. Antes de ese incidente, me había preguntado con frecuencia como me sentiría cuando enfrentara el umbral de la muerte. Ahora ya no tenía que preguntármelo. No tenía miedo. Uno no sabe realmente si va a tener miedo de morir hasta estar lo suficientemente cerca para tocar, probar y oler la muerte. Durante dos horas y media estuve a un pelo del umbral de la muerte, y aun así estaba tan relajado y calmado como podía.

Lo único que le pedí al Dr. Marshall ese día fue que me dijera si estaba muriendo.

"Todavía no está muriendo, pero si no podemos revertir esto morirá" me dijo.

"Solo dígame" le dije, perdiendo y recobrando la conciencia.

Aunque no tenía miedo ni remordimientos, había una pregunta que le seguía haciendo a Dios y a mí mismo es noche fatídica: "¿Se ha cumplido mi propósito?". Mire, solamente tenía cincuenta y uno. ¡Sentía que una persona como yo no podía estar acabada! Estaba demasiado joven para haber cumplido con mi propósito: con todo mi *porqué*. No obstante, al estar recostado en esa cama de hospital esa noche, supe sin duda que había hecho mi mejor esfuerzo y que absolutamente podía recordar mi vida sin remordimientos con respecto al camino de trascendencia que había tomado. Este descubrimiento me dio mucha paz y consuelo.

Tengo que confesarle que estaba de algún modo sorprendido de tener tal paz con respecto a mi vida. El sentimiento de calma y la falta de remordimiento me tomó desprevenido. Si me hubieran dado un teléfono para encargarme de mis asuntos pendientes, no estoy seguro de a quién habría llamado. Aunque no sabía que iba a tener un ataque cardiaco, lo que descubrí fue lo que se convertiría en la experiencia espiritual más asombrosa de mi vida. Me dio la más grande confianza en mi fe. Me probó mi fe y ya no la cuestionó: jamás.

Los doctores me ayudaron a salir adelante, obviamente. El Dr. Marshall me dijo que si hubiera tenido el mismo ataque cardiaco un año antes me habría muerto porque el procedimiento y el equipo que habían usado para salvarme no habían estado disponibles el año anterior.

Después de una recuperación total, sentí una responsabilidad todavía mayor de administrar mis dones y mis oportunidades. Mi sentido de expectativa fue afilado. Creí fuertemente a partir de entonces que si seguía vivo era porque era probable que no había cumplido totalmente con mi propósito. Todavía había más trabajo que hacer. Mi propósito es la razón por la que sobreviví.

Al salir de esa experiencia, esto es lo que no sé y lo que sí sé.

No sé cuándo voy a morir

Sé que descubrir y cumplir mi propósito me ha permitido vivir mi vida sin remordimientos.

¿Qué de usted? Si se acercara al umbral de la muerte hoy, ¿lo estaría enfrentando sin remordimientos? ¿Sabe por qué está aquí, y ha hecho su mejor esfuerzo para cumplir con su propósito? Si no, usted necesita encontrar su *porqué*, entre más pronto mejor. El momento en que comience a entender qué es, es el momento en que puede comenzar a vivirlo con un fuerte sentido de expectación.

Mi vida fue cambiada para siempre cuando tuve mi ataque cardiaco, no solo a causa de las ramificaciones físicas o el cambio en estilo de vida que tuve que hacer. Y no solo por la fe y la paz que experimenté en el momento que estaba enfrentando la posibilidad de mi muerte. ¿Qué fue lo que cambió? Hasta entonces, había dado mis días por sentados en lugar de contarlos. La diferencia entre dar por sentados sus días y contarlos es inmensa.

La diferencia entre dar por sentados sus días y contarlos es inmensa.

Esto es lo que quiero decir: Hasta esa experiencia, siempre pensé que tenía más tiempo. Ese día me di cuenta de que era probable que no tuviera más tiempo. Enfrenté la probabilidad de que posiblemente mi tiempo se habría terminado. Darme cuenta de ello generó un sentido de urgencia y *expectativa* que nunca antes había sentido. Me aclaró lo mucho que realmente quería hacer que mi vida contara. Era como si Dios me hablara y me dijera: "No he terminado contigo todavía. ¡Aprovecha al máximo el tiempo que te quede!".

Nada enciende su fuego más rápido que se le dé otra oportunidad en la vida. Cuando sobreviví el ataque al corazón, no había duda de que estaba en una misión. Había un plan mucho mayor que el mío que cumplir y llevar a cabo. No volví a ver la vida de la misma manera desde entonces.

Espero que no tenga que experimentar un ataque cardiaco para desarrollar el fuerte sentido de expectativa que lo ayuda a valorar el hoy. Sea que lo sepa o no, sus días están contados, al igual que los míos. Pero sobre todo, en cualquier día dado, cuando tenga la oportunidad de añadirle valor a los demás y realizar un acto de trascendencia, probablemente no tenga esa oportunidad de nuevo. El momento puede pasar y la mayor parte del tiempo no recuperará ese momento. La oportunidad se va y la persona a la que pudo haber ayudado se va por su camino. Por eso necesita aprovecharlo.

2. La expectativa nos impulsa a prepararnos

Wayne Gretzky es sin duda el mejor jugador de hockey de todos los tiempos. Lo recuerdo explicando en una entrevista por qué era mucho más exitoso que los demás jugadores de hockey: "La mayoría de los jugadores de hockey siguen el disco sobre el hielo "dijo". Yo nunca patino adonde se encuentra el disco. Yo patino hacia donde va". Esa es una gran ilustración de expectativa.

> **"La mayoría de los jugadores de hockey siguen el disco sobre el hielo. Yo nunca patino adonde se encuentra el disco. Yo patino hacia donde va".**
> **—*Wayne Gretzky***

Tener un fuerte sentido de expectación cambia la manera en que ve todo, y lo hace prepararse de otra forma. Por ejemplo, cada año busco para encontrar la palabra que me va a ayudar a enfocar mis esfuerzos y atención durante el siguiente año (¡busco solo una palabra porque no puedo manejar una frase completa!). Durante ese año, utilizo esa palabra para encontrar muchas lecciones y experiencias trascendentes. Identificar esta palabra y utilizarla como guía se ha convertido en una disciplina para mí.

Un año la palabra era *fracaso.* Decidí que cada vez que fuera confrontado con el fracaso, me aseguraría de entender que no era final y de aprender de él. Me ayudó a abrazar la idea de que los planes fallidos no deberían ser interpretados como una visión fallida. Los planes rara vez se mantienen los mismos y son removidos o ajustados según se necesite. La visión es solamente refinada por el fracaso. Es importante mantenerse empecinado con su visión, pero flexible con su plan.

Otro año la palabra era *milagros*, porque sentí que casi cada problema, obstáculo o fracaso tenía una oportunidad de milagro en él: una posibilidad que yo no veía. Ese año continuamente me preguntaba: "¿Es esto material para un milagro? ¿Puede ser esto levantado? ¿Es esta una oportunidad para ayudar a otros?".

Otro año escogí la palabra *éxito*. Todos los días pensé: *¿Qué es el éxito? ¿Quién es exitoso? ¿Por qué son exitosos? ¿Cómo puedo ayudar a otros a ser exitosos?*

En 2013 y 2014 por primera vez la misma palabra me impresionó: *transformación*. Esa palabra estimuló la misión de EQUIP y fue el catalizador para este libro. Inicialmente quería escribir un libro sobre liderazgo de transformación, pero sabía que antes de que pudiera ver una gran visión de transformación, tendría que plantar las semillas de la trascendencia. Creo que si uno realiza muchos actos intencionales de trascendencia se puede convertir en un líder de transformación.

Cuando tiene la expectativa de que lo que *puede* hacer y lo que *hará* marcaran una diferencia, se prepara en una manera distinta.

Cuando tiene la expectativa de que lo que puede hacer y lo que hará marcaran una diferencia, se prepara en una manera distinta: para su día, para su año, para su trabajo, para su familia, en cómo ve los problemas y en cómo ve las oportunidades. La expectativa los cambia todo.

3. La expectativa nos ayuda a generar buenas ideas

Cuando poseemos una actitud de expectativa, esperamos tener buenas ideas que nos ayudarán a marcar una diferencia. Cuando me reúno con mi equipo, ya sea para resolver un problema, desarrollar un nuevo producto o servicio para una de las empresas o generar una iniciativa para añadirle valor a la gente, nunca entramos a la junta creyendo que *no* se nos ocurrirán buenas ideas. Esperamos tener éxito. Tenemos la expectativa de soluciones positivas, y eso nos ayuda a generarlas.

Escuché un ejemplo sorprendente de cómo la expectativa alimenta la innovación cuando supe acerca de un adolescente llamado Easton LaChappelle. Cuando tenía catorce, decidió que quería desarrollar una mano robótica. Comenzó a navegar la internet para aprender electrónica. Armó sus Lego con algunos motores pequeños, tubería eléctrica, hilo para pescar y cinta adhesiva. Y desarrolló una mano robótica con dedos articulados que podía controlar remotamente. Esa es una muy buena historia de expectativa de éxito. Pero allí no termina la historia.

Cuando LaChappelle estaba en la feria de ciencias del estado en su estado natal de Colorado, conoció a una niña de siete años que tenía un miembro protético. Su mano elaborada en una manera profesional podía hacer menos que la mano que él había diseñado "la de la niña solo se podía abrir y cerrar" no obstante le había costado a la familia $80,000 dólares. Fue en ese momento que se le encendió la bombilla. Supo su porqué. Dilucidaría cómo elaborar protéticos altamente funcionales que fueran asequibles.

Cuando usted tiene una idea, y cree que es lo único que se le va a ocurrir en la vida, la acapara. No obstante, si usted tiene la expectativa de que tendrá más ideas estará dispuesto a compartirlas.

Se puso a trabajar en su habitación en casa, y para cuando cumplió dieciséis años, había construido un prototipo de prótesis utilizando tecnología de impresión 3-D. Había costado menos de $400 dólares elaborarla. LaChappelle entonces continuó con desarrollar un brazo protético con dedos articulados que pudiera ser controlado por una diadema electroencefalograma (EEG) que mide ondas cerebrales. ¡La produjo por menos de $500 dólares![27] Luego anunció que la tecnología que había desarrollado sería de código abierto, significando con ello que cualquiera en el mundo sería libre de usarla y de mejorarla sin tener que pagarle por ello.[28] Cuando usted tiene una idea, y cree que es lo único que se le va a ocurrir en la vida, la acapara. No obstante, si usted tiene la expectativa de que tendrá más ideas estará dispuesto a compartirlas.

¿Qué está haciendo LaChappelle ahora? Ya se graduó de la escuela media-superior. Comenzó una empresa para desarrollar miembros protéticos a bajo costo, y está trabajando con la NASA ayudándolos con la robótica. Sigue inventando ideas y ayudando a la gente porque tiene la expectativa de hacerlo.

¿Cuál es su actitud cundo se trata de soluciones para ayudar a otras personas? ¿Tiene la expectativa de tener éxito? ¿Cree que generará ideas? ¿Tiene confianza suficiente en su capacidad para añadir valor que está dispuesto a compartir sus ideas y soluciones? Desarrolle expectativa, y comenzará a tener más confianza en su habilidad de marcar la diferencia.

4. La expectativa nos motiva a buscar maneras de ayudar a otros

Cuando dejé Skyline, una de las cosas que sabía que quería hacer era añadirle valor a diez personas con gran potencial. Así que comencé a pensar en quién debería estar en la lista. Solamente había dos criterios. Primero, tenía que poder añadirles valor en un aspecto que sabía que podría hacer un impacto sustancial. Segundo, necesitaban tener cierto éxito ya obtenido o estar en la cúspide del éxito, y necesitar ayuda para lograr un avance. Eso aseguraría que el valor que les añadiera se volvería compuesto. Eso haría que mi tiempo y mi esfuerzo fuera como invertir en una acción confiable en la que sabía que obtendría mi mejor retorno sobre la inversión.

En muchas maneras, las diez personas que escogí eran mejores, más rápidas y más inteligentes que yo, que era la razón por la que quería cabalgar a su lado, encontrar lo que necesitaran y dárselos, sin hacer más preguntas y sin condiciones.

Con mucha diligencia y metódicamente fui en pos de esos diez, pero nunca les diría mi propósito; a menos que preguntaran. En los casos en los que alguno sí preguntara, simplemente le respondería diciendo: "Quiero servirte". Pero mi verdadero deseo era añadirle valor a sus vidas en silencio sin revelar mis razones.

Hacer esto afiló mi sentido de expectativa, y a medida que los ayudaba, mi creencia de que podía añadirle valor a los demás se fortaleció. El éxito de los demás era pronto más importante para mí que mi propio éxito. Sabía que contaba con experiencias y conocimiento que podía ofrecer para ayudar a la gente. Comencé a obtener una emoción mayor de ver y celebrar las victorias de alguien más que celebrar las mías propias.

Han pasado veinte años desde que hice esa primera lista de personas en las que me quería derramar, y hoy sigo manteniendo una lista con los nombres de diez personas a las que deseo servir. A lo largo de los años, los nombres de la lista han cambiado, aunque hay algunos de esa lista original que permanecen. He servido a algunas personas por una temporada y por una razón. Algunas las he seguido sirviendo y planeo servirlas durante toda mi vida. Siempre quise añadirle valor a cada persona de la lista. Por supuesto, con el tiempo, mi meta ha crecido más allá de solo servir a diez personas. Pero esa lista original fue un catalizador para ayudarme a permanecer siendo intencional en añadirle valor a los demás y mantener ese sentido de expectativa.

5. La expectativa nos ayuda a poseer una mentalidad de abundancia

La ventaja anterior de la expectativa lleva a esta siguiente: tener una mentalidad de abundancia. La gente vive en uno de dos tipos de mundos. Un mundo viene de tener una mentalidad de escasez.

Usted no puede dar lo que no tiene. La mentalidad de escasez no tiene nada que dar. Está preocupado con recibir. La mentalidad de escasez se trata todo de mí. Dice: "No hay suficiente para todos. Más me vale obtener algo para mí y aferrarme a ello con todo lo que tengo". La gente que vive en el mundo de la escasez piensa: Solamente hay una tarta, así que más me vale tomar una rebanada grande antes de que se termine.

La gente que vive en el mundo de la abundancia piensa en una manera sumamente distinta. Saben que siempre hay más. Mientras los demás se adelantan y tratan de tomar su rebanada de la tarta, la gente con una mentalidad de abundancia piensa: *Está bien. Simplemente hornearemos otra tarta.*

La gente con una mentalidad de abundancia piensa: *Está bien. Simplemente hornearemos otra tarta.*

La mentalidad de abundancia es la forma de pensar de las personas de trascendencia y no tiene nada que ver con cuánto tienen. Probablemente no tengan riqueza financiera. Quizá no vivan en situaciones excelentes. Pero están dispuestos a compartir lo que tienen porque no se preocupan de que se les termine. Pueden ser guardas de sus hermanos, porque creen que hay más que se puede encontrar, más que se puede generar. Si no hay una manera ahora, se inventará otra.

Lo que le puede sorprender es que dos personas que ocupan el mismo espacio, enfrentan las mismas circunstancias y reciben las mismas oportunidades pueden vivir en estos dos mundos distintos. Una persona se puede restringir pensando en términos de escasez. La otra puede tener una mentalidad de abundancia que hace que casi cualquier cosa sea posible. Su pensamiento, más que ninguna otra cosa, tiene un impacto sobre si viven como si tuvieran o como si no tuvieran.

Cuando hablo con la gente acerca de las mentalidades de abundancia y escasez, algunas veces pregunto: "¿Cuál preferiría tener?". Todos levantan la mano para la abundancia, no obstante muchos

La expectación es la clave que abre las puertas a la mentalidad de abundancia.

batallan porque están atorados mentalmente en el mundo de la escasez.

Así que le haré la pregunta: ¿En qué mundo preferiría vivir: escasez o abundancia? Si tener una mentalidad de abundancia es difícil para usted las buenas noticias son que puede cambiar. Puede utilizar la *expectación* para ayudarlo a cambiar la manera en que piensa y actúa. ¿Cómo? Al practicar la expectación positiva para usted y otros. La expectación es la clave que abre las puertas a la mentalidad de abundancia.

"¿Puertas?" Quizá se esté preguntando. "¿No quiso decir *puerta*?".

No. Esperar que solamente hay una puerta es una mentalidad de escasez.

Déjeme explicarle como la expectativa comienza y crece en su vida.

Hay una puerta de oportunidad delante de usted. Probablemente la vea; o quizá no. Pero allí está. Si usted tiene una expectación positiva, supondrá que está allí, y hará el esfuerzo de encontrarla, y si es diligente en ese esfuerzo, la encontrará. Pero sepa esto. Podría estar cerrada, y es probable que requiera mucho esfuerzo para abrirla y pasar por ella. ¿Está dispuesto a probarlo? *¿Cree que pueda?* Algunas personas lo intentarán y otras personas no. Espero que usted sea alguien que esté dispuesto.

¿Qué suele hacer la diferencia? Expectativa. Cuando usted tiene una expectación positiva, usted cree que puede abrir la puerta. Y si usted tiene la expectativa de que podría haber algo positivo del otro lado usted tratará de abrirla.

Así que digamos que usted está dispuesto. Usted tiene una expectativa positiva, lo cual, por cierto, es una decisión, porque no sabemos lo que habrá detrás de esa puerta. Si atraviesa esa puerta, ¿sabe qué encontrará? Más puertas. No existe solamente una puerta de oportunidad. No solo hay una puerta a la trascendencia. Hay

No existe solamente una puerta de oportunidad. No solo hay una puerta a la trascendencia. Hay una serie de puertas.

una serie de puertas. ¿Qué lo mantiene avanzando, abriendo esas puertas? ¡La expectativa!

Encontrar y atravesar una puerta es un evento. Pasar por muchas puertas es un estilo de vida. Eso requiere una mentalidad de abundancia. Cada vez que usted abra otra puerta, su expectativa se fortalece y es validada. A lo largo del tiempo, se puede volver parte de su ADN. Y si usted sigue pasando puertas, usted generará éxito, y usted tendrá la oportunidad de lograr trascendencia. Usted marcará una diferencia. Es casi inevitable.

Tristemente, demasiadas personas tienen una mentalidad de escasez y carecen de expectación positiva. Como resultado, nunca abren la primera puerta. Las puertas no abiertas refuerzan la mentalidad de escasez y la vida de escasez. Otros abren esa primera puerta, pero cuando no ofrece lo que esperaban, se decepcionan y abandonan la búsqueda. Se rinden.

No permita que eso le suceda. No permita que la brecha entre la expectativa y la realidad lo decepcione. No le permita matar su sentir de expectación. Siga buscando puertas y abriéndolas. Y recuerde que con cada puerta abierta, su expectativa incrementará y también lo hará la abundancia.

Si encuentra que esto es difícil, entonces comience a cambiar su mentalidad recordando sus éxitos pasados y manténgalos al frente de su mente. Piense en los riesgos que tomó que lo llevaron a recompensas. Piense en las oportunidades que usted persiguió que le dieron éxito. Piense en las lecciones que aprendió cuando las cosas no resultaron conforme usted esperaba, y cómo se benefició más tarde de esas lecciones. Dependa de esos recuerdos. Pueden darle un marco de referencia para esperar que sucedan buenas cosas en su futuro. Si tiene expectación de lo positivo y lo une con un deseo de ayudar y añadirle valor a los demás, usted puede marcar una diferencia.

Cómo construir una casa de trascendencia

El viaje de expectación positiva que acabo de compartir con usted ha sido una realidad en mi vida. Para mí, vivir una vida relevante es como construir una casa. El proceso comenzó al abrir la primera puerta, que era *Quiero marcar una diferencia.* Una vez que pasé esa primera puerta, entré a mi primera habitación de trascendencia. Y descubrí algunas maneras maravillosas en las que podría marcar una diferencia en la vida de otros.

Cada día que viví en esa habitación intencionalmente traté de añadirle valor a alguien. Algunos días fueron mejores que otros, pero cada día fue un esfuerzo intencional de ayudar a alguien. Experimenté más victorias que derrotas, y cada vez que le añadía valor a alguien, me añadía valor a mí. Mi siembra intencional con el tiempo resultó en una cosecha. De mi sentir de abundancia, busqué más trascendencia. La expectativa alimentó mi deseo de hacer más.

Con cada día, marcar una diferencia abría otra puerta. Con la segunda puerta abierta me permitió vivir en dos habitaciones. La primer habitación, *quiero marcar una diferencia*, ahora se había unido con la segunda habitación, *mediante hacer algo que marque una diferencia.* Esa habitación me permitió descubrir mis fortalezas: las cosas que podía hacer mejor que nadie más. Esas fortalezas incluyeron liderar, comunicar y conectar. Al practicar esas fortalezas, mi trascendencia se volvió más enfocada y esa concentración láser comenzó a presentar un retorno más alto. Fue en esta habitación que encontré mi propósito: mi porqué. Conocer mi razón de existir me facultó para volverme más estratégico con respecto a todo, pero por encima de todo lo demás en el aspecto de la trascendencia. ¿Qué más podía hacer para marcar una diferencia?

El potencial y el retorno compuesto de trabajar con otros hizo que mi sentir de expectativa se remontara por los cielos.

Mi expectativa alimentó mis preguntas hasta que encontré una respuesta que me llevó a buscar la tercera puerta en mi travesía de trascendencia. Con expectación, abrí la tercera puerta, que es hacer algo que marque una diferencia con *personas que estén marcando una diferencia*. Esta nueva habitación estaba llena de gente que eran compañeros potenciales en trascendencia. Estoy agradecido por esto a causa de mis limitaciones personales. Solo, únicamente puedo hacer tanto así. El potencial y el retorno compuesto de trabajar con otros hizo que mi sentir de expectativa se remontara por los cielos.

Durante los primeros años de estar en esta habitación, constantemente buscaba personas que pudieran añadirme valor. Eso me limitaba y la trascendencia que pudiera lograr. Pero entonces me di cuenta de que debería estar enfocándome en añadirle valor a las personas que se asociaran conmigo. Hoy, mientras vivo en esta área, tengo un deseo: encontrar personas que tengan una mentalidad y valores semejantes para que los pueda levantar a ellos y sus niveles de trascendencia.

Durante muchos años, mi casa de trascendencia tuvo solamente tres habitaciones. Me parecía que mi casa soñada estaba terminada. Sin embargo, entre más me conectaba con otros y trabajaba con ellos y los servía, me fue cada vez más claro que tenían un deseo de transformar individuos, comunidades e incluso países. Pronto estaba haciendo preguntas acerca de líderes de transformación y las cualidades que poseen.

Los observé y los seguí y encontré otra puerta de oportunidad. Esta habitación final era en *un momento que marque la diferencia*. Las personas que abren esta puerta viven con intencionalidad. Viven con expectativa y aprovechan las oportunidades para marcar una diferencia. Viven con una urgencia que los faculta para hacer de cada día una obra maestra de trascendencia. Su intensidad y su enfoque no se pueden negar. Se adelantan a las necesidades de los demás. Su comportamiento respalda sus creencias, y sus acciones subrayan y desarrollan más expectación. Están viviendo el ciclo de la trascendencia: expectativa, acción, abundancia, expectativa, acción, abundancia. Cuando entendí esto y me asocié con otros, pudimos hacer juntos una diferencia en un nivel completamente nuevo.

Si usted tiene una mentalidad de abundancia, esto probablemente le haga sentido. ¡Fantástico! No titubee. Avance.

Si tiene una mentalidad de escasez, quizá sea más difícil para usted vivir con una expectativa positiva. Si quiere cambiar, considere esto. Si vive con una mentalidad de escasez, usted obtendrá lo que espere. Usted tendrá escasez. Garantizado. Nadie experimenta abundancia al estar esperando escasez. Así que, ¿por qué no intentar con la abundancia? En el mejor de los casos experimentará abundancia. En el peor de los casos usted obtendrá la escasez que ya ha estado experimentando. No tiene nada que perder. Crea, tenga expectación, actúe, dé y vea qué sucede. Podría cambiar su vida.

Nadie experimenta abundancia al estar esperando escasez. Así que, ¿por qué no intentar con la abundancia?

Tenga la expectativa de transformación

Uno de los lugares donde mi fuerte sentido de expectativa se ha materializado, y donde las personas podrían verlo fácilmente, es en mi organización sin fines de lucro, EQUIP. En 2003, varios años después de que mi hermano Larry y yo comenzamos EQUIP, tuve un fuerte sentir de que deberíamos tratar de entrenar un millón de líderes en países alrededor del mundo. Lanzamos lo que llamamos el mandato de un millón de líderes.

Hubo personas que pensaron que estábamos locos; que estábamos buscando hacer algo que era imposible. Pero eso no nos desanimó. Nuestro sentido de expectativa era fuerte. Nos asociamos con personas y organizaciones primero en India, Indonesia y Filipinas. Luego en otras partes de Asia. Luego en África y Europa. Y después en América del Sur y América Central. En 2008, llegamos a la meta. Y luego entrenamos otro millón de líderes, y luego otro. Para 2013, habíamos entrenado más de cinco millones de líderes en todo el mundo. Nuestro sentir de expectación había rendido frutos.

Pero en 2013, sucedió algo más. Me di cuenta de que había cometido un error. Había hecho la suposición de que entrenar líderes automáticamente haría una diferencia positiva en la vida de otras personas en los países donde habíamos hecho el entrenamiento. Pero descubrí que entrenar a los líderes no los hacía personas de transformación en la vida de los demás. No deseaban automáticamente marcar una diferencia. No vivían con trascendencia intencional.

Como resultado de este descubrimiento, nuestro equipo de liderazgo comenzó a preguntar: "¿Qué nos faltó?". Después de mucha introspección y muchas largas horas de discusiones, esta fue nuestra conclusión: El entrenamiento que habíamos llevado a cabo era educativo, no transformador.

Entrenar líderes era nuestro objetivo, así que nos habíamos enfocado en las lecciones que enseñábamos más que en las vidas que esperábamos cambiar. Manteníamos estadísticas en capacitación pero generamos relativamente pocas historias de trascendencia. No estábamos marcando la diferencia que habíamos estado esperando. ¿Qué iba a hacer?

Esto fue un verdadero dilema para mí. Como el fundador y el líder de la organización, tenía que tomar una decisión. Mi corazón me estaba alentando a ser fuerte y a declarar que necesitábamos hacer un cambio denodado. Pero mi orgullo y mi reputación me hacían querer mantener el curso. Me dije: "EQUIP es reconocida como una organización de entrenamiento de clase mundial. Acepta el aplauso. Recibe el respeto que te ha dado la gente alrededor del mundo. A tu edad, disfruta el final de un maravilloso viaje".

Durante semanas, mi corazón y mi deseo de preservar mi reputación batallaban uno contra el otro.

Finalmente la junta de EQUIP se reunió para discutir el futuro de la organización. Hablamos con mucha franqueza, y ellos compartieron palabras de sabiduría. El apoyo y el amor que sentí de ellos era abrumador. Estos miembros de la junta habían andado esta travesía conmigo, y ahora estaban dispuestos a dejarme decidir nuestra dirección. Me dejarían decidir si seguiríamos adelante en una nueva dirección, o si estaríamos satisfechos con nuestros logros pasados.

En esos momentos mi orgullo hizo un último esfuerzo para que me conformara con lo que tenía. Ese era el camino fácil. "Deja que alguien más joven y más capaz tome el camino difícil de esforzarse por la trascendencia "me dijo". Ya pagaste lo que te tocaba, y ahora es el tiempo de alejarse a una vida menos demandante".

Pero mi corazón no permitiría que ganara mi orgullo. Mi deseo de trascendencia "y mi abrumador sentido de expectativa de que *podíamos* marcar una diferencia" fue más fuerte y ganó. Cambiaríamos de dirección. Comenzaríamos de nuevo, esforzándonos por la trascendencia.

Una vez más sentí la adrenalina correr por mi cuerpo. Reconocí ese sentimiento. Había sentido ese mismo incremento de energía en 1965 cuando fui desafiado con esa misma pregunta: ¿En qué sueña? Mi sueño no se había retirado. Mi travesía de trascendencia no se había terminado. Este era el momento de marcar una diferencia. Para cumplir con mi llamado de añadirle valor a la gente, necesitaba lleva a EQUIP a otro nivel. Necesitaba liderar la carga mientras ayudábamos a los líderes entrenados a convertirse en líderes de transformación.

Un líder de transformación convence y compromete intencionalmente a las personas para pensar y actuar de tal manera que hagan una diferencia positiva en su vida y en la vida de otros.

Un líder de transformación convence y compromete intencionalmente a las personas para pensar y actuar de tal manera que hagan una diferencia positiva en su vida y en la vida de otros. Ahora más que nunca, quería ir en pos de ese sueño. Ese día seguí mi corazón y compartí con la junta que EQUIP se convertiría en un catalizador de un millón de historias de transformación. También me comprometí con escribir este libro.

Sin duda, este también es su tiempo para marcar una diferencia. Si usted vive con una expectación positiva, lo puede hacer. Probablemente ya lo está haciendo. O quizá esté en las etapas de preparación: en busca de la primera puerta de oportunidad, o de la segunda o tercera puertas. Donde se encuentre en el proceso no importa. Mientras esté comprometido con él y tenga la expectativa de resultados positivos, está en camino. Lo único que le falta hacer es comprender cómo aprovechar las oportunidades para marcar una diferencia. Y ese es el tema del capítulo final de este libro.

Donde se encuentre en el proceso no importa. Mientras esté comprometido con él y tenga la expectativa de resultados positivos, está en camino.

Aplicación intencional: Viva con un sentir de expectación

La expectativa del impacto del hoy

Cuando se levantó esta mañana, ¿cuál fue su mentalidad con respecto a marcar una diferencia? ¿*Creía* que podría marcar una diferencia? ¿*Esperaba* marcar una diferencia? ¿O ni siquiera pensó en ello?

¿Qué puede hacer para incrementar su sentir de expectación todos los días? ¿Cómo puede recordarse a sí mismo hacer de esto una parte de su existencia diaria? ¿Qué puede hacer para recordarse a sí mismo que *ahora* es el tiempo de encontrar maneras de ayudar y añadir valor a las personas? Probablemente usted necesite poner una nota con adhesivo en el espejo de su baño o en la pantalla de su computadora. Quizá necesite fijar una fotografía de alguien a quien haya ayudado en el pasado para verla todos los días e inspirarse a actuar. Probablemente usted necesite hacer de un mensaje de expectativa la pantalla de inicio de su teléfono o del escritorio de su computadora. Pudiera ser que necesite un recordatorio diario enviado a su teléfono en un momento oportuno. O quizá le podría pedir a alguien que le pida cuentas por actuar todos los días o todas las semanas.

Haga lo que sea necesario para ayudar a desarrollar un sentido de expectación positiva por marcar una diferencia. No se conforme, como yo me sentí tentado al luchar con el asunto de EQUIP.

Prepárese

¿En qué maneras se está preparando para marcar una diferencia? Mi antiguo mentor, John Wooden, solía decir: "Cuando llega la oportunidad es demasiado tarde para prepararse". ¿Se está preparando? ¿Tiene la expectación de la oportunidad para marcar una diferencia? Cuando reciba la oportunidad, ¿estará preparado?

Le sugiero que haga dos cosas para ayudarlo a estar listo. Primero, reúna sus recursos. Piense en lo que tiene que pueda usar para ayudar a otros. Segundo, genere márgenes en su vida. Muchas personas fallan en marcar una diferencia porque están demasiado ocupadas. Avanzan tan rápido que no ven las oportunidades, o tienen tanto que no creen que tengan el tiempo de detenerse y ayudar. ¡No sea una de esas personas!

¿Cree en la abundancia?

¿Quién es usted: una persona de escasez o una persona de abundancia? Si no es una persona de abundancia, siga el consejo en el capítulo. Busque en su pasado por inspiración. Haga una lista de sus éxitos pasados. Añada a esa lista cada ventaja, don o beneficio que haya recibido que no se haya ganado. Añada a la lista las lecciones positivas que ha aprendido de sus errores y fracasos.

Si le da a este ejercicio el tiempo que merece terminará con una lista muy larga. De hecho, si mantiene la lista a la mano durante los días, semanas o meses siguientes, quizá le puedan sorprender cuántas cosas positivas puede recordar.

Ahora bien, este es el punto. Mire la lista. Si la escasez es la norma, ¿cómo es que ha experimentado tantas cosas positivas? La abundancia está allá afuera. Usted necesita creer en ello y tener la expectativa de que se beneficiará de ello. Haga el cambio mental a la abundancia. Y siempre que se sienta tentado a sentirse desalentado o cínico, saque esa larga lista y revísela de nuevo.

10

Aproveche oportunidades trascendentes con un sentido de urgencia

En noviembre de 1989, estaba de pie en la cocina de nuestra casa en San Diego cuando escuché en las noticias que el Muro de Berlín estaba siendo destruido. Era claro para mí, sin lugar a dudas, que en ese mismo momento se estaba haciendo historia. Me estaba dirigiendo a la oficina de la casa, pero regresé con Margaret y le dije: "Necesitamos ir allá. Creo que deberíamos subir a los niños a un avión e ir ahora. Tienen que ver esto".

Entonces me fui a la oficina, como solía hacer cada mañana, porque había un par de cosas en mi agenda que necesitaban mi atención.

Quedé absorbido por mi trabajo y en cuestión de minutos la urgencia de tratar de llegar a Berlín se desvaneció. Pensé: *Berlín puede esperar.* Y el momento se fue.

Para siempre.

Siempre he sentido frustración por esa decisión. Ir a Berlín con mis hijos para ver caer el muro era una oportunidad de una-vez-en-la-vida. Quería mostrarles lo que le puede suceder a un país cuando el liderazgo se equivoca. Gracias a la división de Berlín después de la Segunda Guerra Mundial las familias quedaron separadas. Entonces los alemanes orientales hicieron que su propio pueblo quedara como prisionero al levantar ese muro. Esa muralla era un símbolo de un liderazgo malvado y corrupto. Y su destrucción era un símbolo de esperanza y de liderazgo positivo, no del gobierno, sino del pueblo.

Quería que mis hijos vieran que eran las personas ordinarias las que estaban destruyendo la muralla. Habían llegado a un lugar en el que dijeron: "No más". Quería que mis hijos experimentaran la celebración y la alegría del momento. Y quería que tuvieran un pedazo del muro como recordatorio de este poderoso evento en la historia.

Incluso con todas estas razones para ir, no actué. Perdí mi sentido de urgencia. Y como resultado perdí la oportunidad de darles un momento que todos pudiéramos compartir que podría haber tenido un impacto duradero en su vida.

Hay momentos en la vida cuando tiene que aprovechar una oportunidad para hacer una experiencia significativa y traer a las personas importantes de su vida a un ambiente de trascendencia. Si no se tiene expectativa de la oportunidad, reconoce que algo está sucediendo y aprovecha ese momento, puede perderse esas raras ocurrencias que verdaderamente importan. Tenía el tiempo y los recursos de hacer que el viaje a Berlín sucediera. Pero no actué con intencionalidad.

¿Alguna vez ha hecho eso? ¿Alguna vez ha tenido una idea de hacer algo que podría marcar una diferencia en la vida de otra persona, no obstante lo dejó pasar porque le faltó un sentido de *urgencia*? Tengo que admitir que eso me ha sucedido muchas veces. Desearía poder aprovechar cada oportunidad que pasara por mi camino. Sé que es poco realista, pero es mi deseo de todos modos.

En nuestra vidas inquietas, llenas de exigencias, preocupaciones o actividades, ¿hay un momento *conveniente* para marcar una diferencia? Probablemente no. ¿Habrá un momento *correcto*? Sí. *Es ahora: ¡cuando veamos la oportunidad!* ¿Cómo podemos ayudarnos a nosotros mismos a volvernos personas más orientadas a la acción? Mantenemos un sentido de urgencia por marcar una diferencia cada día.

Adopte la mentalidad correcta para aprovechar oportunidades

Creo que cada generación obtiene una oportunidad para marcar una diferencia, pero las personas de esa generación tienen que *aprovechar* esa oportunidad. Cuando Bobby Kennedy fue asesinado en 1968, recuerdo estar sentado en mi sala de estar, leyendo en el periódico una cita que era asociada con él con frecuencia y con su hermano el presidente John F. Kennedy: "Hay quienes ven las cosas como son y se preguntan: '¿Por qué?'. Yo sueño con cosas que jamás han sido y pregunto: '¿Por qué no?'".

Creo que cada generación obtiene una oportunidad para marcar una diferencia, pero las personas de esa generación tienen que *aprovechar* esa oportunidad.

Yo estaba en mi primer año en la universidad en 1968, y este fue un momento de definición para mí. Había algo en esa cita que me atrapó. Entendí exactamente lo que estaba diciendo Kennedy. Y me identifiqué con ello. Descubrí que yo no era alguien que renunciaría por los obstáculos ni sería alguien que fuera detenido cuando otros quisieran preguntar por qué algo nuevo debería ser hecho. Yo era definitivamente una persona de posibilidades. Era temerario en mi disposición a preguntar lo que no sabía; a desafiar a otros con nuevas maneras de pensar y de hacer cosas. Supe justo en ese momento que iba a ser una persona que caminara por la vida preguntando: "¿Por qué no?". Creía en mi habilidad para cambiar las cosas para mejor. Desde ese día en adelante, traté de aprovechar oportunidades y de encontrar maneras de hacer suceder las cosas.

Mi travesía de trascendencia había sido progresiva, pero siempre había estado arraigada en el deseo de actuar ahora. Yo no espero a mañana, la semana siguiente, el mes próximo o el año que viene o algún día cuando puedo llegar a actuar. Siempre me enfoco en *hoy*. Y mi sentido de urgencia ha crecido con los años. Mi travesía de trascendencia comenzó en pequeño pero se multiplicó a medida que se desarrolló más mi capacidad de ver. Se sigue desarrollando, y espero que se siga repitiendo el ciclo de crecimiento, en el que lo que hago crezca cada vez más. Pero esa mejora depende de tomar acción, de aprovechar las oportunidades a medida que vienen.

Déjeme decir algo acerca de las oportunidades. No se multiplican porque sean *identificadas*. Muchas personas ven oportunidades. Las oportunidades se multiplican porque son *aprovechadas*. Y entre más personas aprovechen las oportunidades, más las ven. Se vuelve un ciclo positivo. Por eso es que necesitamos vivir con un sentido de urgencia.

Las oportunidades no se multiplican porque sean *identificadas* [...] se multiplican porque son *aprovechadas*.

El dicho "usted puede marcar una diferencia en cualquier momento, pero el mejor tiempo es ahora" impulsa a las personas que tienen expectación y viven con intencionalidad. No hay tiempo como el presente. El mañana no está garantizado. El ayer es demasiado tarde. Vivir intencionalmente es un estilo de vida, es una manera de pensar que dice: "Hay algo más que yo puedo hacer". Como dijo el poeta Ralph Waldo Emerson: "Uno no puede hacer un llamado demasiado pronto, porque uno nunca sabe qué tan pronto será demasiado tarde".

Cinco maneras de aprovechar las oportunidades

A medida que avance a una vida trascendente donde marque una diferencia, debe entrenarse a sí mismo para tener expectación de las oportunidades y aprovecharlas. La urgencia debe convertirse en parte de su mentalidad. Debe convertirse en un estilo de vida. Si usted quiere vivir una historia excelente para marcar una diferencia, y está dispuesto a comenzar en pequeño, conocer su porqué, poner a los demás primero, añadirle valor a las personas desde su punto óptimo, conectarse y asociarse con personas que tengan una mentalidad y valores semejantes y vivir con un sentido de expectación, solamente le falta hacer una cosa para marcar una diferencia: aproveche las oportunidades.

Va a ser difícil para mí asesorarlo sobre los detalles de aprovechar las oportunidades, porque cada persona, cada situación y cada día es diferente. Pero puedo mostrarle varios lugares en los que cada persona tiene la oportunidad de aprovechar las oportunidades para marcar una diferencia. Usted puede producir un impacto trascendente en las maneras siguientes:

1. Sea el primero en ayudar a alguien

Quiero pedirle que haga algo. Piense en tres personas que fueron las primeras en tomar el desafío y apoyarlo en algún punto de su vida cuando tuvo una crisis, un problema o una necesidad extrema.

¿Quién lo ayudó cuando realmente lo necesitaba?

¿Cuál fue la dificultad que usted tuvo?

¿Quién fue el que se ofreció para ayudar? Escriba sus nombres.

¿Qué hicieron?

Muy bien, ahora quiero que usted piense realmente bien esta siguiente pregunta. En esa misma situación, ¿quién fue la *segunda* persona que le ayudó?

Le apuesto que no lo puede recordar, ¿o sí? Le ofrecería un millón de dólares y probablemente no podría escribir el nombre de esa persona.

La gente que con más frecuencia marca la mayor diferencia son las personas que primero se levantan y ayudan en un momento en el que marca una diferencia.

¿Por qué? La gente que con más frecuencia marca la mayor diferencia son las personas que primero se levantan y ayudan en un momento en el que marca una diferencia.

Esto ha sido así en mi vida. Recuerdo a las personas que hicieron una diferencia primero: Hace muchos años Linda Eggers se me acercó después de asistir a un congreso mío y me dijo que si alguna vez comenzaba una empresa que le gustaría ayudarme y ser parte de ella. Ella fue la primera en tomar el desafío en un momento en el que necesitaba a alguien. Linda ahora ha sido mi asistente ejecutiva durante más de veinticinco años.

Cuando llegué a casa del hospital después de mi ataque al corazón Charlie Wetzel, mi amigo de toda la vida y colaborador para escribir, preparó una maravillosa comida saludable que mi familia y yo disfrutamos juntos mientras me recuperaba. Jamás lo olvidaré porque él fue el primero en celebrar mi recuperación; y porque sucede que es ¡un chef altamente capacitado!

Estas personas han sido parte de mi círculo íntimo y de mi vida durante más de dos décadas. ¿Por qué? Porque siempre están a la expectativa de maneras de auxiliarme, y cuando ven una oportunidad, rápidamente aprovechan el momento. Viven con un sentido de urgencia para marcar una diferencia.

Cuando pienso en todos los libros que he escrito, sonrío a causa de Bud Lunn. Él fue la primera persona en ofrecerme ayuda para publicar un libro cuando quería escribir. Él era el presidente de una pequeña compañía editorial en Kansas City. Todavía puedo recordar cuando compartió conmigo que él pensaba que lo que yo le enseñaba a los demás era digno de estar en un libro. Dijo que si escribía el libro, él lo editaría sin cargo.

Mientras estaba considerando su propuesta, Les Parrott fue el primero en explicarme por qué debería escribir mi primer libro. Me dijo que probablemente nunca ganaría dinero haciéndolo, pero que podía ayudar a la gente. Hasta el día de hoy sigue siendo mi motivación para escribir. Mis días favoritos de todos son los días en que mis libros llegan a las librerías.

¿Por qué?

No hay nada mejor que la emoción que recibo de mirar ese libro, sosteniéndolo en mis manos, sabiendo que va a ayudar a la gente. Puedo decirle cada lugar donde estaba el día en que vi el primer ejemplar de uno de mis libros y lo sostuve en mis manos por primera vez.

Recuerdo a la primera persona que dio dinero para EQUIP. Fue Gerald Brooks, un pastor amigo mío de Texas quien me había visto entrenar líderes durante años. Fue en una pequeña habitación donde solía orar y trabajar en Skyline Church cuando Dottie, mi asistente en ese tiempo, entró corriendo con un sobre en la mano.

"¡Pastor! ¡Mire esto!", dijo ondeando un sobre blanco como si fuera la bandera estadounidense.

Era un cheque por $10 000 junto con una breve nota de Gerald que decía: "Sé que tienes el corazón para entrenar líderes. Quería ser el primero en alentarte a salir a hacerlo. Usa esto para entrenar líderes".

La fe de Gerald en mí significó todo. Cuando tomó el desafío y escribió ese primer cheque, me inspiró a salir a recaudar millones de dólares, y me abrió la puerta a entrenar a cientos de miles de líderes. Él fue el que aprovecho toda esa trascendencia porque él fue el primero en decir: "Creo en ti, John".

Cuando pienso en todas esas personas que tomaron el desafío primero en mi vida en un momento en que marcó una diferencia, me doy cuenta de que:

- Se destacaron de los demás.
- Siempre tendrán un lugar especial en mi corazón.
- Ellos plantaron las primeras semillas de éxito en mi vida.
- ¡Sus semillas se multiplicaron en una manera compuesta para una cosecha abundante de vida trascendente!

Cuando usted recibe el tipo de apoyo y confianza que yo he recibido, hay una motivación tremenda y el deseo de brindarle ese tipo de inspiración a otras personas también. Cada mañana que tengo el compromiso de hablar delante de un grupo me levanto con gran expectativa porque creo que voy a marcar una diferencia en la vida de las personas ese día.

Nunca falla en sucederme: mi expectación, disposición y energía son excesivas. Para el momento en que llego al lugar, casi me comporto de manera infantil de la emoción. Cuando estoy enseñando estoy lleno de gran alegría porque sé sin duda que le estoy dando al grupo algo que va a funcionar y que tiene el potencial de transformar su vida. Yo entiendo el impacto que puede tener la información que les estoy entregando si actúan sobre ella. Conozco lo que es posible si aprovechan la oportunidad.

¿Está buscando oportunidades donde pueda ser la primera persona en ayudar a la gente? ¿El primero en alentarlas? ¿El primero en abrir puertas que no podrían abrir por sí solos? ¿Tiene un sentido de urgencia? Mire a su alrededor. Probablemente usted pueda ser el primero en alentar a un miembro de su familia. Quizá pueda ayudar a alguien a quien usted le lleve ventaja en el trabajo a resolver un problema, adquirir una habilidad o a beneficiarse de su experiencia. Probablemente pueda venir en la ayuda de un vecino o un extraño. Las oportunidades están allí. Solamente necesita abrir sus ojos, reconocerlas y *aprovecharlas*.

2. Tome un riesgo cuando el potencial de trascendencia sea alto

En 2010, mi amigo Scott Fay, quien es propietario de una empresa de jardinería, me presentó a su amigo Paul Martinelli. Tenían la idea de asociarse conmigo para crear una empresa de asesoría que pudiera certificar y entrenar personas para convertirse en entrenadores, maestros y conferenciantes conforme a mi valores y utilizando algunos de mis materiales. Querían llamarlo el Equipo John Maxwell.

Yo tenía sesenta y tres años en ese entonces, y no estaba seguro de si quería hacerlo. Estaba en una encrucijada en esa época. Acababa de crear la John Maxwell Company, y podía sentir que estaba entrando en una temporada de mayores oportunidades de trascendencia. Pero tenía dos emociones en conflicto con respecto a comenzar una empresa de asesoría. Por un lado, estaba emocionado e intrigado. Era una gran oportunidad. ¿Qué sucedería si le ofrecía mi nombre y mi reputación a personas que realmente querían marcar una diferencia en la vida de otros? ¿Cuántas personas estarían interesadas en ser capacitadas? Cuando fueran capacitadas, ¿a cuántas personas podrían ellos añadirle valor? ¿Esta empresa los ayudaría a lanzarlos en una travesía de trascendencia? ¿Cuántas personas interesadas en marcar una diferencia querrían ser parte de este movimiento? ¿Cuánto tiempo se requeriría para comenzar a hacer crecer notoriamente nuestro círculo de trascendencia? Cada pregunta elevaba el nivel de mi expectativa. ¡Qué excelente oportunidad!

Pero también tenía dudas, así que comencé a hacer otras preguntas. ¿Podrían mis principios de vida y liderazgo ser transmitidos fielmente a otros para que pudieran comenzar a multiplicarse? ¿Podríamos entrenar personas para que fueran asesores de clase mundial? ¿Qué tipo de riesgo estaría tomando si le prestaba mi nombre a personas que reclutáramos a quienes realmente no conociéramos? ¿Y si uno de los asesores hiciera algo loco o negativo? ¿Y si alguno de ellos hiciera un desastre? ¿Qué le haría eso a la reputación que había trabajado cuarenta años en desarrollar? ¿Impactaría negativamente mi capacidad de añadirle valor a otros? ¿Lastimaría a los miembros de mi equipo que habían trabajado duro para desarrollar mis otras organizaciones y mi marca?

Esta era el área donde tenía mi mayor reticencia: el riesgo para las demás empresas que había desarrollado y las personas que trabajaban en ellas. Tenía que resolver esta preocupación antes de que pudiera avanzar. Tenía que hacer las paces con la idea de que con el tiempo hubiera personas representando al Equipo John Maxwell que pudieran cometer un error grande. Pero si uno va a vivir con trascendencia, no puede tomarse tan en serio que titubee por estar preocupado por lo que otras personas pudieran pensar o hacer. Si eso le preocupa demasiado, se detiene a sí mismo de lograr cosas mayores.

Yo no podía estar atado a las opiniones de otros. Cuando uno se pone en manos de otros, hay un sentir de vulnerabilidad. Yo puedo controlar mi pequeño mundo, pero en el momento que trato de moverme hacia afuera para hacer algo de trascendencia, hay algunas cosas que no están en mi control. Tenía que aceptar la realidad y sus riesgos, y luego recordarme a mí mismo que la trascendencia rinde un mayor retorno cada vez que puedo hacer algo más por los demás que lo que puedo hacer por mí mismo.

Sabía que quería que mi legado continuara después de que yo ya no estuviera. Paul sabía cómo desarrollar una gran empresa de asesoría. Y Scott ayudaría a unirnos. Así que tomé la decisión de avanzar y crear el Equipo John Maxwell. Hoy Paul y Scott hacen un trabajo fantástico dirigiendo ese equipo, y tenemos más de siete mil asesores certificados en más de cien países.

La razón principal por la que di ese paso fue que era el tiempo correcto para que comenzara a desarrollar mi legado porque mi edad y mi reputación habían llegado a un lugar en el que sentía que lo podría justificar. Y tuve un sentido de urgencia. Si hubiera tratado de comenzar una empresa de asesoría diez años antes, no podría haberla justificado porque no tenía la credibilidad ni la experiencia. ¡En ese entonces ni siquiera mi madre se hubiera inscrito! Pero ahora sentía que tenía algo que dar. Y yo podía de hecho darlo porque podría asociarme con las personas adecuadas que me podían ayudar a desarrollar este tipo de organización. En ese momento, no todos en mi círculo íntimo pensaron que fuera una buena idea. Les tomó tiempo subir a bordo, pero ahora ellos ven el valor que trae para tantas personas.

¿Qué oportunidades para marcar una diferencia ve que usted sabe que contienen riesgos? ¿Cómo sabe cuando el riesgo vale la pena el esfuerzo? ¿Cómo sabe que el tiempo es el adecuado? Estas son preguntas difíciles. Usted puede hacer lo que hago a menudo y redactar una lista de pros y contras y pesarlos unos contra otros. Puede realizar un análisis de riesgo donde trace una gráfica con la probabilidad contra las consecuencias. Si usted es una persona de fe, puede orar.

Es más frecuente que la gente tenga remordimientos por las oportunidades que *fallaron* en tomar que por las oportunidades que tomaron y fracasaron.

El proceso es distinto para todos. Pero permítame decir esto: No deje ir una oportunidad solamente porque tiene riesgos; ya que todo tiene riesgos. Usted podría temer tanto los riesgos que podría decidir jamás salir de la seguridad de su casa... sin embargo, usted todavía podría morir si cayera un árbol sobre su habitación mientras durmiera o su casa se incendiara. Si va a tener una tendencia en alguna dirección, tienda hacia la acción. Al final, es más frecuente que la gente tenga remordimientos por las oportunidades que *fallaron* en tomar que por las oportunidades que tomaron y fracasaron.

3. Haga lo que usted sabe que está bien, aun y cuando no haya promesa de retorno

A menudo tendemos a juzgar las oportunidades por el retorno potencial. No hay nada malo con eso. De hecho, lo aliento a ser estratégico en su manera de pensar. No obstante, también hay momentos en los que enfrentamos oportunidades de hacer cosas que sabemos son correctas, aun y cuando no sabemos adónde nos llevarán o lo que resultará.

Quiero alentarlo a seguir adelante y aprovechar este tipo de oportunidades, porque el retorno siempre es mayor que lo que damos. Todavía estoy sorprendido por el impacto que un solo acto puede tener en alguien, pero nunca estoy sorprendido por el resultado de vivir intencionalmente.

Siempre que escribo un libro o grabo un CD, creo que va a ayudar a alguien. No siempre sé a quién, cuando o donde, pero sé sin duda que va a tener un impacto trascendente, y eso es lo que me mantiene motivado para seguir aprovechando este tipo de oportunidades.

Hace algunos años recibí una nota escrita a mano de un hombre que había estado terriblemente perdido y confundido. Sentía la necesidad de compartir su historia conmigo, ya que el resultado fue muy poderoso e inesperado para él. Me escribió:

Sr. Maxwell:

Quiero agradecerle por el valor que le ha agregado a mi vida, pero la palabra "valor" por sí sola no parece ser una palabra digna de lo que usted ha hecho por mí.

Me gustaría expresar brevemente mi historia y cómo usted ha impactado mi vida. Mis padres trataron sin éxito durante trece años de tener un hijo, decidieron adoptar y me encontraron. Al año y medio mi mamá quedó embarazada de mi hermano menor. Creciendo en el sur de Georgia iba bien en la escuela hasta que cumplí trece años. Entonces desobedecí a mis padres y fui en contra de Dios por primera vez con una chica que conocí en nuestro vecindario en una manera que sentí era imperdonable. Esta decisión me puso en un patrón de rebelión y desconfianza. A los diecisiete años probé las drogas por primera vez y me volví adicto y sin esperanza.

A los veintiuno me casé con una mujer maravillosa que no tenía idea de mi adicción. Durante este tiempo yo tenía dos negocios y una deuda de más de $1,5 millones de dólares sin nada que los respaldara y nuestra cuenta de cheques estaba sobregirada por $99 000 dólares. En menos de dos años estaba pasando por un divorcio con mi esposa a quien yo había alejado. Me dejó por uno de mis empleados y mi vida quedó destruida.

Decidí quitarme la vida. Subí al ático de mi casa para colgarme, y allí en el polvoriento viejo ático, en un piso de madera contrachapada, por la primera vez experimenté el amor incondicional de Dios. Tuve un encuentro con Jesús.

Uno de los miembros de nuestro equipo me había dado uno de sus CD y a medida que comencé a escucharlo una y otra vez (más de treinta veces) sus palabras eran, y han seguido siendo, usadas por Dios para darme esperanza y construir un puente para creer que Dios puede obrar en mi vida y que lo hará.

> *Sus palabras me llevaron del ático, donde quería suicidarme, a reconciliarme con mi esposa (hemos estado juntos quince años ya), a creer en Dios para no declarar bancarrota [y] a arrepentirme para salir de una deuda increíble. Ahora somos dueños de cinco empresas, pastoreamos a un grupo increíble de líderes, tenemos dos organizaciones sin fines de lucro y tenemos la oportunidad de ejercer influencia en miles de personas al invertir lo que me fue dado por usted en la vida de otros.*
>
> Gracias no es SUFICIENTE, ¡pero es un comienzo!
>
> *¿Qué puede uno decir cuando alguien salva su vida y entonces lo ayuda a construir una nueva que es mayor que la que uno pudiera haber soñado?*
>
> *¡La bondad de Dios y la disposición de usted para dar su vida a otros hace que sea posible este tipo de impacto! ¡Le debo mi vida en muchas maneras! Me comprometo a permitirle a Dios continuamente darle a otros la sabiduría que usted me ha dado. Lo aprecio MUCHO. Gracias.*

Este caballero me da el crédito de salvar su vida, pero yo no lo veo de esa manera. Todo lo que hice fue grabar un CD porque estaba en línea con mi porqué y yo sabía que podría ayudar a alguien, en alguna parte, en algún momento. Posiblemente no sepa cuándo vaya a suceder, pero sé que va a suceder. Y por eso es que lo hago.

Y por eso es que usted debería llevar a cabo actos intencionales de trascendencia. Si mantiene un sentido de urgencia y obedece a su instinto de hacer lo correcto, especialmente cuando tiene que ver con sus fortalezas, podría tener un impacto mayor de lo que usted hubiera soñado. Abrazo las palabras del apóstol Pablo, quien aconsejó: "No nos cansemos, pues, de hacer bien; porque a su tiempo segaremos, si no desmayamos. Así que, según tengamos oportunidad, hagamos bien a todos…".[29] Aunque no sea una persona de fe usted puede abrazar estas palabras porque probablemente sepa por instinto que segará lo que siembre.

4. Dele a sus colegas en un momento en el que marque una diferencia

Tuve la oportunidad de conectarme con Condoleezza Rice hace unos años y descubrí que estaba enseñando a estudiantes de primer año en la Universidad Stanford. Tenía curiosidad con respecto a qué la motivaba a regresar a enseñar una vez que había terminado su carrera en Washington. Después de todo ella había estado en la cima más alta, sentada en las reuniones de mayor influencia del mundo con personas increíbles, escuchando y participando en las discusiones más intensas y llenas de significado. Ella había sido parte de los comités de expertos más poderosos del mundo. Y aun así, ahora, estaba de vuelta en el aula. Quería saber si esto era algo que planeaba hacer durante un año o dos y luego seguir con su camino, o si estaba buscando un compromiso de largo plazo. Condoleezza me explicó que su decisión de enseñar era deliberada y llena de intencionalidad:

> El aula es donde se moldea la opinión de la vida de personas. Volví porque si puedo cambiar la vida de una persona de diecinueve años, eso es mucho más trascendente que lo que estaba haciendo porque puedo llegar a ellos al inicio de sus carreras.

Me encantó su respuesta y la noción de impactar a las personas al inicio de su vida, especialmente de las personas jóvenes que tienen gran potencial y que solo necesitan a alguien como un maestro, un entrenador o un jefe que venga y crea en ellos.

Me gusta pensar de mí mismo como alguien que levanta la tapa de la vida de la gente. Me encanta encontrar personas en las que creo y en quienes veo gran potencial, y venir a su vida a través de lo que enseño o de palabras de aliento para que sigan sus sueños de trascendencia. Aunque he levantado la tapa de muchos en el pastorado, una de las personas más significativas a quien he podido servir es Bill Hybels, el pastor fundador y pastor principal de la Iglesia de la Comunidad Willow Creek en South Barrington, Illinois. Hoy, su iglesia es una de las más grandes de América del Norte y es considerada una de las de mayor influencia en el mundo.

Allá en 1995 estaba enseñando seminarios de liderazgo e invité a Bill a que se me uniera. Él era fantástico y sus mensajes de liderazgo eran más allá de lo que había escuchado antes. Aunque Bill era un tremendo comunicador y líder, no había hecho mucha enseñanza sobre liderazgo más allá de su propio personal. Le dije que necesitaba enseñarle liderazgo a una audiencia más amplia porque sabía que le ayudaría a la gente. En respuesta a un mensaje en particular, le dije a Bill: "Necesitas enseñar esto doscientas veces".

Pronto después de eso, Bill comenzó la Cumbre Mundial de Liderazgo [Global Leadership Summit], un evento de entrenamiento anual para ministros de la iglesia y otros líderes para afilar sus habilidades. La Cumbre Mundial de Liderazgo existe para transformar a los líderes cristianos alrededor del mundo con una inyección de visión, desarrollo de habilidades e inspiración para el bien de la iglesia local. La Cumbre se transite en vivo desde el campus de la Iglesia de la Comunidad Willow Creek cerca de Chicago, alcanzando más de 185 sitios anfitriones en Estados Unidos. Los conferenciantes que Bill ha tenido en la plataforma han incluido a líderes y pensadores como Bill Clinton, Jack Welch, Jim Collins y Bono.

Al estar escribiendo este libro, Bill organizó la vigésima Cumbre de Liderazgo. Recibí un correo electrónico de él que me hizo sonreír. Decía:

> *Estimado John:*
>
> *Solo un rápido gracias. Acabamos de tener nuestra vigésima cumbre aquí en América del Norte, ¡Dios la sacudió! 95 000 personas. 110 000 más fuera de Estados*

Unidos. Si no me hubieras desafiado a comenzar a enseñar liderazgo, dudo que esto hubiera sucedido.

Bill

Bill no estaba buscando mi ayuda. Él ya estaba haciendo grandes cosas. Solamente necesitaba que alguien viniera a su lado y le señalara una nueva oportunidad diferente de lo que ya estaba haciendo para añadirle valor a las personas. Sabía que sería alguien que haría la diferencia a través de ayudar a las personas en el campo del liderazgo. Vi que tenía el poder de cambiar la vida de la gente. Solamente necesitaba alguien que lo alentara a hacerlo, lo cual estuve feliz de hacer.

Me he beneficiado de la ayuda de otros líderes incluso más de lo que he ayudado a otras personas. Muchas personas me han añadido valor. Por ejemplo, cuando tuve mi ataque cardiaco mi amigo Jack Hayford, quien es un autor y pastor, me llamó y me dijo que él manejaría todas y cada una de las invitaciones para hablar que yo tenía para los seis meses siguientes por mí para que me pudiera recuperar, enfocarme en mi salud y fortalecerme. Tomó el desafío en un momento que realmente era importante para mí. Entendió que me iba a ser difícil decirle no a las invitaciones, así que se ofreció a decir sí por mí y tomar mi lugar. Qué gran amistad y bendición en mi vida que me permitió recuperarme.

¿Cómo puede acercarse a un colega y ayudarlo o ayudarla? ¿Qué oportunidades se están presentando en este momento? No algún día. No cuando sea más conveniente. En este momento. ¿A quién podría echarle la mano? Le garantizo que hay alguien en su vida que podría recibir su ayuda y quien estaría para siempre agradecido.

5. Plante las semillas de intencionalidad en los niños

Una de las cosas más importantes que podemos hacer es transmitirle a la siguiente generación lo que hemos aprendido. Yo hago eso todos los días a medida que entreno líderes, desarrollo mi equipo y le hablo a la gente sobre crecimiento personal. Pero el lugar donde es más importante para mí es cerca del corazón. Margaret y yo sembramos las semillas de nuestros valores en nuestros hijos y ahora lo estamos haciendo con nuestros nietos. Y una de las semillas más importantes que plantamos es la intencionalidad.

De chicos, los libros que nos leen nuestros padres tienen el poder de imprimir valores en nosotros y alentarnos, incluso a una joven edad. La lectura temprana es la manera en que muchos niños aprenden lo básico de la vida, incluyendo los colores, los números, las letras e historias. Mucha de la información que almacenamos en nuestro cerebro a medida que crecemos y maduramos es puesta allí en nuestros primeros años.

Me encantan los libros del Dr. Seuss. Era muy listo para colocar mensajes intencionales de trascendencia dentro de sus libros, y esas semillas han sido plantadas en millones de niños a una edad temprana. Sus escritos han sido enseñados en las aulas durante años a causa de la naturaleza sencilla y al mismo tiempo aguda de sus mensajes. Si compartiéramos los mensajes del Dr. Seuss con cada niño podríamos tener el poder de impactar y cambiar el mundo.

Esto es lo que quiero decir. Considere frases como estas:

> "A menos que alguien como tú se interese de verdad, nada va a mejorar. Jamás".[30]

> "Tienes sesos en tu cabeza. Tienes pies en tus zapatos. Puedes dirigirte en cualquier dirección que elijas".[31]

> "¡Vas a ir a lugares espectaculares! ¡Hoy es tu día! ¡Tu montaña está esperando! ¡Así que ponte en marcha!".[32]

Aunque cada una de estas frases se encuentra dentro del contexto de una historia, comunican importantes lecciones de vida que no se pueden dar demasiado temprano a los niños. Entre más pronto puedan comprender el valor de vivir con intencionalidad, más rápidamente pueden comenzar a vivir vidas de trascendencia. Lo que les enseñamos a nuestros hijos a amar y apreciar es mucho más importante que lo que les enseñamos a conocer.

> **Lo que les enseñamos a nuestros hijos a amar y apreciar es mucho más importante que lo que les enseñamos a conocer.**

Como resultado de que mis padres fueran tan intencionales conmigo, me convertí en un padre extremadamente intencional con mis propios hijos. Gracias a Dios, Margaret y yo pensábamos en una manera semejante sobre esta necesidad en nuestros años de crianza y nuestros hijos cosecharon los beneficios de nuestras acciones.

Margaret intencionalmente llevó a los niños a la escuela cada mañana. Nunca permitió que tomaran el autobús porque quería que las últimas palabras que escucharan antes de irse a clase cada día fueran palabras positivas de ella. Ella también estaba a propósito en casa cuando terminaban sus clases y sus actividades extracurriculares. Margaret siempre se aseguraba de que tuvieran un lugar cómodo dónde sentarse y contarle acerca de su día. No todos pueden hacer eso, pero si usted pudiera ¿no lo haría?

Hoy, mis nietos también cosechan los beneficios de la intencionalidad que mis padres me inculcaron de niño, aunque sus métodos para retener las lecciones que enseñamos tienden a ser de más alta tecnología que lo que fueron los míos. Mi nieta Maddie mantiene una lista corriente de principios que ya sea su papá (mi yerno, Steve) o yo le hemos enseñado. Ella también graba líneas incisivas que lee en alguno de mis libros. Ella guarda todas estas cosas en su iPhone. Cada vez que encuentra una nueva cita, la añade a su "Lista Papi/Abue".

Recientemente le pedí que compartiera conmigo algunas de las cosas que ha capturado. Estas son algunas de ellas:

- La actitud es una decisión.
- La madurez es ver las cosas desde el punto de vista de la otra persona y ser flexible.

- Siempre planee con anticipación. Usted estará preparado o será reparado.
- Usted es lo que hace todos los días.
- El fracaso es inevitable, pero aprender es opcional.

Tener una lista como esta le ayuda a Maddie a valorarse y a desarrollar su autoestima. Algunas veces ella y yo hablamos de alguna de las citas de su lista para que yo pueda reforzar ese principio o lección. Yo prefiero hablar con ella en persona siempre que sea posible, aunque como adolescente, le encanta enviar mensajes de texto. Yo no quiero perder la oportunidad de fortalecer su intencionalidad, así que le envió recordatorios y le doy seguimiento a nuestra relación para asegurarnos de estar siempre en contacto. Realmente es una manera excelente de estar conectado con mi nieta, algo que yo aprecio y que sé que ella también.

Margaret y yo incluso somos intencionales en Navidad. Nuestro regalo a nuestros hijos y nuestros nietos cada año es un viaje. Queremos tener experiencias maravillosas juntos mientras podamos. Durante estos viajes cada miembro de nuestra familia sabe que les vamos a hacer dos preguntas: "¿Qué fue lo que más te gustó, y qué aprendiste?".

Les preguntaba esto a mis hijos cuando eran chicos, y todavía se los pregunto. ¿Por qué? Porque nuestro mejor maestro no es la experiencia. Es la experiencia evaluada. Responder esas preguntas los impulsa a evaluar lo que han experimentado. Somos intencionales en asegurarnos de que cada experiencia se convierta en una lección que se puede aprender y entender para su desarrollo personal.

La tradición de nuestra familia en Navidad es darle el primer regalo a Jesús ya que es su cumpleaños. Durante todo el año, nuestros nietos apartan dinero en su alcancía para Jesús. Luego en Noche Buena, le dan ese primer regalo a la organización caritativa de su preferencia.

Esta temporada navideña estaba jugando golf con Tom Mullins, el presidente de EQUIP, cuando me dijo: "John, esta semana tus nietos Hannah, John y James, me trajeron su regalo de cumpleaños para Jesús y querían que el dinero fuera para EQUIP". Como fundador de EQUIP y su abuelo, ¡estaba muy orgulloso de ellos! No mejoró mi juego, pero si me hizo estar agradecido. Su regalo fue el resultado de que sus padres fueran intencionales con ellos.

No se pierda la oportunidad de derramar intencionalidad en la vida de sus hijos o nietos. Nunca es demasiado temprano para comenzar. Si usted puede crear una mentalidad de trascendencia en ellos cuando sean jóvenes, no tendrá que tratar de producirla más tarde en la vida. No van a tener que romper viejos hábitos o crear nuevos para comenzar a vivir una vida relevante. Ya tendrán esos hábitos.

Tener el coraje y la responsabilidad de inculcarles intencionalidad a sus hijos puede cambiar la manera en que viven. Las posibilidades son ilimitadas y la oportunidad es crucial. Usted tiene que poseer un sentido de urgencia en esta área porque el tiempo que tiene con sus hijos y sus nietos es realmente muy corto.

Mi sueño es criar una generación de personas intencionales. Quizá no sea esta generación, o incluso la siguiente. Pero si la siguiente generación tiene las semillas plantadas desde el inicio y entonces cree en el poder de la intencionalidad, imagínese el impacto que podrían tener en el mundo en que viven.

Marque una diferencia todos los días

Mi mayor esperanza es que la gente en todos lados se vuelva intencional para aprovechar oportunidades de marcar una diferencia y transformar a sus familias, negocios, comunidades, ciudades y países. Creo que cuando seguimos el sendero de querer marcar una diferencia, por hacer algo que marque una diferencia con personas que marquen una diferencia en un momento que marque una diferencia, podemos cambiar el mundo y hacerlo un mejor lugar.

El autor y orador Jim Collins dice: "La transformación solamente puede ocurrir si tiene líderes de transformación". Jim ha estudiado la cultura de liderazgo de transformación más que nadie más lo ha hecho así que creo que tiene razón. Por eso es que estoy trabajando tan duro en este momento para ayudar a otros a vivir intencionalmente e influenciar a otros para un cambio positivo.

Recientemente conocí a un líder de transformación cuya historia me inspira a seguir tratando de marcar una diferencia y creo que su historia también lo inspirará. Su nombre es Jeff Williams. Es propietario de un negocio independiente quien es altamente intencional y está marcando una diferencia todos los días.

La travesía de Jeff hacia la trascendencia comenzó cuando tenía solamente ocho años de edad. Creció en una familia con medios sumamente modestos. No tenían mucho. La pasaban, pero no había cosas extra. Jeff dice que en las raras ocasiones en las que iban a McDonald's sus padres le compraban una hamburguesa, pero que nunca le compraban papas o refresco. Así de ajustadas eran las cosas en casa cuando era chico.

Un día un vendedor con un traje llegó a casa de Jeff con un estuche de muestra lleno de libros llamado *Uncle Arthur's Bedtime Stories* [Historias para dormir del tío Arthur]. Jeff recuerda asomarse por la orilla de la puerta del comedor escuchando al vendedor hacerles la presentación a sus padres en la sala de estar. "Estos libros están tan bien hechos "dijo el vendedor", que un niño podría hacer un desastre con jalea y crema de maní y se podrá limpiar con facilidad".

¡Eso es lo que como en mi almuerzo! Pensó Jeff al escuchar.

Jeff quedó impresionado cuando sus padres se dieron el lujo de comprar un juego de libros.

Era una oportunidad que podría cambiar su vida.

Cada noche la mamá o el papá de Jeff le leían una de las historias. A Jeff le gustaban tanto, que algunas veces se quedaba despierto y leía las siguientes.

Una noche, los padres de Jeff le leyeron una historia que cambiaría su vida. Hasta la fecha la recuerda vívidamente. Se llamaba "Wilfred's Secret" [El secreto de Wilfred]. Era la historia de un niño y su hermana quienes decidían crear lo que llamaban "La compañía del paquete sorpresa", donde dejaban regalos en secreto a los niños enfermos apilados en su cama o que en una manera anónima le obsequiaban comida a las ancianas que no podían salir de casa.

La historia inspiró a Jeff hasta el alma. "Algo se encendió dentro de mí "dice Jeff". Hacer eso sería tan genial, sería una bendición para otras personas y los sorprendería. Y para mí la gran emoción sería verlos descubrir la sorpresa sin que supieran que estaba allí. Y ver el deleite en sus ojos".

Así que Jeff reclutó la ayuda de su hermana, y comenzaron a hacer lo que hacían el hermano y la hermana de la historia. Regalaban algunos de sus juguetes y hacían manualidades, que le entregaban a la gente en forma anónima. "Esa fue la semilla de generosidad con la que Dios me ha dotado", dice Jeff.

La vida de Jeff se puso de cabeza unos años apenas después de eso y la vida de su familia se volvió, en palabras de Jeff: "Una locura". Pero el deseo de marcar una diferencia ya estaba dentro de él.

Avanzando más de una década en la historia, Jeff, aunque era joven, ya estaba casado y tenía cuatro hijos. Trabajó en restaurantes y luego en comercialización directa. No tenían mucho, pero siempre eran generosos.

Jeff recuerda a una joven pareja con quienes había trabajado en comercialización directa, pero que luego habían dejado el negocio. Estaban teniendo problemas. Jeff y su familia compraron un montón de abarrotes para ellos. Luego él y los niños pusieron la despensa en su puerta, se escondieron en los arbustos de la esquina mientras un extraño que habían reclutado hacía sonar el timbre de la pareja. Ver en secreto su reacción y saber que habían marcado una diferencia lo hacían a él y a sus hijos sentir bien.

Jeff experimentó un éxito modesto en comercialización directa, pero lo que lo inspiró más fue darse cuenta de que si ganaba mucho dinero, podía dar mucho. Y ese se volvió su sueño. Pronto, comenzó su propia empresa. Después de años de duro trabajo, la empresa comenzó a tener éxito.

Para cuando conocí a Jeff, ya estaba marcando una diferencia en la vida de otros. Cuando viajé a Guatemala en 2013 para enseñar valores en mesas redondas, él viajó con nosotros. Allí conoció a un hombre llamado Carlos que estaba cuidando de huérfanos y salvando niños desnutridos de la inanición. Jeff reconoció que Carlos era una persona con valores semejantes y comenzaron a asociarse para marcar una diferencia. Jeff ha financiado la construcción de una pequeña aldea para huérfanos con Carlos en Guatemala. Y cada mes Jeff paga para enviar a algunos de sus empleados y a sus familias a Guatemala para servir allá.

Jeff también ha venido a mi lado, y estamos haciendo equipo para marcar juntos una diferencia. Jeff me ha ayudado a mí y a EQUIP a desarrollar tecnología para comenzar un esfuerzo de transformación en los siete aspectos de influencia: las artes; el entretenimiento; los deportes y la cultura; los negocios; la educación; la familia; la fe; el gobierno; y los medios de comunicación.

Una de las cosas que más me gusta de Jeff es que es tan intencional y emprendedor con respecto a marcar una diferencia como lo es acerca de desarrollar su negocio. Cada día vive con un fuerte sentido de urgencia por trascendencia. Y las ganancias que hace en su negocio están siendo puestas para un mejor uso al servir a otros.

"El otro día se me ocurrió esta idea de negocios "dijo Jeff", y me emocioné mucho porque de inmediato pensé: *Qué increíble, esto va a tener éxito. Va a hacer que mi empresa tenga más éxito y ahora podré dar dinero adicional ahora en octubre. ¿Adónde quiero dar eso?"*.

Lo que está viviendo Jeff también está siendo pasado a sus hijos. Recientemente se enteró de que cuando su hija Deanna tenía doce, en silencio y en secreto ahorró su domingo y otro dinero para patrocinar a siete niños de escasos recursos en un campamento de verano ecuestre con el que Jeff y su familia trabajaban. A $225 dólares por niño, ¡significa que Deanna dio más de $1500 dólares!

Siempre intencional, Jeff está buscando activamente maneras de marcar una diferencia en una manera continua. Lo que más me gusta es su meta general. "Espero un día usar mi historia para desafiar a otros mil empresarios a hacer lo mismo: elegir un proyecto, involucrarse, financiarlo y hacer que su personal también participe". Eso es trascendencia. Si todos pensaran como Jeff y tuvieran su sentido de urgencia, el mundo cambiaría en poco tiempo.

Cuando usted vive intencionalmente, se despierta con la expectativa de que cambiará la vida de la gente todos los días. Usted busca oportunidades en todos lados, y cuando ve una que se conecta con su porqué y mediante ella puede añadir valor desde su punto óptimo la aprovecha. Jeff hace eso todos los días. Al igual que yo. *¡Usted también puede hacerlo!* Todo lo que tiene que hacer es poseer un sentido de urgencia y aprovechar el momento. No tiene que ser algo grande. No necesita hacer temblar la tierra. Solamente necesita ser para otros. Si nosotros podemos hacerlo, también usted. Puede probar la trascendencia, y una vez que pruebe la trascendencia, el éxito jamás lo volverá a satisfacer.

Una vez que pruebe la trascendencia, el éxito jamás lo volverá a satisfacer.

Aplicación intencional: Aproveche oportunidades trascendentes con un sentido de urgencia

Conviértase en un emprendedor de trascendencia

Me encanta pasar tiempo con los emprendedores empresariales. Me encanta su creatividad, su ética de trabajo, su sentido de urgencia y su disposición a arriesgarse. Pero tanto como disfruto pasar tiempo con ellos, me gusta estar con los emprendedores de trascendencia todavía más. Personas que:

- Ven cosas que la gente poco intencional no ve.
- Creen cosas que la gente poco intencional no cree.
- Sienten cosas que la gente poco intencional no siente.
- Dicen cosas que la gente poco intencional no dice.
- Hacen cosas que la gente poco intencional no hace.

Considere cada una de estas cinco frases y escriba algo acerca de cada una de ellas. ¿Qué oportunidades ve que otros no? ¿Qué cree y siente acerca de ellas? ¿Qué está dispuesto a decir que los demás temen decir de ellas? ¿Qué está dispuesto a hacer? Una todas estas ideas para escribir un manifiesto de trascendencia intencional por el que usted pueda vivir.

Sea más intencional en ayudar a los niños

Creo que es imposible ser demasiado intencional en ayudar a los niños. Si usted es padre o abuelo, comience con los niños de su familia. Si son lo suficientemente jóvenes, léales. Si yo pudiera hacer una cosa para ayudar a los niños del mundo sería enseñarlos a leer bien. Una persona que puede leer puede aprender a hacer cualquier otra cosa.

Vuélvase intencional en todo lo que haga con sus hijos. Hable con ellos continuamente para alentarlos. Enséñeles en todas las maneras que pueda, incluyendo en vacaciones. Sea ejemplo de buenos valores. Ayúdelos a alcanzar su potencial.

Si usted no tiene hijos propios, ayude a un hermano menor. Pase tiempo con un sobrino o sobrina. Trabaje como voluntario en una escuela. Ofrézcase como mentor de un joven. Encuentre una manera de añadirle valor a la siguiente generación, especialmente desde su punto óptimo. Una inversión en ellos es una inversión en trascendencia.

¿Quién necesita ayuda?

¿Quién entre sus colegas necesita una mano? Considérelo una oportunidad para añadir valor y aprovéchela como una avenida para una vida trascendente. Si da sin esperar recibir, usted puede marcar una diferencia y vivir una vida relevante.

EPÍLOGO

Cuéntele a otros su historia

Actualmente tengo sesenta y ocho años. La gente algunas veces me pregunta por qué no bajo la velocidad. "¿Por qué prosigue?", me preguntan. Porque mi edad me dice que mi tiempo es limitado. Recuerdo las palabras del rey David del antiguo Israel, quien escribió: "Hazme saber, Jehová, mi fin, y cuánta sea la medida de mis días; sepa yo cuán frágil soy".[33]

Sé que mi tiempo es limitado. Quiero que mi vida importe. Quiero que sea trascendente. Sé que si quiero marcar una diferencia, necesito vivir con intencionalidad y con un sentido de urgencia.

Si quiero marcar una diferencia, necesito hacerlo ahora.

¿Qué de usted? ¿Tiene un sentido de urgencia por marcar una diferencia? Quizá sea más joven que yo y sienta que le queda mucho tiempo.

¿Es eso cierto?

Si usted comienza ahora "hoy" entonces la respuesta es sí. Usted todavía tiene tiempo de hacer algo trascendente. ¿Por qué? Porque la trascendencia no es un tema de *destino*; es un asunto *diario*. Como solía decir mi mentor, John Wooden: "Haga de cada día su obra maestra". La trascendencia no se trata de algún día; se trata de hoy. Usted puede marcar una diferencia en cualquier momento; pero su mejor tiempo es *ahora*.

Porque la trascendencia no es un tema de *destino*; es un asunto *diario*.

Una vida sin remordimientos

Una vez le pregunté al entrenador John Wooden si tenía remordimientos con respecto a las decisiones que había tomado a lo largo de su vida.

—Ninguno —dijo.

Su respuesta me impresionó.

—*¿Ninguno?* —pregunté.

"Tomé cada decisión con un corazón puro, con el corazón correcto. Si me preguntaras si todas mis decisiones fueron buenas, te diría que no lo fueron. Pero no me preguntaste eso. Me preguntaste si lamento alguna.

Lo miré con gran asombro y admiración. Con toda seguridad, no he conocido muchas personas a lo largo de mi vida que me hayan dado esta misma respuesta con tanta confianza. De hecho, en el momento que lo dijo, ¡yo no podía pensar en ninguna!

"Mira, John, hice lo mejor que pude en ese momento para tomar cada decisión. ¿Hay algo más que puedas esperar de ti mismo?"

Esa conversación tuvo un impacto profundo en mí. Desearía haber tomado cada decisión con buenos motivos, pero no puedo decir con integridad que siempre lo haya hecho. He hecho una gran cantidad de cosas tontas. He cometido errores. He tenido motivos equivocados. Usted lo sabe porque le he contado mucho de mi historia. No lo dije porque quiero que usted haga las cosas a mí manera o como yo. No estoy tratando de levantarme como un modelo. De hecho, me hubiera gustado haber encontrado la manera de enseñarle como vivir intencionalmente y acerca de la trascendencia *sin* tener que contarle mi historia. Pero esta es la única manera que conozco de hacerlo. Aun así, no quiero ir por la vida con remordimientos; por ninguna razón. Incluso cuando he cometido errores en el camino, he usado esas experiencias para aprender y crecer. Me han hecho más fuerte, más inteligente y más reflexivo a lo largo del camino. Quiero que usted aprenda de mis errores, al igual que yo. Probablemente le pueda ahorrar algunos pasos.

Como puede ver, todos pasamos por la vida haciendo lo mejor

que podemos. No podemos ofrecer legítimamente más de lo que sabemos. No podemos desempeñarnos a un nivel más alto que lo que nos han enseñado nuestras experiencias o llegar a un nivel mayor que al que nuestra pericia nos ha llevado. No obstante, una vez que se haya abierto a algo nuevo "a la posibilidad de lo que puede ser" será difícil ignorar el potencial que veamos. Por lo menos, siempre ha sido así para mí.

Usted puede intentarlo, pero finalmente, no podrá en realidad desaprender lo que sabe. Con toda seguridad puede escoger no practicarlo. Puede guardarlo, dejarlo en lo más recóndito de su banco de memoria y aparentar que no existe. Pero una vez que la información ha viajado dentro de los portales de su mente, está allí, está lista y está pidiendo acción. Lo que haga con esa información depende de usted. Si practica el principio que sabe es cierto es simplemente una decisión. Que solo usted puede tomar.

¿Cuál será su decisión?

Ahora ya sabe cómo vivir una vida relevante. Usted sabe lo que significa ser intencional. Así que le quiero hacer una serie de preguntas. Vea cuantas puede responder honestamente que sí:

- ❑ ¿Está decidiendo vivir una historia de trascendencia?
- ❑ ¿Está eligiendo vivir con intencionalidad, y no solo con buenas intenciones?
- ❑ ¿Está dispuesto a comenzar en pequeño, pero creer en grande para marcar una diferencia?
- ❑ ¿Está activamente buscando su porqué para poder marcar una diferencia?
- ❑ ¿Ha puesto a otras personas primero para marcar una diferencia?
- ❑ ¿Está usted tratando de añadirle valor a otros desde su punto óptimo para marcar una diferencia?
- ❑ ¿Se está conectando con personas que piensen en manera semejante quienes marquen una diferencia?

- ❑ ¿Está tratando de asociarse con personas que tengan valores semejante para marcar una diferencia?
- ❑ ¿Está viviendo con un sentido de expectación para marcar una diferencia?
- ❑ ¿Está aprovechando oportunidades y actuando para marcar una diferencia?

Si respondió que sí a todas estas preguntas "o si está dispuesto a responder que sí y tomar acción ahora" entonces usted ha decidido tener una vida trascendente. Usted marcará una diferencia. Su vida importará. Y comenzará a cambiar al mundo. Usted ha tomado la decisión. Ahora solamente necesita administrar esa decisión cada día de su vida. Solamente necesita mantenerse viviendo intencionalmente y actuar en alguna manera pequeña cada día.

¿Cuál es su historia?

Si usted ya comenzó a hacerlo, quiero escuchar acerca de ello. Quiero conocer su historia de trascendencia. Quiero que me cuente y a otros acerca de cómo aprovechó una oportunidad para marcar una diferencia y actuó. Puede ser pequeña o grande. Puede ser la primera o la mejor. Puede ser una historia de corazón, esperanza, humor o ayuda. Puede ser un párrafo, un poema, una serie de fotografías o un vídeo. Lo único importante es que sea *su* historia.

Incluso he creado un lugar para que la cuente. Es un sitio web llamado **MyIntentionalLivingStory.com**. Vaya allí y cuéntele al mundo cómo está marcando una diferencia. Mi sueño es ayudar a un millón de personas a volverse intencionales, a comenzar a marcar una diferencia y a contar sus historias. Yo quiero que usted sea parte de eso.

Hace años, leí un poema de Lawrence Tribble que siempre se ha quedado conmigo. Dice:

Un hombre despierto, despierta a otro.
El segundo despierta a su hermano que vive a su lado.
Los tres despiertos pueden levantar un pueblo.

Al poner todo el lugar de cabeza.
Los muchos despiertos pueden causar tanto alboroto
Que finalmente despierten al resto de nosotros.
Un hombre con el amanecer en sus ojos
Con toda seguridad se puede multiplicar.[34]

Si usted se me une en mi sueño de marcar una diferencia, probablemente juntos podamos comenzar un movimiento; un movimiento hacia un mundo que viva intencionalmente donde las personas piensen en los demás antes que en sí mismos, donde añadirle valor a los demás sea una prioridad, donde la ganancia financiera sea secundaria a un potencial futuro, y donde la valía propia de la gente sea fortalecida por actos de trascendencia todos los días.

Si vivimos cada día una vida que sea verdaderamente relevante, podemos cambiar el mundo. Hasta entonces, quiero dejarlo con estas palabras de una bendición franciscana:

Que Dios te bendiga con incomodidad,
Delante de respuestas fáciles, medias verdades
Y relaciones superficiales
Para que puedas vivir
Con profundidad dentro de tu corazón.

Que Dios te bendiga con enojo
Delante de la injusticia, la opresión
Y la explotación de la gente,
Para que puedas trabajar por
La justicia, la libertad y la paz.

Que Dios te bendiga con lágrimas,
Que derramar por los que sufren dolor,
Rechazo, hambre y guerra,
Para que puedas extender tu mano
Para consolarlos y
Convertir su dolor en alegría.

Y que Dios te bendiga
Con suficiente insensatez
Para creer que puedes
Marcar una diferencia en el mundo,
Para que puedas hacer
Lo que otros aseguran que no se puede hacer
Para traer justicia y bondad
A todos nuestros niños y a los pobres.
Amén.[35]

Notas

1. Donald Miller, *Un largo camino de mil años: Lo que aprendí al redactar mi vida* (Nashville: Grupo Nelson, 2011), 59–60 de la versión en inglés.
2. *Ibíd.*, 86.
3. Victor Goertzel y Mildred Goertzel, *Cradles of Eminence* [Cunas de eminencia] (Boston: Little, Brown, 1978).
4. Miller, *Un largo camino*, 236–237.
5. Alexandra Sifferlin, "Here's How the ALS Ice Bucket Challenge Actually Started" [Así fue como realmente inició el Desafío del Cubo Helado ELA] *Time*, 18 de agosto de 2014, http://time.com/3136507/als-ice-bucket-challenge-started/, consultado el 29 de junio de 2015.
6. Proverbios 18:21.
7. NVI.
8. Filipenses 4:13.
9. Efesios 3:20.
10. Dolly Parton, "Dolly's Dreams" [Los sueños de Dolly], *Guideposts*, http://www.guideposts.org/inspiration/inspirational-stories/dollys-dreams, consultado el 8 de diciembre de 2014.
11. Jack Canfield y Mark Victor Hansen, *Sopa de pollo para el alma* (Deerfield Beach, Flo.: HCI Español, 1995), 18–20 de la versión en inglés.
12. Kevin Hall, *El poder de las palabras: Alcanza todo tu potencial a través de su significado oculto* (Barcelona: Urano, 2015), 58 de la versión en inglés.
13. Lucas 22:27.
14. Charles Royden, "Sermon preached by Reverend Charles Royden" [Sermón predicado por el reverendo Charles Royden], http://www.thisischurch.com/christian_teaching/sermon/lordsprayer.htm, consultado el 16 de febrero de 2015.
15. Cahal Milmo, "Mohamed El-Erian Reveals Daughter's Talk Led to PIMCO Exit" [Mohamed El-Erian revela que conversación con su hija llevó a su salida de PIMCO], *The Independent*, 24 de septiembre de 2014, http://www.independent.co.uk/news

/business/us-financier-quits-2trn-investment-fund-after-his-daughter-writes-list-showing-22-life-landmarks-hed-missed-9754002.html?origin=internalSearch, consultado el 17 de febrero de 2015.

16. Mohamel El-Erian, "Father and Daughter Reunion" [Reunión Padre-Hija] *Worth*, http://www.worth.com/index.php/component/content/article/4-live/6722-father-and-daughter-reunion, consultado el 17 de febrero de 2015.
17. Phyllis McCormack, "Crabbit Old Woman" [Anciana cascarrabias] apareció originalmente en *Nursing Mirror*, diciembre de 1972.
18. Kate Kellaway, "Giles Duley: 'My friends love the idea of me being half man, half camera'" [Giles Duley: A mis amigos les encanta la idea de que sea mitad hombre mitad cámara] *The Observer*, 29 de octubre de 2011, http://www.theguardian.com/artanddesign/2011/oct/30/giles-duley-war-photography-afghanistan?CMP=email, consultado el 9 de marzo de 2015.
19. "Becoming the Story: Giles Duley at TEDxObserver" [Convirtiéndose en la historia: Giles Duley en TEDxObserver], TED Talk, http://www.ted.com/talks/giles_duley_when_a_reporter_becomes_the_story, consultado el 9 de marzo de 2015.
20. Kellaway, "Giles Duley."
21. "This Veteran Has Returned More than 100 Lost or Stolen Purple Heart Medals to Families" [Este veterano ha devuelto más de cien Medallas de Corazón Púrpura perdidas o robadas a las familias], *The Huffington Post*, 8 de agosto de 2014, http://www.huffingtonpost.com/2014/08/08/zachariah-fike-purple-hearts-reunited_n_5662751.html, consultado el 26 de febrero de 2015.
22. Robert Kiener, "The Hearts of Soldiers" [Los corazones de los soldados], *Reader's Digest*, marzo 2015, 84-85.
23. "This Veteran".
24. Craig Stanley, "Captain's Mission: Reunite Purple Heart Medals with Recipients' Families" [Misión del capitán: Reunir Medallas Corazón Púrpura con las familias de los recipientes], NBCNews, 18 de agosto de 2012, http://dailynightly.nbcnews.com/_news/2012/08/18/13355743-captains-mission-reunite-purple-heart-medals-with-recipients-families?lite, consultado el 26 de febrero de 2015.

25. "How to Participate" [Cómo participar], Super Service Challenge (sitio web), http://www.superservicechallenge.com/how-to-participate/?1425317776420, consultado el 2 de marzo de 2015.
26. "Super Service Challenge History" [Historia del Súper Desafío de Servicio], Super Service Challenge (sitio web), http://www.superservicechallenge.com/about-us/?1418399371737, consultado el 12 de diciembre de 2014.
27. Jason Falconer, "Teen's Inexpensive 3D-Printed Prosthetic Could Aid Amputees in the Third World" [Protético económico impreso en 3D podría ayudar a las personas con miembros amputados en el tercer mundo], *Gizmag*, 13 de agosto de 2013, http://www.gizmag.com/easton-lachappelle-3d-printed-prosthetic/28685/, consultado el 4 de marzo de 2015.
28. Dominique Mosbergen, "At 14, He Vowed to Invent an Affordable Limb. 5 Years Later, He's Succeeded" [A los 14 se propuso inventar un miembro asequible. Cinco años después lo logró], *The Huffington Post*, 27 de enero de 2015, http://www.huffingtonpost.com/2015/01/27/easton-lachappelle-prosthetic-robotic-arm-hand_n_6556458.html, consultado el 4 de marzo de 2015.
29. Gálatas 6:9–10.
30. Dr. Seuss, *El Lórax* (Lyndhurst: Lectorum Pubns., 1993).
31. Dr. Seuss, *¡Oh, cuán lejos llegarás!* (Lyndhurst: Lectorum Pubns., 1993).
32. *Ibíd.*
33. Salmo 39:4.
34. Lawrence Tribble, "Awaken" [Despiertos], circa 1780, Push Back Now [sitio web], http://pushbacknow.net/2011/10/31/awaken-a-1700s-poem-by-lawrence-tribble/comment-page-1/, consultado el 13 de diciembre de 2014.
35. "A Franciscan Blessing" [Una bendición franciscana] Franciscans Na Proinnsiasaigh Irish Franciscans OFM [sitio web], http://www.franciscans.ie/news/83-news-scroller/485-a-franciscan-blessing, consultado el 13 de diciembre de 2014.